《中国榜样：永远的雷峰》大型丛书

编委会主任　冷宽　王保安

责　任

——与企业员工谈雷锋精神

宋焕斌

编著

中国财政经济出版社

图书在版编目（CIP）数据

责任——与企业员工谈雷锋精神 / 宋焕斌编著．—北京：中国财政经济出版社，2013.2

（《中国榜样：永远的雷锋》大型丛书）

ISBN 978—7—5095—4277—4

Ⅰ.①责…　Ⅱ.①宋…　Ⅲ.①雷锋精神—学习参考资料②企业—职工—职业道德—学习参考资料　Ⅳ.①D64②F272.92

中国版本图书馆 CIP 数据核字（2013）第 027342 号

责任编辑：林治滨　　责任印制：张　健

封面设计：逸品文化　　版式设计：楠竹文化

中国财政经济出版社出版

URL：http：//www.cfeph.cn

E—mail：cfeph@cfeph.cn

社址：北京市海淀区阜成路甲 28 号　邮政编码：100142

营销中心电话：88190406　北京财经书店电话：64033436　84041336

北京中兴印刷有限公司印刷　各地新华书店经销

710×1000 毫米　16 开　19.75 印张　270 000 字

2013 年 3 月第 1 版　2013 年 3 月北京第 1 次印刷

印数：1—5000　定价：36.00 元

ISBN 978—7—5095—4277—4/D・0222

（图书出现印装问题，本社负责调换）

本社质量投诉电话：010—88190744

《中国榜样：永远的雷锋》
大型丛书编委会

总　序

一个人无法选择自己所处的时代，但可以选择自己的人生道路。人所从事的职业可能要双向选择，而人生的态度完全由自己决定。雷锋，一个年轻的士兵，影响了几代人的成长，成为全国人民学习的榜样。50年来，学雷锋活动经久不息，这足以证明雷锋精神具有多么强大的渗透力和感染力。现在，几乎整个民族都在呼唤雷锋。面对社会上不尽如人意的现象，就是不情愿学习的人，也希望别人都学习雷锋了。更有人说，雷锋精神具有普世价值，是中华民族精神的集中代表，雷锋可做中国人的形象代言人。

在经过50年的学雷锋活动后，问起有关雷锋的事迹、雷锋精神的实质，仍有许多人不甚了了。这就促使雷锋的战友们、雷锋的传人们、长期坚持研究雷锋的学者们感叹不已。感叹之余，有了一个共识——组织起来，为全国的学雷锋活动做一点事情：一是还原雷锋，把一个真实可信的雷锋的光辉形象奉献给人们，使更多的人知道一个简单的道理：雷锋的一生是平凡的，谁都可以学习雷锋；雷锋精神是伟大的，谁都需要努力，才能把雷锋精神学到手。二是集50年研究成果，把理论层面上对雷锋新的认知告诉人们，使人们从中悟出道理，鼓励人们都来做社会进步的“正能量”。三是针对不同人群，编委会成员多次讨论，力求选准书名和写作内容，就这样，汇集50年的思索和探讨的成果，经过近一年的归纳和整理，就有了这样一套学雷锋的系列读物献给广大读者。这既是献给毛泽东等老一辈革命家为雷锋题词50周年的一份厚礼，更是为贯彻落实党的十八大精神，推动学雷锋活动常态化作出的一份贡献。

这套丛书有以下特点：一是具有权威性。雷锋身边的战友、培养雷锋的领导干部、看着雷锋成长的亲朋好友直接参与写雷锋，是用第一手材料叙述雷锋，其中还纠正了社会上对雷锋不恰当的传闻，还原了雷锋的真实性，维护了雷锋精神的纯洁性。二是具有完整性。有人说，这是一套既用多种形式全面地介绍雷锋事迹、系统地多专题研究雷锋精神的书籍，又是注重研究雷锋精神的时代价值，对当前学雷锋活动常态化提出了建设性意见的读物。三是具有针对性。该大型丛书分别对领导干部、企业家和职工、大学生、部队士兵等不同职业的人群如何结合本职工作学雷锋提出了参考意见，其中不乏独到之处。这些意见和看法在作者所作的多场报告中已与听众形成共识。这是一套值得收藏和系统研读的作品。对不同的读者来说，也是一套可各取所需的读物。

特别应该提到的是，2013年1月12日，中国社会福利基金会学雷锋基金管委会、辽宁省雷锋研究会、中国财政经济出版社在2013北京图书订货会上为本套丛书联合举行的推介会上，雷锋亲密战友乔安山，全国“五一”劳动奖章获得者、全国劳模李素丽，“京城活雷锋”孙茂芳，“雷锋班”现任（第二十五任）班长毕万昌等应邀亲临会场，发表了热情洋溢的讲话。“当代雷锋”郭明义虽未到会，但通过现场连线对出版本套丛书给予了很高的评价。学雷锋基金管委会名誉主任、雷锋生前战友、海军原副政委冷宽中将，学雷锋基金管委会名誉副主任、总参原兵种部政委田永清少将，分别就自己对“雷锋精神”的认识以及对本套丛书的期待作了精彩的发言。媒体及有关领导赞赏出版单位的社会责任感，高度评价图书出版活动传递的“正能量”。

学习雷锋，在于学实质——全心全意为人民服务；学习雷锋，在于行动——一言一行都为别人更幸福；学习雷锋，在于持久——一生一世讲奉献；学习雷锋，要有表率——领导干部应走在前列。

愿这套丛书助大家在追求成功的路上走得更远、更坚实。

衷心感谢在组织编写本套丛书及其开展的相关活动过程中给予我们大力支持和帮助的所有同志。

《中国榜样：永远的雷锋》编委会

2013 年 2 月

前　言

“人的生命是有限的，可是，为人民服务是无限的，我要把有限的生命投入到无限的为人民服务之中去。”

“一滴水只有放进大海里才能永远不干，一个人只有当他把自己和集体融合在一起的时候才能有力量。力量从劳动来，行动从思想来，荣誉从集体来。”

这是雷锋日记中的两段话。50年前，雷锋因公殉职。虽然他的生命只有短短的22年，却树立起一座永恒的精神丰碑。雷锋没有力挽狂澜的伟业，没有惊天动地的壮举，但他爱岗敬业、助人为乐、无私奉献、锐意进取、感恩反哺、团结协作、艰苦奋斗、勤俭节约的品质传承了中华民族的美德，成就了雷锋精神，成为道德美的典范和人性美的化身。雷锋精神是一个平凡的人立足平凡岗位铸就崇高品质，是企业员工立足岗位履行职责不竭的动力源泉和精神支柱。

3月5日是学雷锋纪念日。伟大的雷锋精神从20世纪60年代至今传承了50年，感动了一个又一个时代，滋养了一代又一代优秀儿女的心灵。正如胡锦涛同志所指出的那样：“雷锋这个光辉的名字和他崇高的精神品格，在历史发展中始终焕发着光彩。”雷锋精神内涵丰富，历久弥新。在社会主义市场经济的新时代，道德建设比过去更加重要，雷锋精神更具深刻的现实意义。毋庸讳言，一段时期以来，像“小悦悦”事件中一些人的冷漠，毒奶粉、瘦肉精、地沟油等食品安全事件中一些人道德底线的失守，假货、假文凭、假论文等诚信缺失，自私、无聊、低俗等“精神滑坡”现象，虽然不是主流，但在新媒体时代，其传播效应无疑会被放大，导致人们对道德失范深感忧虑。在这种社会环境下，继续深入开展学雷锋活动，让蕴含在民间、草野的道德力量茁壮生长，以道德力遏制贪欲，以崇高遏制信仰物化，以服务精神遏制野蛮逐利。对今天的中国，有着伟大的现实意义。坚守良知和节操，承担作为社会公民的责任，遵纪守法，乐于助人，匡正道德失范，矫治不良世风，重建诚信环境，不仅让我们的社会变得更加美好，市场经济也才能健康发展。越是以经济建设为中心，就越是要弘扬雷锋精神。经济学家常言“交易成本”，减少“交易成本”，固然需要制度的改进、法治的昌明，同样需要道德诚信的社会环境。人人守信遵规，经济活动就会简约为“在服务他人中接受他人服务”的服务交换，在一个无须互相戒备、彼此提防的交易环境下，经济发展将会迸发出无穷的活力与创造力。

雷锋精神是中华民族宝贵的精神财富，是丰富企业文化内涵的母本和食粮。雷锋精神与企业文化具有相通性，欲使雷锋精神在企业生根、发芽、开花、结果，且有长久的生命力，应将雷锋精神寓于企业文化建设中。雷锋精神虽然不能为企业带来直接经济效益，但它与企业文化，在结构及内容上，是一致的，它可以通过提高企业员工素质，进而提高企业整体素质，间接地创造利润。因此，在市场竞争日益激烈情况下，把雷锋精神融入企业文化建设中，作为企业员工，学习雷锋精神，就是要学习他干一行爱一行，专一行精一行的爱岗敬业精神，紧密结合自己的本职工作，不断提升自己履行职责的能力和水平；学习雷锋精神，就是要学习他服务人民、助人为乐的无私奉献精神，紧密结合自己的本职工作，注重工作中的每一个细节，想他人所想，急他人所急，帮他人所需，把“为人民服务”的承诺做到极致；学习雷锋精神，就是要学习他锐意进取、自强不息的创新精神，紧密结合自己的本职工作，把“创新”理念贯穿到自己本职工作的始终，刻苦钻研，反复实践，不断拓宽工作思路，争做岗位标兵，创新工作的方式与方法，提高工作效率；学习雷锋精神，就是要学习他艰苦奋斗、勤俭节约的创业精神，紧密结合自己的本职工作，树立勤俭节约的意识，养成勤俭节约的习惯，增强勤俭节约的自觉性，展现企业职工艰苦奋斗、勤俭节约的良好社会形象；

学习雷锋精神，就是要学习他感恩反哺精神，紧密结合自己的本职工作，怀一颗感恩的心，以感恩之情，兢兢业业工作，回报企业，让社会充满真情，人与人之间充满真爱。总之，雷锋精神永远是一种宝贵的精神财富。只要企业领导干部自己学雷锋、组织学雷锋、用雷锋精神提高企业员工素质，引导干部职工继承和发扬雷锋精神，企业就会有持续发展、和谐发展、科学发展的大好局面。

党的十八大报告指出，在推进社会主义核心价值体系建设的途径中以雷锋精神推进社会主义核心价值体系的建设，将雷锋精神有效的融入社会主义核心价值体系的建设中。党的十七届六中全会明确提出，要深入开展学雷锋活动，采取措施推动学习活动常态化。这是我们党积极适应时代发展进步要求、顺应人民群众期待发出的有力号召，是传承弘扬雷锋精神的重大举措，是推进社会主义核心价值体系建设、提升全社会文明程度的战略部署。在当前新形势下大力弘扬雷锋精神，是推进社会主义核心价值体系建设的迫切要求，是为推动科学发展、促进社会和谐提供有力的思想道德支撑，是时代和人民的热切呼唤。作为服务行业的企业员工应该把雷锋精神与时代的要求结合起来，在日常生活和学习中去弘扬雷锋精神，把“有限的生命投入到无限的为人民服务之中去”，争做一名合格的企业员工。

雷锋精神是光辉的，又是朴素的；它是崇高的，又是平凡的；它是理想的，又是现实的。它就在我们的身边，天天面对，事事相关。企业员工应持之以恒地以雷锋为榜样，以雷锋精神为动力，从自己做起，从点滴做起，努力做好本职、以“诚信”去服务社会、服务人民，以“创新”去追求卓越，在改革开放的大潮中促进社会事业扬帆远航，为社会事业大发展做出应有的贡献。

编著者

2013 年 1 月

目 录

第一章

与企业员工谈雷锋的“爱岗敬业”精神

爱岗敬业是中华民族的传统美德，是个人实现人生价值的重要途径，是职业道德建设的基石。爱岗敬业是要求人们树立职业责任感。我国素有“敬业”、“乐业”之说，敬业就是职守，就是热爱职业。敬业是弘扬职业道德的前提和核心，只有敬业才能爱岗，才能中心于职守，乐于奉献。把爱岗敬业视为雷锋精神的重要体现，这几乎是没有任何争议的。雷锋的一生是平凡伟大的一生，他那闪光的语言和崇高理想、先进事迹都产生于他的具体工作岗位上，产生在他日常的生活实践中，他在社会的巨大影响，正是他在本职岗位无私奉献精神的延伸和发展。雷锋曾把革命事业比作一部机器，把个人比作一颗螺丝钉，这恐怕是最富辩证法的一个绝妙比喻了，难怪一代伟人毛泽东都美誉其懂得哲学。社会主义建设事业是一个完整的有机体，它是由各行各业无数个工作岗位组成的。随着我国改革开放的不断深入和社会主义市场经济制度的不断完善，敬业精神的内涵也不断丰富。敬业精神作为中华民族的传统美德和优良品格，作为企业员工应该继承和发扬，并赋予其鲜明的新时代特征。就目前来看，企业员工的爱岗敬业精神总体上能得到社会的肯定和认可，同时，企业员工中存在着不同程度的敬业精神缺失现象也值得深思。爱岗敬业是做好工作的前提，是防止工作一般化和出现质量欠缺的有力保障，在社会主义市场经济条件下，在建设社会主义和谐社会中，探求企业员工爱岗敬业精神的养成途径具有重要的理论意义和现实意义。本章就企业员工爱岗敬业精神的培养问题进行了理论和实践的探索。

第一节 爱岗敬业精神的基本理论

爱岗敬业精神是一种忠于职守的事业精神，也是社会主义职业道德的基础和核心，在构建社会主义和谐社会的大背景下，提倡爱岗敬业精神具有极强的现实意义。爱岗敬业精神不仅是个人生存和发展的需要，也是社会存在和发展的需要。针对目前企业员工爱岗敬业缺失的相关现状，我们提出用雷锋精神对企业员工进行爱岗敬业精神的培养，这就要求我们深入对爱岗敬业精神进行探索，而深入探索爱岗敬业精神，全面掌握爱岗敬业的相关基本理论是前提。

一、爱岗敬业的内涵

爱岗敬业，顾名思义就是热爱岗位、敬重事业，它是一种追求、热情、境界和形象。在学习落实科学发展观实践中，大力倡导爱岗敬业良好风尚，对于每一个公职人员来说，显得十分重要与迫切。爱岗敬业是个人和社会发展的精神灵魂。一切职业道德最基本的行为规范与准则，都是以爱岗敬业为基础的。因此，我们每一个人要做到爱岗敬业，就必须准确把握爱岗敬业的内涵及其相关要求。

（一）爱岗敬业精神的提出

爱岗敬业精神，是一种在有理想、重道德、守纪律基础上，对工作、对事业的无限挚爱、全身心忘我投入和奋力拼搏。敬业爱岗精神，就是一种奉献精神，一种为人民服务的精神，一种崇高的思想境界和高尚的道德情操。从一定意义上讲，它既是中国共产党人最高宗旨和“三个代表”重要思想的具体体现，又是中华民族传统美德和人类现代文明的深沉凝聚。要把我国建设成为富强、民主、文明的社会主义现代化强国，必须切实加强精神文明建设，为物质文明建设减少阻力，使之少走弯路，更快发展。而在全社会大力弘扬爱岗敬业精神，是精神文明建设一项最为根本和十分重要的内容。

有一个故事，讲的是在一家著名的医院里，有位外科护士第一天上班，就赶上参加一个剖腹手术，由她负责清点使用的全部器械和材料。手术临近结束，她对主刀医生说："我们总共用了12块纱布，而你只清除了11块，我们必须找出另外一块。""我已经全部清除完了。"那位医生说，"现在我们应该缝合了。""你不能这样做，医生。"这位初出茅庐的护士反对说。"我们得为病人着想。"故事的结局没有交待，其结果如何已不重要。重要的是故事本身所提示的两个内涵：一是护士本人所彰显的敬业精神令人钦佩。倘若人云亦云，而将纱布留在了肚子里，必将引起纠纷，从而给医院及医生、患者和家属带来一系列的麻烦。给社会生活带来了不和谐。二是敬业精神是克服工作一般化、克服疏忽大意和质量欠缺的有力武器。一般的工作状态容易造成欠缺。相比较而言，故事中的医生即使工作一般化，倘若在清除纱布过程中仔细认真则不会将11数成12了。这少了一块的纱布就是工作的欠缺。工作一般化往往产生欠缺，欠缺也往往同质量事故相连接，现实中不乏其例。

敬业精神是人们对自己所选择的工作的高度认同和热爱，同时也是社会责任感的具体化，是一种做人做事的境界。《公民道德建设实施纲要》中明确提出：大力倡导以爱岗敬业、诚实守信、办事公道、服务群众、奉献社会为主要内容的职业道德，鼓励广大从业人员在各自岗位上做一个好的建设者。可见，爱岗敬业，作为一种职业道德，公职人员应该率先垂范，做出榜样。《中共中央关于加强社会主义精神文明建设若干重要问题的决议》中指出："大力倡导爱岗敬业、诚实守信、办事公道、服务群众、奉献社会的职业道德。"这里把爱岗敬业作为职业道德的首要要素，可见培育爱岗敬业的重要性。

（二）爱岗敬业的内涵及爱岗与敬业的密切联系

爱岗敬业就是要求人们热爱自己的本职工作，用一种恭敬严谨的态度对待自己的工作。爱岗敬业是人类社会最为普遍的奉献精神，是社会

对每一位公民的要求。美国最著名的全球企业管理咨询公司盖洛普通过对全球上万家各种企业的长期调查和研究后认为，一个优秀的现代企业之所以能够基业长青、持续发展，是因为他们做了其他企业没有做或没有做好的一件事情：培养了一大批敬业的员工并使之发挥独特的内在才干。他们深知，企业想要永久的增强竞争优势，唯一有效的途径就是不断的开发具有敬业精神的人力资源。

1. 爱岗敬业的内涵。“爱岗”就是热爱自己的工作岗位，热爱本职工作。爱岗是社会对人们工作态度的一种普遍要求。热爱本职，就是要求职业工作者以争取的态度对待各种职业劳动，努力培养热爱自己所从事工作的幸福感、荣誉感。一个人热爱上了自己的职业，他的身心就会融合在其职业行为中。社会的每一个岗位都是社会运行整个链条的一部分，缺一不可的。政府和社会各机构通过一定的方式，将社会职业和劳动者的个人选择相结合，使得人有其岗。不论你对从事的工作是否感兴趣，都要从整个社会需要的角度出发，培养职业兴趣，甚至热爱这一工作，这是最基本的职业要求。由于社会职业的工作不同，因此劳动条件、薪酬制度、社会地位等方面也不尽相同。那些在平凡的岗位上做出不平凡业绩的人是爱岗的典范，他们应该得到人们更多的尊重和尊敬。

“敬业”就是用一种严肃的态度对待自己的工作，勤勤恳恳、兢兢业业，忠于职守，尽职尽责。中国古代思想家就提倡敬业精神，早在两千多年前，孔子就提出：无论为人还是做事，都应该“敬事而信”。这里的“敬事”就是指一个人对工作的态度，也就是敬业。朱熹解释敬业为“专心致志，以事其业”。“敬业”也是立身之本。典出《礼记·学记》：“敬业乐群”，即用恭敬严肃的态度对待自己的工作，“专心致志以事其业”。在《公民道德建设实施纲要》中，“敬业奉献”被视为公民的“基本道德规范”，这对于走上工作岗位的公民来说则尤为重要。在古代人们对做事就已形成了要聚精会神、全心全意恭敬谨慎的要求。现代人说的爱岗敬业就是热爱自己的本职工作尽心尽力、专心、认真、负责任。一个单位好比是一台大机器，其中的任何一个部门、环节，哪怕是其中的一个小小的螺丝钉出现了问题，都会影响整台机器的运转。如果我们供水职工不能尽职尽责，忠于职守，就会影响整个单位的工作进程。敬业一般有两层含义：一是为谋生敬业。以经济利益为目的对待职业。我们可以称之为个人利益而敬业；二是真正认识到自己工作的社会意义的敬业，这是高一层次的敬业，这种内在的精神，是鼓舞人们勤勤恳恳、认真负责工作的强大动力。

爱岗敬业属于道德规范的基本要求。（公民道德基本规范：爱国守法、明礼诚信、团结友善、勤俭自强、敬业奉献。社会主义职业道德主要规范：爱岗敬业、诚实守信、办事公道、服务群众、奉献社会。）爱岗敬业指的是忠于职守的事业精神，即个体以明确的目标选择，朴素的价值观、忘我投入的志趣、认真负责的态度，从事自己的主导活动而表现出的个人品质。敬业精神是做好本职工作的重要前提和可靠保障。简单来说就是对待职业的一种责任感。这种精神是社会对每个社会成员个体的普遍性的，最基本的道德要求。

2. 爱岗敬业的不同层次及内涵。爱岗敬业从字面上很好理解，但从内化为自己的职业信念，并非易事。输送大量的技术人才的同时培养爱岗敬业的思想观念的职业道德，成为一个重要的课题。我们知道，一个人能否做好一件事，有三个要素在起作用：一是肯不肯做；二是会不会做；三是做到什么程度。爱岗敬业所要求的恰恰是一个从业者对工作必须肯做、会做、做到最好。这实际上就是从业者职业态度的优劣，职业才能的高低，职业责任感的强弱问题。爱岗敬业是有着深刻内涵的：工作是美丽的；工作是创造人生价值的；工作是快乐的，工作成就着自己和企业的未来。因此，爱岗敬业有着不同的层次。

第一个层次：为了谋生而爱岗敬业。从某种意义上说，这个层次的爱岗敬业是被动的，但却是高度爱岗敬业的基础，这主要是由职业的竞争性决定的。从业者意识到职业对于生存的意义，和当代社会职业竞争机制的残酷，不得不珍惜已有的工作岗位，尽管这个工作岗位或许并不适合自己，在现实生活中，这个层次的从业者是大多数人。

第二个层次：为了责任而爱岗敬业。这个责任感首先表现为，对自己的责任，对家庭的责任，而后是对社会的责任。前者是自我责任，后者是社会责任。我们强调社会责任，这当然应该提倡，但是个人责任感强的人社会责任感也更强一些。因为从心理学的角度看，个人只有对他自己负责任，他才能对社会负责任。自我责任感支配下的爱岗敬业，虽然也有被动的成分，但主动的成分会更多一些。

第三个层次：为了地位而爱岗敬业。追求社会地位是从业者爱岗敬业的动力之一，虽然主观上是为了满足自我的需要，但客观上必须才干出色，能够为企业做出突出贡献，因此，企业也会采取措施，来激励自己的员工，给予一定的地位，赋予更大的责任，则是其中最常用的手段。

第四个层次：因为兴趣而爱岗敬业。一个人如果能够从事自己喜欢的工作是一件非常快乐的事情。心理学家研究表明，兴趣激励下的工作状态是最佳状态，从业者不但更富有创造性，而且不计报酬自觉主动的工作，不知疲倦，所以，一些优秀的企业总是让员工在自己喜欢的岗位上从事自己喜欢的工作，再辅以合理的报酬，使员工敬业的程度可以发展到极致。

爱岗敬业的最高层次是为了价值，为了追求个人的社会价值，从中获得精神上的报偿。爱岗敬业的层次是不断提高的，当就业者职业稳定，生活安定时他就会上升到责任，当职业产生兴趣后他就会感到工作是快乐的、美丽的，当他的才干得到了肯定后他就会更加努力，当他的社会价值得到了实现，他就会在精神上得到满足，从而更上一层楼。企业也要发现人才、重视人才，合理安排工作上有特殊兴趣的人干相应的工作，其工作效率一定会大大提高。当一个人的社会价值得到了实现，他的表率作用就会对企业起到领头羊的作用。

3. 爱岗与敬业的密切联系。爱岗敬业是爱岗与敬业的总称。爱岗与敬业总的精神是相通的，是相互联系在一起的。爱岗是敬业的基础，敬业是爱岗的具体表现。不爱岗就很难做到敬业。不敬业也很难说是真正的爱岗。

（1）爱岗是敬业的前提。爱岗是敬业的前提，敬业是爱岗情感的进一步升华，是对职业责任、职业荣誉的进一步深刻理解和认识。一个不爱岗的人很难做到敬业，一个不敬业的人，很难说是真正的爱岗。所以，每个公民要真正做到敬业，首先必须从爱岗做起。不论做什么工作，不论职务大小。都要敬重职业，严肃认真，兢兢业业，脚踏实地。一丝不苟，把自己的理想追求与党和国家的伟大事业联系起来，恪尽职守、任劳任怨、精益求精。爱岗敬业既是我们实现自我价值，获得个人满足，完成人格升华、实现个人利益的有效社会途径，也是坚持为人民服务的宗旨的必然要求。每个公民只要树立了为人民服务的思想．就能在工作中积极主动，奋力进取，精诚协作，高度负责，克服任何困难。随着现代化建设和市场经济的发展，劳动分工越来越细，技术含量日益增加。竞争也越来越激烈。对每个公民来说，文化知识、业务水平、技术素质要求越来越高。只有爱岗，才能在工作中发现问题，勤于学习。进一步掌握各种专业知识，提高理论素养，将敬业落到实处。并且，只有爱岗，才能树立公民的主人翁意识，加强工作的责任心，促进每个公民热忱、自觉地投入工作。

（2）敬业是爱岗的具体表现。爱岗和敬业是紧密联系的统一体，只有爱岗才能敬业，爱岗要通过敬业表现出来。人们对待自己所从事的职业和岗位的态度可以分为两个层次。第一个层次是将就着工作。就是把自己彻底地当作一名打工者，为了挣一份工资，能将就就将就，得过且过，敷衍了事，做一天和尚撞一天钟。用这种态度对待自己所从事的职业和岗位就只能出次品、废品，就可能酿成事故。第二个层次是认真地工作。即能够完成领导交给的工作任务，也能做好自己的本职工作，以期获得积极的评价和与此相应的物质奖励。第三个层次是执著地工作。就是把工作作为自己的事业，不断提高自己的职业素质，对待工作精益求精，一丝不苟，好上加好。努力把工作做到最好，不计时间不计报酬，既不是为了名，又不是为了利，是为了积极实现自己的人生价值。以获得精神上的满足。态度决定成败，我们需要的是第三个层次的态度，而其正是爱岗敬业的具体表现。也只有做到爱岗敬业才能实现这种境界。

总之，爱岗与敬业有着紧密的联系。爱岗，就是热爱自己的工作岗

位，热爱自己的本职工作。敬业，就是以极端负责的态度对待自己工作。敬业的基本意思就是恪尽职守，大致包括两个内容：一是敬重自己所从事的工作，并引以为自豪；二是深入钻研探讨，力求精益求精。

二、爱岗敬业的相关要求

爱岗敬业是一个很古老的话题，随时代的变迁，人们不断给它赋予了新的内涵。美国吉姆·柯林斯的《卓越员工的12项修炼》把“敬业”作为了第一项修炼项目，说明了虽然中西方文化差异较大，但对从业人员的要求都是相通的。敬业精神是推动人类社会进步的重要精神财富，也是社会对从业人员的最基本的职业道德要求。

（一）爱岗敬业要求从业人员做到“干一行，爱一行”

“干一行，爱一行”是在计划经济条件下对从业人员提出的要求。当时的就业都是分配，“革命战士是块砖，哪里需要那里搬”，根据国家的需要分配工作，而不是根据自己的兴趣和爱好来选择职业．分到那个岗位上，就要在这个岗位上做到“干一行，爱一行”。在市场经济条件下。从业人员可以实现“爱一行，干一行”的愿望。从业人员可以根据自己的兴趣和爱好来选择自己喜欢的职业，这是在计划经济条件下难以实现的。但是，面对市场经济的就业竞争，目前，我国的就业压力很大，只有部分就业人员能够实现“爱一行，干一行”的愿望．大部分就业人员都不能实现“爱一行，干一行”的愿望。但是，还是要就业，不能说不能实现“爱一行，干一行”的愿望，就不就业了。特别是目前，我国的就业形势并不乐观，由于人口基数大，劳动人多，就业矛盾日益突出，人们能实现就业就已经不容易了。因此，在市场经济条件下“干一行，爱一行”并不过时。在这种状态下，我们更要提倡“干一行，爱一行”。只有具备了这种最起码的爱岗敬业精神，无业者才能有业，有业者才能乐业，自己的生存和发展才能得到保障。社会是一个统一的有机体，每个行业、每个职业都是这个有机体不可缺少的组成部分。各行各业、各种职业、每个岗位都要各司其职、各尽其责，社会这个有机体才能正常运转和发展。如果有的行业、职业或岗位没有人去干、去爱，社会这个有机体就不能正常运转。因此，在全社会提倡“干一行，爱一行”，也是整个社会正常运转和发展的需要。每个从业人员都应当从社会全局的角度出发，做到爱岗敬业，努力工作，成为一名符合社会主义现代化建设所需要的劳动者。

（二）爱岗敬业要求从业人员不断钻研技术，提高职业技能

职业技能是从业者进行职业活动、履行职业责任的能力．包括操作技能、技术水平、理论知识。以及与本职工作相天的与他人沟通、理解、合作的能力等等。钻研技术、提高职业技能是每一个从业人员应该做到的，这是爱岗敬业的具体表现，爱岗敬业和钻研技术、提高职业技能有着本质的、必然的联系。从业者的职业技能直接关系到工作的质量和效率．关系到企业的经济效益和社会效益，也关系到从业者个人职业理想的实现。因此，凡是爱岗敬业者都以极大的热情学习和掌握本职业、本专业的知识和技术，努力使自己成为所在职业领域内的行家里手，做到既懂理论，又会操作。此外，还要注意沟通和理解，协调好方方面面的关系，善于和别人合作。特别是在市场经济条件下，仅靠个人奋斗，没有良好的人际关系，不善于和别人合作，要想获得事业的成功是不可能的。开拓创新是爱岗敬业的时代精神。21 世纪新时代，是开拓创新的时代。在新的世纪，员工要做到爱岗敬业，就要在本职工作中不断开拓创新。要“敢”字当头，摒弃旧的思想观念和条条框框，推陈出新，根据时代发展的要求，创造性地开展工作，不管是分内的还是分外的，不管领导安排没安排，只要是岗位、职责的要求，就应该积极主动地去做。像青岛港工人许振超的“振超效率”，等等，都是开拓创新，创造性地开展工作的典范。开拓创新，创造性地开展工作，是时代的要求，是当今时代爱岗敬业的本质所在。只有不断地创新，创造性地开展工作，事业才能发展，工作才会不断进步，个人的人生价值才会得以实现。

（三）爱岗敬业要求从业人员树立荣誉感

树立荣誉感，为荣誉而工作，是我们每位员工人生价值的最高境界。当我们树立了荣誉感，就不会觉得工作是为老板打工而无精打采，我们会认识到自己的工作无上光荣而热情高涨；我们在工作时，就不会错误地觉得工作与我无关而敷衍了事，而是将做好工作视作自己的荣耀。一旦我们树立了荣誉感，我们就拥有了一种强大的推动力，我们不再视工作为一种谋生的工具，而是看作我们自己的事业。我们将满怀激情地从事我们自己的事业，过上一种负责尽职的生活，并从中找到乐趣与幸福。

1. 树立对企业的荣誉感，要求从业人员做到爱岗敬业。我们应该在平凡的工作岗位上创造出色的成绩，为企业创造更大价值。树立对企业的荣誉感，爱岗敬业是最基本的要求，也是每位员工必须做到的。事实上，只要我们尽心尽力、尽职尽责地努力工作，我们在工作中取得的一切成就，同样会赋予我们自身无上的荣誉。当我们每个人真正将自己的成长与企业的发展融合在一起，我们的工作不但更有意义，我们自身也将得到更多的机会。

2. 树立对企业的荣誉感，还要求从业人员对企业和企业产品高度热情。只有这样才能做到，当我们面对客户时，响亮地说出自己企业的名字，并热情地把企业以及企业的产品介绍给所有的客户。用我们对企业的热情让客户动容，用我们对产品的信心让客户放心。比尔·盖茨对卓越职业人的十大准则中的第一条和第二条分别是：“对自己公司的产品抱有极大的兴趣”、“以传教士般的热情和执著打动客户。”由此可见，要想成为具备对企业有荣誉感的卓越职业人，就必须对企业及其产品拥有极大的热情。

3. 树立对企业的荣誉感，还要求从业人员都必须设法对企业进行有力的宣传。企业员工应该时刻不忘宣传自己的企业，抓住一切机会宣传企业，是每位具备高度荣誉感的职业人都会设法做到的事。优异的工作成绩足以令人获得荣誉感，荣誉感又会反过来促使我们获得更大的成绩。只有对企业具有高度荣誉感的员工，才能成为一个积极进取、自动自发、卓越不凡的职业人。

4. 树立对企业的荣誉感，我们必须以大局为重、精诚团结。树立对企业的荣誉感必须要有大局意识，能够做到顾全企业大局，维护企业的整体荣誉，甚至不惜牺牲自己的利益。不仅如此，我们每位员工还必须做到团结一致、同心协力。因为只有企业强大了，我们才能有更大的发展。

总之，荣誉感是一种宝贵的精神财富。如果我们每一位员工对自己的工作有足够的荣誉感，对自己的工作引以为荣，对身处的企业引以为荣，我们必定会焕发出更高的工作热情，取得更好的工作成绩。

三、爱岗敬业的现实意义

在贯彻落实科学发展观，构建社会主义和谐社会、和谐单位中，提倡爱岗敬业精神，具有极强的现实意义。

（一）爱岗敬业精神是一种最基本的为人之道

爱岗敬业精神是一种最基本的为人之道。马斯洛需求层次理论把需求分成生理需求、安全需求、社交需求、尊重需求和自我实现需求五类，依次由较低层次到较高层次。在低层次的需求得到满足后人就产生更高层次的需求，需求层次越高，人的发展就越接近完美。仔细推敲。任何一个需求层次的满足都依赖于工作。可见“工作不仅是谋生的手段，也是一种享受生活的载体”，一个人有了工作才会有生活目标，才能给生命注入自信、勇气和坚强，这样生命才有意义。爱岗敬业也是职业对个人的基本要求，是一个人基本的素养。当每一个人都爱岗敬业时，同心同德，众志成城，集体就会焕发出无穷的战斗力，取得骄人成绩。

（二）爱岗敬业是实现人生价值的重要条件

社会是一个有机统一的和谐整体，是由许许多多相互连接相互支撑的职业交织而成的。人活在世界上总是要以一定的职业作为谋生的手段，以职业为基点，通过职业劳动，既满足于自己生存的需要，也可实现职业理想和人生价值。人的生命价值根本而言，就在于他在职业生涯方面的成功和成就。在人生旅途中，一些事可能无法选择、无法把握。但我们却能选择、却能做到严格履行工作中的职责和全身心地投入以敬业精神赢得大家的赞许。职业不仅是谋生的手段，也是奉献社会的基点，在本职岗位上做好工作、造福人民、奉献社会是实现个人人生价值的主渠道。

爱岗敬业是实现人生价值的重要条件。工作寓于平凡，平凡孕育伟大，人生价值的实现同样需要甘于平凡的敬业精神。这个世界有伟大的建筑师，同样也会有伟大的砌砖工人。伟大的工作需要人来做，平凡的工作也同样需要有人来做。很难想象，如果这个世界上光有建筑师，没有砌砖工人，那些漂亮的高楼大厦怎么能够被建造起来呢。所以，即使是最平凡的工作，也会有闪光的地方，在普通的岗位上，只要有爱岗敬业精神，乐于奉献，也能创造出人生价值。鲁迅说得好：“我们自古以来，都有为民请命的人，有埋头苦干的人，有拼命硬干的人。有舍身求法的人……虽是等于为帝王将相作家谱所谓的‘正史’，也往往掩不住他们的光耀，这就是中国的脊梁。”

（三）爱岗敬业是各行各业生存的根本

爱岗敬业是各行各业生存的根本。爱岗敬业是企业选择和培养员工的首要标准，美国最著名的全球企业管理咨询公司盖洛普通过对全球上万家各种企业的长期调查和研究后认为，一个优秀的现代企业之所以能够基业长青、持续发展，是因为他们做了其他企业没有做或没有做好的一件事情：培养了一大批敬业的员工并使之发挥独特的内在才干。他们深知，企业想要永久的增强竞争优势，唯一有效的途径就是不断的开发具有敬业精神的人力资源。在社会主义市场经济体制下，各行各业面临着激烈的竞争。竞争会涉及许多因素、许多方面，但最终离不开每个员工的爱岗敬业精神。因为员工的工作状态如何，体现着单位的形象，影响着产品的质量。单位的整体工作，总是要通过一个个员工的具体工作去展现，员工和企业是共性和个性的统一。只有人人热爱本职工作、恪守现职、兢兢业业，才能从不同的岗位、不同的角度，形成合力、发挥整体功能，才能产生出理想的经济效益和社会效益，进而促进社会的和谐和进步。

第二节 雷锋的“爱岗敬业”精神

雷锋日记中有这样一段话：“如果你是一滴水，你是否滋润了一寸土地？如果你是一线阳光，你是否照亮了一分黑暗？如果你是一粒粮食，你是否哺育了有用的生命？如果你是最小的一颗螺丝钉，你是否永远坚守你生活的岗位？”这段话告诉我们，无论在什么样的岗位，无论做着什么样的工作，都要爱自己的岗位，都要发挥最大的作用，都要做出最大的贡献，受这句话的启示，使我们对人生价值有了更深地认识，对爱岗敬业精神有了更深地理解，对今后目标有了更明确的方向。雷锋先后当过农业社的记工员、乡政府的通信员、农场的拖拉机手、工厂的推土机手、人民解放军的汽车兵。无论在什么岗位上，他都干一行、爱一行，兢兢业业、恪尽职守，表现出对党、对人民、对祖国的无限热爱，对自己的工作充满爱敬和虔信，专心致志，勤勉工作，表现出了脚踏实地、锐意进取的工作作风，这种工作作风和工作态度对企业员工爱岗敬业精神的培养具有重要的时代价值。

一、雷锋“爱岗敬业”精神的表现

“雷锋早年在县里当通信员，就是模范工作者。开拖拉机，是优秀拖拉机手。到鞍钢当工人，是先进工作者。到了部队，是先进战士。入了党，是优秀党员。当班长，是模范班长”，这些事迹表现出了雷锋在工作中总有一种无穷的动力，要钻进去、要吃透它，总有一种锲而不

舍、锐意进取的精神。毛主席也说过：人总是要有点精神的，雷锋精神就是对其最好的诠释。爱岗敬业，就是人们对自己的工作充满爱敬和虔信，专心致志，忠于职守并为之奋斗的思想意识和从业状态，这是雷锋精神的主要表现。

（一）雷锋工作中的服从意识

服从是一种美德，是从业人员的第一要义。大到一个国家、军队，小到一个企业部门，其成败在很大程度上取决于是否完美地贯彻了服从的理念。雷锋在日记中写到“革命需要我炸碉堡，我就去学董存瑞，革命需要我堵枪眼，我就去做黄继光”，保证听党的话，服从组织调配，雷锋这种强烈的服从、自觉意识，贯穿于其一言一行，一举一动中。

1. 雷锋在思想意识中具有强烈的对工作的服从意识。服从是做好工作的关键，服从是行动的第一步。服从命令是职业人员的天职，但要想成为一名合格而优秀的工作者，就必须服从命令。当上级有任务下达的时候，要弄清任务的性质和重要性，做到心里有数。接到任务后，要按照命令的要求按部就班地去执行和完成任务，不可擅做主张以致改变方法。但这不是说一成不变，循规蹈矩的去完成，如果工作中有了新的想法和思路，可以向上级汇报并尝试着去做，这也是一种创新。当然，工作中的这种服从命令和要求，也是一种爱岗敬业的体现，只有接受命令，认认真真的去执行属于自己分内的工作，才能更好地培养自己的敬业精神，同时这也是职业道德是否高尚的一种检验标准。

雷锋在其日记中这样写道：“我深深地认识到，做每一件工作，完成每一项任务，哪怕是进行每一次学习，都十分需要听党的话，听领导的话，争取领导的帮助和支持。党和领导叫怎样去做，就不折不扣地按党的指示去做。这样，就是有再大的困难，也有办法克服；再艰巨的任务，也能完成。相反，如果脱离了领导，不听党的话，光凭个人的心愿去做事情，是很难做好的，甚至要犯错误。有些同志思想进步慢，工作成绩差，是什么原因呢？我认为原因只有一个，就是自以为正确，不听党的话，不听群众的话，明明自己的看法不对，也不改正；明明领导和同志们的意见是正确的，也不诚恳地接受，这样，就会落后。党的声音，就是人民的声音。听党的话，就会开放出事业的花朵!”

在雷锋的日记中，多处表达了他服从党和人民的需要的态度、意识，为他做好各岗位工作奠定了良好的基础。

2. 雷锋在具体的工作实践中践行着对工作的服从意识。为了忠于党的事业，听从党的教导，雷锋用自己的行动践行了“党叫我干什么，我就干什么，决不讲价钱”的誓言。处处以党的利益为重，从革命的需要出发，党指到哪里就到哪里，党叫做什么就做什么，在任何工作岗位上，都是勤勤恳恳，埋头苦干，有一分热发一分光，全心全意为人民服务。当农业战线需要的时候，雷锋同志毅然地离开学校，走向农村，当社员，当拖拉机手。当工业战线需要的时候，他从湖南家乡奔赴东北鞍钢，当推土机手，当建筑工人。当国防战线需要的时候，他又报名参军，当一个普通的士兵，雷锋从入伍当新兵到当炊事员、驾驶员、班长，换了几个岗位。正如雷锋在日记中写的：

“我是党的儿子，人民的勤务员。我走到哪里，哪里就是我的家，我就在哪里工作”。“我要像柳树一样，插到哪里都能活，紧紧与人民连在一起，在人民中生根、长大、结果，做人民最忠实的勤务员。”

（二）雷锋工作中的敬业精神

爱岗敬业，就要忠诚守信，表里如一。要想在工作中体现敬业精神，首先要做的就是要忠诚守信，做一个老实、踏实、值得信赖的人。爱岗敬业是调整从业人员与职业关系的道德要求，爱岗是敬业的思想感情基础，爱岗就是干一行，爱一行，热爱本职是一种职业情感，就是职业工作者以正确的态度对待各种职业劳动，努力培养热爱自己所从事职业的幸福感、荣誉感。雷锋生前做过多种岗位，但是干一行他热爱一行、干一行他精通一行，像雷锋那样立足本职、忠于职守、兢兢业业、精益求精的工作精神值得弘扬。雷锋在平凡的工作中作出了不平凡的贡献，在平凡的工作中也一样闪光。“合抱之木，生于毫末；九层之台，起于垒土：千里之行，始于足下。”“不积跬步，无以至千里；不积小流，无以成江海。”雷锋从一点一滴做起，从身边的每一件小事做起，每一件小事都做到尽善尽美，那么他就是伟大的。“平凡”与“伟大”本来就是对立统一的，雷锋在“平凡”中孕育着“伟大”，“伟大”出自“平凡”。

“对待工作像夏天一样火热”是雷锋同志对待工作的基本态度，雷锋干一行，爱一行的职业品质是他成功的前提。雷锋用他自己的行为，表现了一个觉悟了的青年对待工作的正确态度：从不挑肥拣瘦，从不患得患失。他把为人民服务的每一个活动，都当作自己最大的愉快和幸福。在连队的群众活动中，他是俱乐部的学习干事，技术互助小组的小组长，业余的文化教员。在社会工作中，他还是部队驻地附近小学的校外辅导员，抚顺市的人民代表。凡是对同志们有好处，对人民有利的事情，无论是大是小，无论什么岗位，无论是“分内”或“分外”的，他都热心去做，他都乐于去做，干一行，爱一行。雷锋多篇日记也记载了他对从事工作的热情与热爱。“热情，像熊熊的火焰，是一切的原动力！有了伟大的热情，才有伟大的行动……我是一个农家的孩子，现在虽然成了一名祖国的保卫者，可是我有责任支援农业，改变农村的面貌，为农业早日机械化、电气化贡献一点力量……他们的革命干劲深深地教育和鼓舞了我，他们建设新农村的革命热情是万分高涨的。我真正懂得了群众的力量能移山填海，只有群众的力量是无穷无尽的，一个人的力量总是沧海一粟。我决心永远和群众牢牢地站在一起，为人类最美好幸福的生活而斗争”。雷锋不论从事什么行业，都使自己的工作做的出色，在工作中投入了十足的敬业精神，对自己所从事的职业怀有一份热爱、珍惜和敬重，并不惜为之付出和奉献，从而获得一种荣誉感和成就感。

雷锋正是这种干一行，爱一行的精神，才促使他的身心完全融合在平凡的工作和劳动中，在平凡的岗位，做出了不平凡的事迹。在雷锋看来，“世界上最光荣的事——劳动。世界上最体面的人——劳动者”。“生活中一切大的和好的东西全是由小的、不显眼的东西累积起来的。人若没干劲，好像没有蒸汽的火车头，不能动；像没长翅膀的鸟，不能飞”。“有人说：人生在世，吃好、穿好、玩好是最幸福的。我觉得人生在世，只有勤劳，发奋图强，用自己的双手创造财富，为人类的解放事业——共产主义贡献自己的一切，这才是最幸福的。”可以说，如果社会各个行业的人们都具有敬业精神，我们的社会就会更加文明进步，更加充满生机和活力。

（三）雷锋工作中的锐意进取精神

爱岗敬业具有较强的奋斗色彩，具有爱岗敬业精神的人，就会在内心深处形成对自己职业的高标准要求。雷锋具有锐意进取、自强不息的创新精神，雷锋总是把工作作为一种无穷的动力，要钻进去、要吃透它，而且还不断地提升自己、不断地通过学习丰富自己，在工作上，苦练工作技能，对本职工作精益求精，工作在哪里，就在哪里闪光发热，干一行，专一行，勤勤恳恳地在平凡的工作中干出不平凡的成绩来，竭尽所能为国家、为社会创造财富，表现了爱岗敬业的强烈进取意识、创新精神。

什么叫创新，比别人提前一步是创新，比别人多想个角度是创新，比别人多干几件实事也是创新。有什么样的思想就决定有什么样的生活。美国银行家杨格有这样的论述：一个天才的头脑是一片沃土和乐园，而且享受着永恒的春天。创造性的作品就是这个春天最美丽的花朵。画家齐白石在总结经验时说：“不要以能诵古人姓名多为学识，不要以善道今人短处为己长。总而言之，要我行我道，下笔要我有我法。”可见，树上没有相同的两片叶子，千人一面是可怕的。而创新的多样化则是永远具有生命和活力的。改革创新是时代精神的核心，表现为突破陈规、大胆探索、勇于创造的思想观念，表现为不甘落后、奋勇争先、追求进步的责任感和使命感，表现为坚忍不拔、自强不息、锐意进取的精神状态。锐意进取、自强不息是一种人生态度，更是一种做事方法。可以概括为：以积极主动的态度、科学严谨的方法、团结协作的精神，追求工作的高效率，高效益。

雷锋在 1958 年某月某日的日记中列举了 6 条需要努力的方向：“一、保证克服一切困难，勤学苦练，早日学会技术。二、保证破除迷信，大闹技术革命。三、保证维护好机械，做到勤检查，勤注油；保证全年安全生产，不出机械和人身事故。四、保证以冲天的革命干劲，以百战百胜的精神，苦干、实干、巧干，超额完成生产任务。五、保证100％的参加学习和各种会议，以求得政治、文化、技术各方面的提高。六、保证做好社会宣传工作，敢想、敢说、敢干，发挥一个共产党员的应有热情。”

1960 年 1 月 8 日，雷锋首次穿上军装，光荣地参加了中国人民解放军。在入伍的这一天，雷锋又在日记中提出 6 条在革命的大家庭里，一定要好好地锻炼自己的努力方向和奋斗的目标：“一、听党的话，服从命令听指挥，党指向哪里，我就冲向哪里。二、加强政治学习，多看报纸和政治书籍，按时参加部队各种会议和学习，积极宣传党的政策，密切靠近组织，及时向组织反映各种情况，不断提高自己的政治思想觉悟。三、尊敬领导，团结同志，互帮、互爱、互学习。四、严格遵守部队一切纪律，做到虚心向老战士学习，刻苦钻研，加强军事学习，随时准备打击敌人。五、克服一切困难，发扬先辈优良的革命传统。我要坚决做到头可断，血可流，在敌人面前决不屈服、投降。我一定要向董存瑞、黄继光、安业民等英雄学习。六、我要努力学习政治、军事、文化，我要好好地锻炼身体。我一定要在部队争取立功当英雄，我一定要做一个毛泽东时代的好战士，我要把我可爱的青春献给祖国最壮丽的事业。”

1962 年 2 月 19 日的雷锋日记则记录了参加沈阳部队召开的首届团代会之后表的 4 点决心：“我相信自己，别人能做到的事，我一定能做到。我决不辜负党和人民对我的期望，决心从以下几个方面努力：一、永远听党和毛主席的话，党指向哪里，我就冲向哪里，处处以整体利益为重，全心全意为革命工作，勤勤恳恳，踏踏实实，在平凡细小的工作当中，干出不平凡的业绩。二、好学：我要认真学习毛主席的著作，刻苦钻研技术和业务……决心做个又红又专的革命战士。三、我要密切联系群众，相信群众，虚心向群众学习，团结带领群众一同前进，永不自满，永不骄傲，永远谦虚谨慎，紧紧地与群众团结在一起，共同为党的伟大事业而奋斗。四、我要积极肯干，做到说干就干，干就干好，脚踏实地、实事求是地干，千方百计地干，事事捡重担子挑，顺利时干得欢，受挫折时也要干得欢，扎扎实实地干，一定要把事情办好。”

1962 年 1 月 14 日雷锋在日记表达了面对困难艰苦的工作、复杂的环境和得到福利和享受的时候，当个人利益与国家、党和人民的利益发生矛盾的时候努力方向和奋斗目标：“在最困难、最艰苦的工作中，我就想起了黄继光，浑身就有了力量，信心百倍，意志更坚强…… 我每次外出执行任务或在最复杂的环境中，就想起了邱少云，就能严格地要求自己，很好地遵守纪律。每当我得到福利和享受的时候，就想起了白求恩，就先人后己，把享受让给别人。当个人利益与国家、党和人民的利益发生矛盾的时候，我就想起了过去家破人亡、受苦受难的苦日子，就感到党的恩情永远报答不完。”

雷锋同志具有不怕困难、刻苦钻研的“钉子”精神，自强不息、创先争优的精神，坚持积极进取、不骄不满的姿态，不断解放思想、勇于改革创新，为自己工作的成功不断注入新的精神与活力。因此，雷锋在入伍两年的短暂时间里，部队党委授予“模范共青团员”和“节约标兵”的光荣称号，并给记二等功 1 次，三等功 2 次。不论在农村，在工厂，还是在部队里，他都是忘我地劳动，勤奋地工作，艰苦奋斗，克己为公，先后被评为劳动模范、先进生产者、优秀战士、节约标兵、荣获模范共青团员的称号。

二、雷锋“爱岗敬业”精神的内容

雷锋忠于职守，具有高度的责任感，做到对工作极端负责，坚持实事求是的态度，安心本职工作，在任何时候、任何情况下都能坚守岗位。雷锋的爱岗敬业精神，其表现就是“一颗钉”精神，其内涵主要包括两个方面：一是雷锋的“螺丝钉”精神；二是雷锋的“钉子”精神。雷锋的“一颗钉”精神，是人类社会发展的奠基石和动力源，是任何时代和任何岗位上的人们，都值得大力倡导和弘扬的一种文明进步精神，当然也是世界精神文化瑰宝中的一朵奇葩。

（一）雷锋的“螺丝钉”精神

在《雷锋日记》里，有很多朴素的话语闪闪发光，其中最脍炙人口的要算“做一颗永不生锈的螺丝钉”了。雷锋甘愿做一颗永不生锈的螺丝钉，时刻坚守自己的岗位，不为名，不为利，忠于职守，干一行、爱一行、专一行。老一辈无产阶级革命家董必武于 1963 年 2 月曾经做诗歌颂雷锋：“有众读毛选雷锋特认真/不惟明字句而且得精神/阶级观清楚劳动念朴纯/螺丝钉不锈历史色常新/只做平凡事皆成巨丽珍。”

雷锋先后当过农业社的记工员、乡政府的通信员、农场的拖拉机手、工厂的推土机手、人民解放军的汽车兵。无论在什么岗位上，他都以对党、对人民、对祖国的无限热爱，对自己的工作充满爱敬和虔信，专心致志，勤勉工作，正如雷锋的所说所作所为，哪里需要他，他就去哪儿，即使是一颗最小的螺丝钉，他也毫不埋怨，尽职尽责，爱岗敬业，“干一行、爱一行、专一行”，自觉努力为国家和人民建功立业。

1962 年 4 月 17 日雷锋日记中写道：“一个人的作用，对于革命事业来说，就如一架机器上的一颗螺丝钉。机器由于有许许多多的螺丝钉的连接和固定，才成了一个坚实的整体，才能够运转自如，发挥它巨大的工作能。螺丝钉虽小，其作用是不可估计的。我愿永远做一颗螺丝钉。螺丝钉要经常保养和清洗，才不会生锈。人的思想也是这样，要经常检查，才不会出毛病。

我要不断地加强学习提高自己的思想觉悟，坚决听党和毛主席的话，经常开展批评与自我批评，随时清除思想上的毛病，在伟大的革命事业中做一颗永不生锈的螺丝钉。”

雷锋常说：“革命需要我去烧木炭，我就去做张思德；革命需要我去堵枪眼，我就去做黄继光。雷锋成了英模之后有些人不服气。卸车时，有人指着装满 200 斤高粱米的麻袋让他扛。雷锋心里很不好受，事后却心平气和地说：“我虽然扛不动 200 斤的麻袋，但我能干好能干的工作，并且比别人干得更出色。”

雷锋在日记写到：敬爱的毛主席，我看到您写的《纪念白求恩》……您老人家说："一个人能力有大小，但只要有这点精神，就是一个高尚的人，一个纯粹的人，一个有道德的人，一个脱离了低级趣味的人，一个有益于人民的人。"这话给我很大鼓舞。个子小我也要尽我自己最大的力量，做到毫不利己，专门利人，向伟大的国际主义战士白求恩学习……

雷锋正是把这种平凡而又伟大的精神践行于自己的人生实践活动之中，爱岗敬业，建功立业，干一行，爱一行，专一行，干一行就干好一行，甘当一颗永不生锈的螺丝钉，使得许许多多的人都被雷锋这种平凡中见伟大的一致言行所深深地感动。

（二）雷锋的"钉子"精神

雷锋的"钉子"精神可以这样来解读：一个是挤劲，一个是钻劲。雷锋正是凭着这种可贵的"钉子"精神，掌握了科学的世界观和方法论，练就了一身过硬的本领。今天，雷锋的"钉子"精神仍与时代脉搏一起跳动，推动和鼓舞着我们不断前进。

1. 雷锋"挤"的钉子精神。雷锋"挤"的钉子精神侧重横向的角度，"挤"和"博"联系在一起。不挤时间去学习就没有时间或很少有时间；不挤时间去学习，知识就会老化，知识面就会狭窄。挤时间去学习，去看书，去交流，去探讨，去实践，基础才会扎实，知识面才会宽，技能才会高，所以说"挤"和"博"联系在一起。在学习上倡导"挤"的钉子精神，就是要像钉子一样努力地"挤"出时间，不断地去练习，不断的去斟酌文章，不断地去深入实践，这就是"挤"的学习。时间只有"挤"才会有，永远停留在"今天有很多事要做，没有时间"这个角度，就永远也学不会"挤"出时间，永远也不会有多余的时间。生活往往就是这样，挤出的越多，得到的也就越多。应该说愿意去"挤"时间不断学习的人比不愿意去"挤"时间学习的人生活得会更快乐，更轻松，更充实。

雷锋原本只是一个仅有小学文化的苦孩子，能有后来那样的思想和文字水平，关键在于他多年坚持勤奋好学、刻苦钻研。在湖南团山湖农场时，雷锋学习写诗，在鞍钢时，他努力学习毛泽东著作。《钢铁是怎样炼成的》一书主人公保尔的话，他都能背出来。在鞍钢期间他还制定了早晨学一小时，晚上学到10点至11点的自学计划。在部队，他是汽车兵，平时很难抽出时间学习。于是，他把学习的书本放在挎包里，人到哪里书到哪里，有空就看上一点。每天出车回来，晚上时间，他除了参加连里的日常活动，总要挤出一些时间来读书的，有时熄灯号响了，他还舍不得放下手里的书，为了不影响同志们休息，只好离开宿舍另找别的地方去读。因此，车场、工具棚、厨房、司务长宿舍都成了他夜间看书学习的好地方。有时连队干部在工地值夜班，他也到连部办公室去读书，而且一坐就是大半夜。正由于雷锋有这种“挤”劲，把时间挤出来读书，他读的书越来越多。

运输连附近建设街小学有个姓贾的小同学反映：一天，在工人俱乐部看电影的时候，开演之前，发现前排座位上有位解放军叔叔，正在聚精会神地看一本厚厚的书。他往前凑了凑，想看看究竟是本什么书使这位解放军叔叔这样入迷。他探过头去一看，原来是一本《毛泽东选集》；再看看读书人，他竟惊喜地叫出声来：“这不是雷锋叔叔吗？这么一点时间，你还看书啊？”雷锋回过头来说：“时间短吗？我已经看了三四页了。时间短，看一页是一页，积少成多 。学习，不抓紧时间不行啊？”接着他问小贾：“你对学习抓得紧吗？”“不紧。”小贾不好意思地说。“不抓紧可不好”雷锋亲切地说：“你们在学校里学习，太幸福了，应该抓紧时间，好好学习。当然，也不是说所有的时间都看书。可是学习的时候，一定要认真地学。不然，时间就白白地过去了。”

雷锋在1961年4月的日记中，就写下了自己挤时间读书的心得：“挤时间读书：早起点，晚睡点，饭前饭后挤一点，行军走路想着点，外出开会抓紧点，星期假日多学点。如果不积累许多个半步，就不能走完千里。”雷锋就是这样“挤”时间学习的。

2. 雷锋“钻”的钉子精神。雷锋“钻”的钉子精神侧重纵向的角度，“钻”又和“专”联系在一起。不钻进去，基础就不会扎实，知识就理解不透，就无法掌握事物的内在联系和本质，就无法做到融会贯通，所以说“钻”又和“专”联系在一起。在学习上倡导“钻”的钉子精神，就是像钉子一样努力的“钻”进去学习、练习，深入研究、深入思考，不断地去思考问题，不断地去深入实践，这就是“钻”的学习。生活往往就是这样，“钻”进去的越多，得到的也就越多。

雷锋的学习兴趣广泛。运输连高指导员知道，雷锋对于政治、技术、文学、写作，他无所不爱，无所不学，尤其对马列主义、毛泽东思想，他更是刻苦攻读，孜孜不倦。雷锋有一股“钻”劲，不管学习上遇到什么困难，他都要千方百计把它搞懂。翻开雷锋读过的书本，几乎每一篇每一页都画了一些学习重点，边边角角上写着一些阅读心得或眉批。

一天晚上，夜已经很深了。高指导员从营部开会回来，见他还坐在连部埋头读书，就说：“雷锋啊，学习好，也要休息好，都快半夜了，怎么还不去睡?”雷锋见指导员回来了，马上站起来说：“我想把这篇文章读完再睡。”高指导员看看表，已经十一点多了，就说：“今天太晚了，明天还要出车，睡去吧。”“好。”雷锋一边答应，一边收起了书，心想指导员忙了一天，也该休息了，便拎起挎包走了出去。连部办公室的里屋就是高指导员的宿舍，他进屋睡了一觉，醒来一看，办公室的灯还亮着，不知雷锋什么时候又回来了，仍然坐在原来的位置上埋头看书。高指导员怕雷锋熬坏了身体，便披上衣服悄悄走到他身后，见他正在《矛盾论》单行本第五页的书边上写着：“……外因是条件，内因作决定，要想求进步，主观多努力。”高指导员钦佩地点了点头。这时，雷锋才发现高指导员在身后，连忙站起来说：“指导员，我影响你休息了”。“没有。”高指导员关切地让他坐下继续写，同时拿起他读过的《毛泽东选集》第三卷翻看，边边角角上还写着一些阅读心得。这些心得多半写得比较简单，有的只是一两句话，甚至三两个字，例如，“好”、“牢记”、“就这样办”等等，无不凝聚着雷锋对毛泽东主席和老一辈革命家的深厚感情，并充分体现着他理论联系实际的好学风。高指导员想：雷锋这种学习精神是非常可贵的，应该在全连干部战士中加以提倡。高指导员又仔细地翻看着雷锋在毛泽东主席这部著作中的书页空

白处写下的一些话。例如，雷锋读过《整顿党的作风》一文，用红铅笔重点画了这样一段话：“对于马克思主义的理论，要能够精通它，应用它，精通的目的全在于应用。”他在这段话的下边写道：“……努力学好马克思主义理论，并做到理论联系实际，改造思想，做好各项工作。”毛泽东同志在这篇著作中，还引用刘少奇同志说过的一段话：“有一种人的手特别长，很会替自己个人打算，至于别人的利益和全党的利益，那是不大关心的。‘我的就是我的，你的还是我的’。这种人闹什么东西呢？闹名誉，闹地位，闹出风头。”雷锋读后用蓝铅笔圈画了这段话，并针对这种人，在书上批了三个字：“没出息。”在《论联合政府》一文最后一节的空白处，雷锋写道：“无数革命先烈为了人民的利益牺牲了他们的生命，给我们换来了幸福。今天，我们没有理由不好好工作和学习，没有理由不改正缺点和错误，没有理由只顾自己不顾集体，没有理由只顾个人眼前利益，而忘记了整个无产阶级的最大利益。”翻开《为人民服务》一文，雷锋在最后一页的空白处写道：“我觉得一个革命者活着，就应该把毕生精力和整个生命为人类解放事业——共产主义全部献出。我活着只有一个目的，就是做一个对人民有用的人。生为人民生，死为人民死。”……雷锋见高指导员翻看起来没个完，想到明天还要工作，就说：“指导员，别看了，该休息啦。”高指导员看看表：“哎哟，赶快睡觉，明天你要出车，我也要上工地。”等他们躺在床上，已经是凌晨两点了……从此，雷锋在学习上更加勤奋，更加扎实，而且把全班同志都带动起来了。

雷锋学习坚持正确的理论指导。毛泽东曾经指出：“世界观的转变是一个根本的转变”。雷锋生前把毛泽东著作当作“粮食”、“武器”、“方向盘”，曾经反复地向自己提出人生的根本问题：“人为什么而活着？应该怎样做人？”有史以来，一切时代的有社会责任感的人都在寻求对这些问题的正确答案。但是，只有辩证唯物主义和历史唯物主义才能给出最完满的答案。雷锋在日记中写道：“我学习了《毛泽东选集》一、二、三、四卷以后，感受最深的是，懂得了怎样做人，为谁活着？我觉得要使自己活着，就是为了使别人过得更美好。”“人的生命是有限的，可是，为人民服务是无限的，我要把有限的生命，投入到无限的为人民服务之中去。”这就是雷锋对人生根本问题做出的正确回答，他就是用自己找到的答案指导自己的人生学习和人生实践，并找到了自己最大的人生动力源泉。

雷锋学习讲究科学的方法。《雷锋日记》当年曾印刷过数千万本，里面的许多警句教育了全国几代人。毛泽东看过也称赞“此人懂些哲学”。雷锋给自己订了个学习公式：问题—学习—实践—总结。不管遇到什么困难，他都要千方百计把它搞懂。如他在学习毛主席著作中，总结了五步学习法：一是分析每篇文章对当时革命运动起什么作用；二是毛主席为什么分析这个问题；三是毛主席在文章中提出什么观点；四是毛主席的方法论是什么；五是联系个人写心得体会。在阅读《纪念白求恩》一文时，他在书上的批注达 7 处之多。据统计，他在短暂的一生中，共写了 9 本近 20 万字的学习心得笔记。这就是人们广为称道的雷锋勤奋学习、刻苦钻研的“钉子”精神的具体体现。正是凭着这种可贵的“钉子”精神，只有小学文化程度的雷锋掌握了科学的世界观和方法论，不断提高自己的思想文化水平，不断丰富自己的精神世界，练就了一身为人民服务的过硬本领。

第三节　营造学习型企业组织氛围

学习，是人类认识自然和社会，不断发展和完善自身的必由之路。无论是个人、企业、乃至一个民族，只有不断学习，才能生存，才能发展。圣吉在《第五项修炼》中强调“系统思维和创造性思维根源于知识及知识的灵活运用和潜能及智慧的开发”。可见，学习对企业的持续发展至关重要，它不仅被视为业绩最佳、竞争力最强、生命力最强、最具活力，更重要的是使人们在学习的过程中，逐渐在心灵上潜移默化、升华生命的意义。因此，新经济环境下建立学习型企业组织，营造学习型

企业氛围在企业建设发展过程中至关重要。创建学习型企业组织理论是当今世界最前沿的管理理论之一，被西方企业界誉为21世纪企业的管理圣经。它是通过培育弥漫于整个企业组织的浓厚学习氛围，充分发挥员工的创造性思维能力，将企业建设成为一种有机的、符合人性的、能持续发展的组织。

一、学习型企业组织及其特征

“学习型组织”是当今世界两大前沿管理理论之一，已成为21世纪各国政府、企业及个人走向成功的权威指南，引起了全社会的广泛学习与推广应用。美国比尔·盖茨把它用于指导企业管理，努力把微软公司建成“学习型企业”。目前，美国排名前25家的大企业中，已有80％在按照“学习型组织”模式进行脱胎换骨的改造，取得了明显的经济和社会效益；微软公司把它作为制胜的“秘密武器”。美国《财富》杂志指出：“未来最成功的公司，将是那些基于学习型组织的公司。”壳牌石油公司企划总监德格斯认为：“唯一持久的竞争优势，或许是具备比你的竞争对手学习得更快的能力。”学习型组织是企业未来发展的趋势，未来成功的企业必然是学习型的企业。一个企业只有当它是学习型组织的时候，才能保证有源源不断的创新的出现，才能具备快速应变市场的能力，才能充分发挥员工人力资本和知识资本的作用，也才能实现企业满意、顾客满意、员工满意、投资者和社会满意的最终目标。

（一）学习型企业组织的内涵

20世纪90年代以来，美国麻省理工斯隆管理学院对“学习型组织”管理科学的研究一直处于世界领先地位。根据他们研究的成果表明，所谓学习型组织是指通过培养弥漫于整个组织的学习气氛而建立起来的一种符合人性的、有机的组织，这种组织具有持续学习的精神，是可持续发展的组织。美国人彼得·圣吉对“学习型组织”表达了这样的观点[1]：将组织视为一个具有生命的有机体，面对任何复杂的外界变化都能灵活应对，随变而变。在个人和组织一起学习，并通过学习完成不断自我超越的基础上进行团队学习，从而使组织变成学习型组织。

只有当这个组织成为学习型组织后，才能具有系统思考的能力，创造无限生机的能力，并由此成为一个具有生命的有机体。

（二）学习型企业组织的特征

企业学习型组织作为应运而生的企业管理创新的组织形式，适应知识经济时代的经营环境，具有鲜明的特征。

1. 不断自我创造。学习型组织是能把学习不断转化成创造未来、创造自我能力的组织，不断创新和创造是学习型组织最本质的特征。组织所有的工作可以分为两大类：一类是被动反应性的，一类是主动创造型的。仔细观察周围的人群，会发现，大多数人都在作着各种各样被动反应性的事情，得过且过，照章办事，无所用心，随波逐流。一旦遇到变化，则束手无策，怨天尤人。这样的人，最大的缺点就是不善于学习。而那些积极进取，不断学习，勇于探索的人则往往是从事着主动创造型的工作，他们有能力顺应变化，并且能为企业的发展做出较大贡献，自己也能够得到较快提高。学习型组织就是要通过组织学习，将组织成员都转变为主动创造性的人，使人人都最大限度地发挥自己的聪明才智，发挥潜能，主动提高自己，又为企业创造未来。

2. 善于学习。联合国教科文组织曾经指出：不会学习既不会生存，这是21世纪的主要特征。当今时代，学习已是生命的源泉，已成为一种新的劳动形势。学习，也正是学习型组织的核心所在。善于学习包括五方面的意义：一是强调终身学习。组织中成员均应养成终身学习的习惯，这样才能形成良好的组织学习气氛，促使其成员在工作中不断学习。二是强调全员学习。组织从最高层到最基层的全体人员都要全心投入学习。三是强调全过程学习。学习必须贯穿于组织系统运行的整个过

① 张声雄、徐韵发：《创建中国特色的学习型社会》，江西人民出版社2002年版。

程之中。四是强调团体学习。组织既要重视个人学习和个人智力开发，更强调组织成员的共同学习和群体智力的开发。五是强调全方位学习。组织成员不仅从组织内部、也从组织外部学习。

3. 自主管理。自主管理活动，是广大员工在自己的工作范围内，自愿选择伙伴组成团队，根据组织的方针目标，针对共同关心的问题，选定课题，运用科学的管理知识、专业知识、和以往的工作经验，由团队成员自主地选定改革、进取的目标，自主制订计划、自己进行现场调查，自己分析原因，自己制定对策，自己组织实施，自己检查效果，自己动手解决问题以及为完成课题、发表成果而进行的一系列集体活动。

二、创建学习型企业组织的必要性

美国著名的新理性主义教育家和古典人文主义成人教育倡导者罗伯特·哈钦斯在《学习社会》一书中提出了学习型社会概念。美国政府也提出“把美国建成人人学习之国”。当前，创建学习型城市、学习型社区、学习型机关、学习型企业、学习型家庭等活动正在蓬勃兴起。北京、上海、天津等 40 多个城市提出创建学习型城市的目标，并制定了详细的创建学习型城市实施意见和行动方案。因此，学习型社会氛围正在形成，在这样的社会背景下，创建学习型企业组织也有其必要性。

（一）创建学习型企业是知识经济时代的呼唤

随着科学技术的飞速发展，我们已经进入一个崭新的时代——知识经济时代。它以知识和信息的生产、分配和使用为基础；以全球化为特征，以人才为根本，以持续学习和创新为动力。知识经济时代对企业运作方式提出新要求，企业的劳动方式以智力劳动为主，内部沟通日益重要。知识经济不同于传统的农业经济和工业经济，农业社会“土地是财富之母，劳动是财富之父”，以土地和劳力为基础；工业经济“靠山吃山，靠水吃水”，以资源和资本为基础；知识经济时代，创新则兴、守旧则败，知识和信息成为企业生存和发展的基础。客观上要求企业以知识、技术和信息为手段去获取财富，而要掌握知识、技术，并对浩如烟海的信息进行搜集、筛选、分析、利用，就必须依赖于全体员工持续不断地学习，以全面提高企业的综合素质。创建学习型企业已成为时代的呼唤。

（二）创建学习型企业是企业适应生存环境的需要

伴随着世界经济全球一体化进程的发展，企业所处的环境日益动荡和复杂，未来的不可知性、环境的不确定性、技术的日新月异等等，使得市场竞争日益残酷、激烈。企业必须适应这种形势的变化，并积极应对。残酷的竞争是客观的，无法回避的。在这种环境中求生存和发展，只能对企业自身的因素（如产品、流程、结构、思维、观念等）不断进行调整，以培育快速制定战略对策、迅速变革创新的能力。而这种能力的获取必须以企业拥有坚强的学习能力为保障，因此创建学习型组织是企业应对环境变化的基本要求。

（三）创建学习型企业是提高企业核心竞争力的需要

随着科技的进步，生产力高度发展，物质产品达到了比较丰富的程度，为人们提供选择的空间越来越大，商品市场早已由卖方市场转向买方市场。这一巨大变化，既给消费者带来益处，也给商品的生产者和经营者以深远影响，这种影响表现为生产力相对过剩、平均利润率下降、企业分化加剧、市场竞争剧烈增强等。由于市场能力的提高，消费者要求越来越高，国际国内市场竞争日趋激烈。面对激烈的市场竞争，企业必须进行产品创新、技术创新、管理创新、经营创新，大力提高企业的核心竞争力。把企业全体人员的智慧、才干凝结在商品与服务中，并将它们打人市场，大力提高客户满意度。只有这样才能保障企业在市场竞争中赢得胜利，而创新、协作正是学习型企业的根本特征。创建学习型企业是提高核心竞争力的基本保障。

（四）创建学习型企业是提高客户满意度的需要

企业能否在激烈的市场竞争中立足，最终取决于企业拥有有效客户的数量。拥有客户就拥有市场，也就拥有生存空间。市场的竞争说到底是客户满意度的竞争。客户的满意度取决于企业运营商的服务技术和服务理念。学习型企业的创建，能够提升企业员工的学习力，提高员工的业务水平和服务技能。转变员工的思想观念和思维方式，提高对客户服务的责任感和紧迫感。从而大大提升客户的服务满意度，为赢得客户、扩大市场提供保障。

（五）创建学习型企业是提高企业员工素质的需要

当今世界，科技飞速发展，知识、信息日新月异。社会对通信的需求不断提高。为满足市场多层次、多元化的需求，通信企业员工要不断提升自己的服务能力，提升自身素质。自身素质包括两方面的内容：一是开展业务工作所必需的基本业务能力，即所从事本职岗位工作需要的知识和能力。只有牢固掌握这些内容，才能给客户提供满意的服务。才能实现自身价值。另一方面要提高不断学习的能力，即学会学习。联合国教科文组织称[①]：“未来的文盲就是那些没有学会怎样学习的人”，《第三次浪潮》作者陈尔温·托夫勒也说[②]：“想要学习却不知道学习策略的人叫做文盲”。今天，知识的生产和传播速度决定了没有人能够学会所有的知识、掌握所有的信息。企业员工的素质不取决于掌握知识和信息的数量，更重要的是学会如何处理、如何利用这些信息，即学会对大量需求知识和信息的采集、分析和判断，从而增强思考力和创造力。

三、营造学习型企业组织氛围

创建学习型企业组织要针对企业存在的客观问题，认真反思，分析

① David J. Skyrme，The Knowledge Net worker’s Toolkit，Butterworth—Heinemann，1999.

② 冯奎：《学习型组织：未来成功企业的模式》，广东经济出版社 2001 年版。

产生问题的原因，制定整改措施，彻底改造公司的工作作风，积极营造学习型企业组织氛围。

（一）要倡导认真扎实的深入调研作风

工作人员要走向市场，了解市场，分析市场，掌握市场的第一手信息和资料，跟踪市场形势变化，针对市场状态，有的放矢，及时研究制定符合市场规律的经营策略，并且能够有机的跟随市场，实现“以变应变”。避免随意性的决策、想当然的指挥。

（二）培育全体员工的责任感和紧迫感

在员工中，倡导“企业靠我发展，我靠企业生存”的理念，认真分析每个岗位的职责权力，开展岗位职责讨论活动，使每个员工明确自己的职责，明确自己的工作目标，并对照自己每日的工作，找出自己工作中的不足。要明确自己的点滴差误都将影响整个公司产业链条的正常运作，给企业带来巨大的损失，企业的损失也必将涉及包括自己在内的每个员工。从而提高责任意识，维护企业形象。在对外服务中要积极倡导“问题到我这里结束”的思想，对于用户的咨询及投诉，要兢兢业业解答，认认真真办事，为用户解决问题，履行好自己的岗位职责。

（三）要倡导全局意识、整体意识

处于管理层次的机关工作人员要运用系统思考的技术克服以自我为中心的倾向，他们都处于企业产业链条中重要的环节，上下左右影响颇大，一定要看到全局，想到整体，多与相关部门沟通，多一些诚恳的交流，少一些盛气凌人的抱怨。多从自身找原因，少犯归罪于外的错误。

（四）培育全员服务意识

通信企业的生存是以拥有客户为前提的，现在的通信市场，竞争日益激烈，完全进入了买方市场。要拥有市场，赢得客户，唯一的方式是

提高自己的服务质量，提高客户满意度，让客户选择自己。为此在企业中要大力推行“三优一快”（优质、优先、优惠、快速反应）服务，服务分为两大方向：一是提高通信设备的可靠性，要提高员工的学习力，精熟自己的设施，提高设施的运行质量，让客户感到通信公司的设备有保障；二是学习服务规范，了解客户心理需求，改善员工行为，提高员工素质，树立良好的外在形象，以诱人的服务魅力赢得客户。

（五）全面开发与提升企业员工的学习力

学习力包含三个要素：动力、毅力和能力。其中，能力是智力因素，动力和毅力属于非智力因素。学习力是一个系统，智力因素决定获取知识、消化知识、传播知识和运用知识的能力；非智力因素取决于动机、兴趣、情绪、意志等内容，是学习的维持系统.

1. 营造浓厚的学习氛围。公司的学习事业部要建立全员学习规划，出台学习制度，让每个员工的学习有计划、有目标、有检查，并定期发布学习情况通报表，召开学习成果表彰会。通过倡导学习、奖励学习的形式，形成全员重视学习，自觉参与学习的氛围。领导者要带头参加学习，经常畅谈学习的收获和方法，发挥榜样的作用，带动学习活动的发展。

2. 将学习应用于工作中。学习型企业的学习，包含三个内容：建立学习的观念；工作完美化；学习新理论、新知识。淄博通信分公司已经处在激烈的市场竞争环境中，员工要认清形势，转变观念，只有不断地学习，才能适应形势要求，适应工作需要，这是学习动力问题。员工的工作可分两层意思：一是完成工作指标；二是改善工作的方式。后一项即是学习型企业中“学习”的重要内容之一。是工作完美化的要求，也是“工作学习化、学习工作化”的体现。

3. 建立激励机制。一个企业好比是一个人体，每一位员工、每一个岗位好比是一个个细胞，细胞活，全盘活。为激活企业的每一个细胞，必须建立一整套激励机制。除物质激励、授予各种荣誉的精神激励外，还要采取多种形式，如给予拓展职业生涯的舞台、给予培训深造的机会、与分配挂钩等等。现在，“按生产要素分配”这一新的分配观念已开始确立，也为建立新的激励机制创造了机会。

（六）努力打造学习型团队

所谓“学习型团队”是以共同愿景为基础，通过培养弥漫于整个团队的学习气氛而建立起来的一种符合人性的、有机的、扁平化的团队。学习型团队强调“学习＋激励”，不但促使员工勤奋工作，而且更注重激发员工创造性开展工作的能力。打造学习型团队是一项繁重而长期的战略性任务，也是各级管理人员，尤其是中层以上管理人员需要持之以恒实践的重大课题。应从增强员工的意识入手，努力培育员工的技能。

在增强员工意识方面：一是让员工了解所做事情的意义与重要性；二是增进参与的机会，不是只交待任务，而是增加讨论、沟通的机会；三是提供必要的信息与资源，员工愈了解情况，愈能做出正确的判断，以减少不必要的错误；四是肯定成绩，奖罚分明。

判断一个团队是否是学习型团队的标准是看企业的理念、文化、决策、制度的产生过程是自下而上，还是自上而下。只有形成由最广大员工参与、渗透、讨论、决策的文化氛围的团队才是学习型团队。为此，需要营造一软一硬两个环境。软环境是要倡导、形成“思维无边界”的认识理念，在有关企业发展方向、企业管理理念等方面，鼓励全体员工以任何有效的方式向企业任何层面的管理者提出见解或合理化建议。只有这样，才能克服人们因地位不同造成的心理隔阂，消除人们进行信息和情感交流的“位差效应”，拆除员工与员工之间、部门与部门之间、下级与上级之间的“楼板”与“隔墙”。硬环境是创造一个与时俱进的信息平台与机制平台，信息平台是基于现代计算机技术的共享网络，机制平台是建立一个契合企业发展实际，与员工贡献相结合的人才培养、培训、选拔、使用、考核体系，给每一个人提供施展才华的机会，让每一个有用之才获得最大的成就感。

第四节 发扬雷锋“爱岗敬业”精神，与公司同命运

雷锋在他的日记中有这样一段话：“如果你是一滴水，你是否滋润了一寸土地？如果你是一线阳关，你是否照亮了一分黑暗？如果你是一粒粮食，你是否哺育了有用的生命？如果你是最小的一颗螺丝钉，你是否永远坚守你生活的岗位？”这句话告诉我们，无论在什么样的岗位，无论做着什么样的工作，都要发挥最大的能力，做出最大的贡献。在市场竞争日益激烈的今天，任何企业要持续发展，在激烈的竞争中处于优胜地位，就要求企业员工发扬雷锋的“爱岗敬业”精神，与公司同命运。

一、企业员工与公司同命运必须正确看待雷锋的“爱岗敬业”精神

雷锋在日记中写到：一滴水只有放进大海里才永远不会干涸，一个人只有当他把自己和集体事业融合在一起的时候才能最有力量。企业员工与公司同命运，就要正确看待“爱岗敬业”精神；企业员工与公司同命运，还要树立“企兴我荣，企衰我耻”的高度责任感，关心和爱护企业的一切，事事为企业着想，处处为企业效力，充分发扬主人翁精神，尽职尽责，与公司同呼吸、共命运。

（一）企业员工“爱岗敬业”精神缺乏的表现

也许有人会有这样的担心：我的付出是否能够得到应有的回报，我的敬业能否换来领导的重视，我扎扎实实地做好了每一件工作，领导都看见了吗？的确企业员工中确实存在缺乏“爱岗敬业”精神的现象，诸如缺乏爱企如家、求真务实、讲究奉献的敬业精神，缺乏积极进取，用心投入到工作以及“我与企业共命运”的坚定信念。

1. 工作中缺乏“钉子”般的“挤”劲和“钻”劲。企业员工不能合理利用时间，在工作的同时去不断学习，特别是业务知识的学习。缺少雷锋同志的“钉子”般的“挤”劲和“钻”劲。绝大多数的企业员工虽然能够立足本职，尽职尽责，但对本职业务知识掌握的不够透彻，“问渠哪得清如许，为有源头活水来。”这句话告诉我们：一个人的思想要保持清醒、开阔而不陈腐，就必须不断地学习，吸取新的知识。在业余时间，有时候宁愿坐着发呆，在电脑中玩游戏，也不愿打开书本。工作中缺少钻研和创新精神，抱着完成任务的态度。

2. 存在懒惰思想和浮躁情绪。绝大多数的企业员工在平时工作中虽然能够从点滴做起，从小事做起，但还是存在懒惰思想和浮躁情绪，不能向雷锋同志那样乐于做一颗永不生锈的“螺丝钉”。现在的人思想观念变了，我们的同志很多都是追求时尚的。现阶段主要是想拿一份高点的工资，潇潇洒洒，吃好、玩好。把爱岗敬业的人看成“傻子”。还有的员工经常会问“我们在现阶段需要爱岗敬业吗？到底什么是爱岗敬业？我们如何做到爱岗敬业呢？”爱岗敬业就是热爱自己的岗位，勤勤恳恳地工作。爱岗敬业是任何一个平凡的岗位对工作人员最基本的要求。雷锋同志爱岗敬业的精神20世纪60年代需要，在实行改革、开放的20世纪80年代需要，在实现社会主义奋斗目标的今天，同样是不可缺少的。任何人都有追求荣誉的天性，都希望最大限度地实现自我价值。而要把这种理想变成现实，靠的是什么？靠的就是在平凡岗位上做出不平凡的业绩。歌德曾经说过：“你要欣赏自己的价值，就得给世界增加价值。”

3. 缺乏奉献精神。由于一线员工来自社会各个方面，他们进企业的目的多数是为了谋生，比较看重经济利益，计较个人得失的多，关心企业发展的少，为企业奉献的思想扎根不牢，稍不如意，就会牢骚满腹，甚至有些一线员工把当前企业当作跳板，朝秦暮楚，不能安心于目前的工作。

4. 竞争意识不强。由于部分行业长期处在国家专卖体制保护之下，市场竞争机制还不完善，还未真正形成“与狼共舞”的局面。因此，在整体相对宽松稳定的大环境下，使得一线员工队伍也产生了“大树底下好乘凉”的懈怠心理，应对市场挑战的准备不足，竞争意识不强。

（二）企业员工与公司同命运，就要正确看待“爱岗敬业”精神

爱岗敬业看起来平凡，说起来容易，做起来却很难。因此，企业员工要真正做到爱岗敬业，与公司同命运，就要正确看待“爱岗敬业”精神，正确的对待工作，找准自己的定位，切实立足本职，安心于本职工作，在自己的岗位上尽心尽力，认真负责，干一行爱一行，发挥好自己应有的作用。

1. 把爱岗敬业看成是每一位企业员工应有的态度。美国前总统肯尼迪在他的就职演讲时说：“不要问美国为我们做了什么，而要问我们为自己的国家做了什么。”常常看到很多人尽管才华横溢，但总是怀疑环境、批评环境，老是一种怀才不遇的心态，殊不知他自身所持有的这种态度，恰恰对他的进步成长是一个致命的打击。如果因为工作有一点不顺利就大肆抱怨，不顾大局，不讲团结，在不知不觉中养成了抱怨环境、不思改善的习惯，最大的受害者就是自己。我相信：“成功的人一定爱岗敬业，失败的人始终在寻找客观理由”。

2. 把爱岗敬业看成是爱岗敬业是一种境界。我们曾经看到过这样一句话：“工作的时间长了，就成了一份事业，事业经营得久了，就成了一种情怀。”当我们将爱岗敬业当作人生追求的一种境界时，我们就会在工作上少一些计较，多一些奉献，少一些抱怨，多一些责任，少一些懒惰，多一些上进；享受工作给自己带来的快乐和充实感，有了这种境界，我们就会倍加珍惜自己的工作，并抱着知足、感恩、努力的态度，把工作做得尽善尽美，从而赢得别人的尊重，取得岗位上的竞争优势。

3. 把爱岗敬业看成是企业员工应有的责任意识。岗位赋予责任，有责要有为，有为才有位。工作岗位是一个单位的基本细胞，每个岗位都有相对应的责任。每一个人从踏入工作岗位的那一天起，肩上就扛起了一份职责。就好比整个社会是一台大机器，我们每一个工作者就是这

台机器上的一个螺丝钉，如果其中某一个人懈怠了工作，那么这台机器就不能正常运转。因此作为一名财政工作人员，肩上责任重大，这就要求我必须具有强烈的事业心和责任感，对待每一项工作，承担每一项任务，无论事情大小、任务轻重，都要以高度的责任感，一丝不苟、扎扎实实地做好，保证工作的质量和实效，做一名人民满意的公仆，做一颗永不生锈的螺丝钉。

4. 把爱岗敬业看成是各行各业生存的根本。在社会主义市场经济体制下，各行各业面临着激烈的竞争。竞争会涉及许多因素、许多方面，但最终离不开每个员工的爱岗敬业精神。因为员工的工作状态如何，体现着单位的形象，影响着产品的质量。单位的整体工作，总是要通过一个个员工的具体工作去展现，员工和企业是共性和个性的统一。只有人人热爱本职工作、恪守现职、兢兢业业，才能从不同的岗位、不同的角度，形成合力、发挥整体功能，才能产生出理想的经济效益和社会效益，进而促进社会的和谐和进步。

二、企业员工与公司同命运要积极学习雷锋的“爱岗敬业”精神

雷锋在日记中写到“对待工作要像夏天一样的火热”，在他短暂的22个春秋中，他以实际行动诠释着这句名言。雷锋在乡政府当通信员，年年受奖；在农场开拖拉机，连获优胜；在鞍钢当推土机手，多次当劳动模范；在部队干汽车兵，被评为技术标兵。不论干什么，他都以火热的激情投入工作，干一行，爱一行，钻一行，精一行，为我们树立了爱岗敬业的光辉榜样。作为一名公司员工，要真正做到爱岗敬业，与公司同命运，就要积极学习雷锋的“爱岗敬业”精神。

（一）学习雷锋“爱岗敬业”精神，就是要忠于职守，热爱本职工作

爱岗是敬业的前提，对工作发自内心的真诚热爱，可以激发强烈事业心，为干好工作提供不竭动力，使我们全身心地投入工作，贡献高

水平、高质量的业绩。要做到爱岗敬业，就必须要调整和处理好自己的理想期望与现实工作及生活之间的关系，正确认识自己，正确对待工作，找准自己的定位，切实立足本职，安心本职工作，在岗位上尽心尽力，认真负责，干一行爱一行，发挥好自己应有的作用，争取把平凡的工作做出极致的效果，达到实现自己理想的目的。

（二）学习雷锋“爱岗敬业”精神，就是要有全心全意的责任意识

岗位赋予责任，有责要有为，有为才有位。作为一名财政工作人员，必须具有强烈的事业心和责任感，对待每一项工作，承担每一项任务，无论事情大小、任务轻重，都要以高度的责任感，一丝不苟、扎扎实实地做好，保证工作的质量和实效，做一名人民满意的公务员，做一颗永不生锈的螺丝钉。

（三）学习雷锋“爱岗敬业”精神，就是要勤奋学习，增强为人民服务的本领

雷锋曾以“钉子”精神刻苦学习毛泽东著作和科学文化知识，不断提高为人民服务的本领。他不仅自己加强学习，也带动身边的战友学习，雷锋把自己的藏书拿出来供大家学习，被人们称为“小小的雷锋图书馆”，同班战友乔安山文化程度低，雷锋就手把手地教他认字，学算术。作为新时期的企业员工，顺应时代潮流，学习的重要性也不言而喻。当今世界瞬息万变，只有怀着空杯心态，虚心学习，才会有新的收获，才能适应不断有着新要求的本职工作。

（四）学习雷锋“爱岗敬业”精神，就是要有服务大局的开拓意识

当前，攀枝花市正面临国家新一轮西部大开发重点支持攀西等资源富集区集约发展、建设百万人口大城市等一系列重大战略机遇。作为一名财政工作人员，我们要像雷锋那样爱岗敬业，创先争优，恪尽职守，勤奋工作；要紧紧围绕市委、市政府提出的“三个加快建设”战略定位、“打造中国钒钛之都，建设特色经济强市”战略目标、“四个倾力打造”战略重点，结合财政工作，当好党和人民的理财能手，加快推进财政改革，促进财政增收，为幸福攀枝花的宏伟事业的早日实现贡献一份力量。

（五）学习雷锋“爱岗敬业”精神，就是要发扬艰苦奋斗、勤俭节约的优良传统

伟大的共产主义战士雷锋，以“勤”对待学习和工作，以“俭”对待生活和享受，为我们树立了光辉的榜样。我们财政人更应发扬勤勤恳恳的工作作风，始终坚持勤俭节约的理财观念，进一步推进绩效财政工作，强化财政监督体系建设，完善财政分配机制，不断提高财政资金的安全性和效益性。

雷锋一生没有惊天动地的壮举，他的崇高精神体现在平凡岗位上和日常生活中。在新的历史条件下学习雷锋精神，就是要把雷锋精神融入本职工作和日常生活中，在平凡中求发展、讲奉献、比作为，为推动科学发展、担负起历史所赋予的使命，贡献我们的青春、智慧和力量。

“如果你是一滴水，你是否滋润了一寸土地？如果你是一线阳光，你是否照亮了一分黑暗？如果你是一粒粮食，你是否哺育了有用的生命？如果你是最小的一颗螺丝钉，你是否永远坚守你的岗位？”伟大的雷锋精神，感动了一个个时代，滋养了一代代优秀儿女的心灵。正如胡锦涛同志所指出的那样：“雷锋这个光辉的名字和他崇高的精神品格，在历史发展中始终焕发着光彩。”

三、企业员工与公司同命运要积极发扬雷锋的“爱岗敬业”精神

雷锋精神的内涵十分丰富，包括爱岗敬业、助人为乐、爱国爱民、勤俭节约、奉献社会等精神，在市场竞争日益激烈的今天，雷锋的爱岗敬业精神对企业员工来说更具实践价值。雷锋在日记中写道：“对待工

作要像夏天一样的火热。”回顾他 22 岁的短暂生涯，在县政府当通信员，年年受奖；在农场开拖拉机，连获优胜；在鞍钢当推土机手，多次当劳动模范；在部队干汽车兵，被评为技术标兵。不论干什么，雷锋都能够以火热的激情投入工作，干一行，爱一行，钻一行，精一行，为企业员工树立了爱岗敬业的光辉榜样。

（一）发扬雷锋的“爱岗敬业”精神，就要像雷锋那样，干一行，爱一行

有人说，企业与员工如山与树，如水与鱼，在我看来，企业与员工的关系却更似一桩婚姻。员工是企业的滴滴鲜血，是企业永恒燃烧的激情；企业是员工的生命，是员工拥有使命并为之奋斗的不息源泉。因为企业的繁荣，一个个鲜活的生命也就赋予了新的灵魂；因为企业的衰落，一个个飞舞的思绪也会聚成一首悲壮的挽歌。企业和员工的关系是“唇齿相依、荣辱与共、命运相连”，这是一条永恒不变的准则。企业员工与公司同命运，学习雷锋，当以他为楷模，热爱本职工作，在平凡的岗位上做出不平凡的业绩。

哲人说：热爱是最好的老师。发扬雷锋的“爱岗敬业”精神，就要像雷锋那样，干一行，爱一行。爱岗是敬业的前提，对工作发自内心的真诚热爱，可以激发强烈的事业心，为干好工作提供不竭动力，使我们全身心地投入本职工作，贡献高水平、高质量的业绩。我国著名肝胆外科专家吴孟超教授，非常热爱本职工作，一干就是 60 多年，到了 90 岁高龄，还工作在第一线，每年还进行多台高难度手术。热爱，使他虽然劳累却甘之如饴；热爱，使他乐此不疲，不知老之将至；热爱，使他成为雷锋式的敬业楷模。然而，我们有些同志，总觉得自己的工作枯燥、平凡、没意思、没前途，这山望着那山高，见异思迁，不安心本职工作，因而工作中标准不高，要求不严，缺乏激情，没有创新意识，甚至于敷衍塞责，应付了事，这种精神状态和工作态度，早晚会被飞速发展的形势所抛弃。他们应该幡然醒悟，迎头赶上，千万不要沦为社会的次品和废品。

（二）发扬雷锋的“爱岗敬业”精神，就要像雷锋那样，干一行，精一行

术业有专攻，行行出状元。发扬雷锋的“爱岗敬业”精神，就要像雷锋那样，干一行，精一行。大千世界，七十二行，干任何工作大体都有三个不同境界：基本掌握，胜任裕如，炉火纯青。想达到前两个境界不难，干的时间长了，自然会熟能生巧，轻松胜任；但想达到炉火纯青的境界，成为本行业的专家、状元，则非殚精竭虑、苦心孤诣而不能。南京军区“三栖”精兵何祥美，爱军习武，苦心钻研，冬练三九，夏练三伏，数年如一日，终于练出一身硬功夫，成为演兵场上的“枪王”，多次完成重要任务，荣获全国敬业奉献模范称号。还有艺高人胆大的试飞英雄李中华，勇夺第一敢立潮头的全国劳动模范许振超，被当事人誉为“辩法析理，胜败皆服”的全国法官模范宋鱼水，真学、真信、真讲的模范教员方永刚，感动中国的优秀工人郭明义，都是各个岗位的佼佼者，不仅品德高尚，宁静致远，而且专业精湛，贡献突出，他们都是雷锋精神的优秀传人。

一个社会就像一台复杂庞大的机器，由无数个齿轮、轴承、螺丝钉组成，每个零部件都很重要，不可或缺。工作有分工，职业无贵贱，因而我们既要强调个人自由，也要考虑社会需要，每个人都要像雷锋那样，做一颗“永不生锈的螺丝钉”，国家和人民把我们拧在哪里，就在哪里坚守岗位，发挥作用，力争万无一失。还要像雷锋那样，大局着眼，小处着手，面向世界风云，干好本职工作，苦练技术精益求精，岗位尽责一丝不苟，为现代化建设无私奉献，用青春和智慧谱写生命的不朽篇章。

[企业“爱岗敬业”经典事例]

全国劳动模范、企业“爱岗敬业”的优秀代表——李素丽

李素丽，女，1962 年出生，中共党员，公交“李素丽服务热线”

负责人，曾任北京市公交总公司公汽一公司第一运营分公司21路公共汽车售票员。她自1981年参加工作后，在平凡的岗位上，把“全心全意为人民服务”作为自己的座右铭，真诚、热情地为乘客服务，被誉为“老人的拐杖，盲人的眼睛，外地人的向导，病人的护士，群众的贴心人”。她认真学习英语、哑语，并努力钻研心理学、语言学，利用业余时间走访、熟悉不同地理环境，潜心研究各种乘客心理和要求，有针对性地为不同乘客提供满意周到的服务。她曾获“全国‘三八’红旗手”等荣誉称号。

李素丽在高考落榜后到公交60路汽车当了售票员。在父亲的教育下，在周围同事的感染和帮助下，她渐渐地爱上了售票员工作。从60路调到21路后，李素丽通过多年的实践和一点一滴的积累，练就了能根据乘客的不同需求，给他们最需要的服务的本领。老幼病残孕，最怕摔、怕磕、怕碰，李素丽就主动搀上扶下；上班族急着按时上班，李素丽见到他们追车就尽量不关门等他们；外地乘客既怕上错车，又怕坐过站，李素丽不仅百问不烦，耐心帮他们指路，还记着到站提醒他们下车；遇到人生地不熟的乘客，李素丽从来不跟他们说“东西南北”，而是用“前后左右”指路，让乘客更容易明白；中小学生天性活泼，李素丽总要提醒他们车上维护公共秩序，车下注意交通安全；遇到堵车，她就拿出报纸、杂志给乘客看，以缓解他们焦急的心情；看到有人晕车或不舒服想吐，她会及时地送上一个塑料袋；遇到不小心碰伤的乘客，她赶紧从特意准备的小药箱里拿出常备的“创可贴”；姑娘们夏天穿着长裙上下车，她忘不了提醒她们往上拎一拎，以免被后面的人踩上摔跟头。

21路公共汽车线路，北起北京北站，南至北京西站，沿线10公里、分布14个车站，李素丽就在这平凡的岗位上，用自己日复一日的劳动给人们带来真诚的笑脸、热情的话语、周到的服务和细致的关怀。李素丽售票台的抽屉里总是放着一个小棉垫，是她为抱小孩的乘客准备的，有时车上人多，一时找不到座位，李素丽就拿出小棉垫垫在售票台上，让孩子坐在上面。她的售票台旁的车窗玻璃在进出站时总是敞开的。即使下大雨，她也要把车窗打开，伸出伞遮在上车前脱掉雨衣、收拢雨伞的乘客头上。李素丽习惯在车厢里穿行售票，尽管总是挤得一身汗，可她却说："辛苦我一个，方便众乘客。"

公共汽车是一个流动的小社会，车上什么样的乘客都有。特别是在早晚上下班高峰期间，车厢拥挤、嘈杂，有时还会发生矛盾和口角。李素丽往往几句话就能化解一个个矛盾。对待一些不讲理的乘客，李素丽也是以礼待人，以情感人。一次，有个小伙子上了车就往干干净净的地板上吐了一口痰。李素丽轻声提醒他不要随地吐痰。不想气呼呼的小伙子又吐了一口。这时，李素丽没有再说话，走过去，掏出纸把地板上的痰迹擦干净。在全车人的注视下，小伙子脸红了，下车时连连道歉。

在日常工作中，李素丽非常注意在车上营造一个文明礼貌、互相尊敬友善的"公众场"，以唤起众乘客对爱心和善心的共鸣、对文明礼貌的呼应。当小伙子应李素丽的询问为刚上车的母女二人让座，落座的小女孩忘记答谢让座的小伙子时，李素丽便柔声提醒："小朋友，叔叔给你让座了，你该说什么呀？"女孩的一句"谢谢叔叔！"不也包含了李素丽的一番良苦用心吗？正因为有了这一幕，女孩随妈妈下车后的两三分钟时间里才没有人去抢坐这个座位。座位最终让给了一位年龄稍长身体单薄的女同志。以"场"促动大家的爱心、善心、文明行为、礼貌行为，就是李素丽的"场"所具有的春风化雨般的"李素丽效应"。

李素丽在十米车厢中创造了举国瞩目的业绩，成为飘扬在全国公交行业的一面旗帜。除了她对本职工作的无比热爱、把一腔热情全部倾注到工作岗位上，还与她注意社交技巧、讲求口语艺术，用艺术化的语言开展工作密不可分。李素丽最大的特点就是注重与乘客的情感交流，她靠真挚的感情来换取乘客的真情，用自己火热的心来温暖乘客的心。每次发车出站，她都会脸挂亲切的笑容，用甜美、悦耳的声音与乘客们"打招呼"。大年初一的早班车上，面对节日期间不能休息无法与家人团聚的乘客，她送上了真挚的祝福："乘客同志们，今天是大年初一，首先，我代表车组全体成员给大家拜年，祝大家春节好！祝您在新的一年里工作进步，万事如意。"虽然车厢内寒气逼人，但李素丽的一番话使乘客们活跃起来，大家的心里顿时热乎起来。

李素丽是北京公交窗口行业的优秀代表，在公交平凡的工作中，始终把全心全意为人民服务作为自己的人生追求，时刻牢记自己是首都公交战线的一名普通员工，坚持岗位做奉献，真情为他人，以强烈的首都意识、服务意识和公交窗口意识，诠释着公交“一心为乘客，服务最光荣”的行业精神，赢得了广大乘客的尊重和爱戴。

第二章 与企业员工谈雷锋的“无私奉献”精神

中华民族在几千年辉煌的历史长河中，为我们留下了一笔宝贵的财产——中华传统美德，精忠报国，克己奉公，无私奉献则是中华传统美德的核心品质，是民族文化与精神的瑰宝，更是社会经济发展的巨大精神动力。在人类历史发展进程中，人们无不把真善美视为一种道德风范和精神境界，作为修身养性、完善自我的行为准则。“春蚕到死丝方尽，蜡炬成灰泪始干”是多年来形容平凡中见伟大的最好语句。这是一种精神，是对“奉献”二字最形象、最生动的诠释。奉献就是自觉自愿、恭恭敬敬地付出，就意味着牺牲自己的利益。如果在这个时期把雷锋同志比喻成为“春蚕”和“蜡炬”，那么他所做的一切则是对人生观最有价值的体现。雷锋说：“人的生命是有限的，可是，为人民服务是无限的，我要把有限的生命投入到无限的为人民服务之中去。”这就是雷锋精神的实质。这种伟大精神过去、现在和将来都是教育和激励人们前进的宝贵的精神财富。针对目前企业员工奉献精神缺乏的现象，我们提出用雷锋精神加强企业员工奉献精神的培养，有助于发挥员工的主人翁精神，推动企业健康持续发展。

第一节　无私奉献精神的基本理论

在人类文明渊源流长的历史长河中，有一种精神让我们感动、让我们热血沸腾，它不随时光的流逝而褪色、也不因世事的变迁而消失，它就是无私、崇高的奉献精神！无私奉献精神它说起来平凡，但实施起来却是伟大的，是深入人心的。提及奉献精神，我们就会不由自主地想起雷锋。雷锋精神告诉我们奉献和真诚的价值超越一切物质利益美国亚利桑那州立大学国际战略研究院副教务长丹尼斯·西蒙教授在接受记者采访时表示，雷锋精神在中国的回潮是一种积极信号。雷锋是无私奉献的典型代表，而当今中国正处在经济和社会发展的新阶段，特别需要重新思考雷锋精神，为转型期的中国注入可持续发展的道德力量。要系统研究雷锋精神，就必须从奉献精神的基本理论着手。

一、奉献及奉献精神的基本内涵

“奉献”一词在人们的日常生活中频繁使用，也常常出现在学术文章中。但奉献究竟是什么却难以找到确切的定义。古今中外的思想家、教育家对奉献有不同层面的理解和表述。

（一）奉献的基本含义

“奉”，《辞海》解释为“捧”、“进献”。《韩非子·和氏》有“楚人和氏得玉璞楚山中，奉而献之历王。”《现代汉语词典》解释为“给，献给（多指对上级或长辈）”；“献”，《辞海》解释为本谓献祭。《说文·犬部》：“献，宗庙犬名羹献”。《现代汉语词典》解释为把实物或意见等恭敬庄严地送给集体或尊敬的人，“奉献”一词的意思就是进物以表敬意。列夫·托尔斯泰认为，人所能得到的最大幸福，最自由、最快乐的心境，莫过于爱别人和为别人献身。爱因斯坦认为，一个人的价值，应当看他贡献什么，而不应当看他取得什么。车尔尼雪夫斯基认为，要是一个人的全部人格、全部生活都奉献给一种道德追求，要是他拥有这样的力量，一切其他的人在这方面和这个人相比起来都显得渺小的时候，那我们在这个人的身上就看到崇高的善。列宁认为，奉献是一种为社会进行的无报酬的劳动。毛泽东认为奉献是全心全意为人民服务，毫不利己，专门利人。

综合上述各种关于奉献的认识，我们认为，奉献在一般意义上讲，是一种主动的、自愿的、不计回报并且可以牺牲自身利益的给予或付出，从本质上讲，是个人或集体为了某种更高的价值而自愿放弃自己的部分权利和利益的行为。奉献既是一种高尚的情操，也是一种平凡的精神；既表现在国家和人民需要的关键时刻挺身而出，慷慨赴义，也融会和渗透在人们日常的工作和生活中。本职工作是奉献的起点，敬业是奉献的基础，乐业是奉献的前提，勤业是奉献的根本。奉献是中华民族的传统美德，是社会主义职业道德和公民道德的最高境界。在《公民道德建设实施纲要》中提出的基本道德规范：即爱国守法、明礼诚信、团结友善、勤俭自强、敬业奉献，奉献是其中之一。在中华民族几千年的文明史中，最耀眼的是无私奉献的灿烂光辉，最醒人的是无私奉献的杰出人物。孔子、屈原、司马迁、陶行知等，他们之所以耀眼、醒人，是因为他们把自己的聪明、才智无私地奉献给了社会、国家和人民。献身教育、奉献社会是教师崇高的职业道德境界，是教师世界观、人生观、价值观的综合表现，是教师进行职业道德修养所达到的最高层次。教师劳动的本质特征在于奉献，教师道德的不朽灵魂也在于奉献。

（二）奉献精神的基本含义

奉献体现为一个人作为主体，自愿、恭敬地把自己的利益交付给客体（社会和他人），而奉献精神，就是推动、指导主体这样做的一种信念。它有两个基本特点：首先，它是认识、情感和意志高度统一的坚定信念，是理性的东西，它所指导下的奉献行动，是自觉自愿、积极主动的，不是一时盲目的感情冲动。其次，它不是要求等价交换，更不是要求赢利，而是甘愿对某个客体进行馈赠，是一种牺牲精神[1]。奉献精神既是一种文化传承，又是一种现实发展。任何一种奉献精神都是为特定的历史课题服务的，都要打上时代的烙印。在不同时代，奉献精神的本质是不同的。

在中国传统文化里，奉献精神是舍生取义的圣人的道德理想，孟子说：“生亦我所欲也，义亦我所欲也；二者不可得兼，舍生而取义者也”。[2] 孔子说：“志士仁人，无求生以害仁，有杀身以成仁”[3]。早在16世纪英国人莫尔和意大利人康帕内拉提出的原始的社会主义思想中，就蕴涵了奉献精神。1848年马克思和恩格斯发表的《共产党宣言》中强调的“集体主义原则”就蕴涵着奉献精神。可以这样说，所谓奉献精神，是指为了维护社会、集体或他人利益，个人能够自觉地让渡、舍弃自身利益的一种高尚品格，是人类最伟大高尚的灵魂和精髓。纵观中国共产党走过的88年的辉煌历史，就是为民族解放、国家富强、人民幸福而英勇牺牲、无私奉献的历史。

在革命战争年代，中国共产党人通过井冈山精神、长征精神、延安精神、西柏坡精神、红岩精神的培育和提升，使传统文化中的奉献精神具有为人民的利益、为祖国的美好未来勇于献身的革命英雄主义的内涵。毛泽东为了完成民族独立和人民解放的历史任务，家中先后有六位亲人献出了宝贵的生命。周恩来为了人民的事业，鞠躬尽瘁、死而后已。朱德为中华民族的解放事业立下了汗马功劳，临终时，还把两万元存款全部交了党费。在社会主义建设和改革开放时期，“以中国最广大人民的最大利益为出发点的中国共产党人，相信自己的事业是完全合乎正义的，不惜牺牲自己个人的一切，随时准备拿出自己的生命去殉我们的事业”[4]。从抗美援朝精神、大庆精神、雷锋精神、焦裕禄精神、“两

---

① 陶行知：《陶行知全集第2卷》，四川教育出版社1998年版。
② 孟子·鱼我所欲也。
③ 论语·卫灵工。
④ 《毛泽东选集》第3卷，人民出版社1999年版。

弹一星”精神、抗洪精神、抗非典精神、航天精神、抗冰雪精神到抗震救灾精神、奥运精神，使“全心全意为人民服务”的奉献精神发扬光大，具有更加丰富的内涵，更加生动的体现，极大地丰富和升华了中华民族的奉献精神。①

奉献精神是一种高度自觉地让渡、放弃自身利益的高尚品格，实质是把国家、集体和他人的利益放在重要的地位、为满足社会、集体和他人的需要贡献自己的力量，反映的是人们对国家、集体和他人的一种纯洁高尚的道德义务关系。奉献精神从来就是我们的民族精神。在中华民族生生不息历史进程中，奉献作为民族精神的一种“精品”，从来就不缺乏，而且在不朽的历史巨卷中留下许多可歌可泣的篇章。“一个国家，一个民族，一个人，总要有点精神。赤忱爱国、自强不息、乐于奉献，是我们民族最可宝贵的精神财富”；“要弘扬淡泊名利、无私奉献的精神”。

奉献精神是当代人民教师人格的根本体现，国家的未来、民族的希望都落在了当代人民教师的身上，当代人民教师追求的目标越高，他的才力就发展得越快，对社会就越有益。当代人民教师的奉献精神是中华民族的奉献精神在当代教育领域的继承、发展。当代人民教师的思想境界高一分，无私奉献的精神就会登上一个新阶梯，就能最大限度地发挥自己的聪明才智，兢兢业业、严谨治学、教书育人、诲人不倦、乐于奉献。

二、奉献精神的功能

奉献是一种自我牺牲行为，它是为了实现某一事业或理想，不顾个人得失，抛弃自己的一切利益，甚至牺牲生命的行为。不同时期，它有不同的内容和表现形式，但就其核心而言处理的是个人与社会的关系问题。

---

① 江泽民在庆祝北京师范大学建校一百周年大会上的讲话，《人民日报》2002年9月9日。

（一）奉献精神是个人及社会得以发展的基本前提

一方面，从个人角度来讲，通过奉献行为，个人价值得以体现；另一方面，就社会而言，个人的奉献行为满足了一定的社会需要，并得到社会的承认。这种关系可以从马克思主义关于人的价值学说的基本原理得到很好的说明。

马克思主义认为，人的价值就是指人对自己、他人乃至社会需要的满足。人的价值包含两个方面：一是社会价值；二是人的自我价值。具体地说，就是人通过自身的实践活动，充分发挥其体力和智力的潜能，不断创造出物质财富和精神财富，在满足自身需要的同时，满足他人和社会的需要。简而言之，人的价值的实质在于其对社会的贡献。德国著名诗人歌德曾说过：“你若要喜爱自己的价值，你就得给世界创造价值。”爱因斯坦也曾经这样说过：“人只有贡献于社会，才能找出那实际工作上短暂而有风险的生命意义。”把人的社会价值确定为贡献，是马克思主义历史哲学在对人与社会互助关系深刻理解的基础上，对人的社会价值本质的正确揭示。可见，奉献主要体现于个人对他人和社会需要的满足，即体现于人的社会价值。

我们在强调个人弘扬其社会价值的同时，并不否认个人自我价值的满足和实现。个人自我价值，就是人对自身需要的满足。一个人用正当的手段满足自己需要的程度越高，他的自我价值就越大；反之，如果自己向他人和社会索取得越多，越依赖于社会和他人，其自我价值就越低。而个人价值的满足和实现总是同个人的社会价值密不可分，它们总是存在着内在的一致性和相关性。一方面，当个人的言行及其结果满足自己的需要时，同时也间接或直接满足了社会的需要，因为他的需要总是社会性的需要，同时他又是社会的分子，况且他的自我需要的满足还必须以他对社会需要的满足为条件。个人的自我价值必须以其社会价值为前提和条件，离开了社会价值，他的自我价值就会成为无源之水、无本之木，就会成为无法兑现的“乌托邦”。另一方面，个人对社会的贡献，个人的社会价值的实现过程，同时也就是直接或间接的自我价值的实现过程。因为，由个人所构成的社会，使个人的需要上升为社会需要，个人作为一定社会需要的主体，当他满足这些社会需要时，他就直接或间接地满足了个人自己的需要。因此，个人的社会价值中总是包含着个人的自我价值，个人的社会价值越大，对社会的贡献越大，那么其自我价值也就越高。

可见，个人对社会的奉献行为一方面反映了其社会价值的大小，另一方面也体现了其自身价值的高低，它反映的是个人和社会之间的关系。马克思主义关于人的价值的学说从理论上阐释了这种关系，这不仅有助于我们理解奉献行为的实质、社会价值和意义，更有助于我们每个人积极投身于对社会的奉献之中。

另外，奉献是一个社会得以存在和发展的基本前提，是一个需要永远弘扬的高尚品质。从经济角度讲，社会发展就是一个创造大于消耗、生产大于消费的过程，也就是需要社会全体成员自觉创造和奉献的过程，只有如此，社会才能发展。从文化的角度说，只有全体成员不断奉献和创造新的文化成果，这个社会才不会停滞不前，才能发展到新的阶段。人是社会发展的主体，对于人来说，奉献是人的高尚精神品质，也是人类的不懈精神追求，更是人的理性选择。孔子说："仁者，爱人"，实际上表达的就是奉献是人的高尚精神品质。奉献体现了人类对自身动物性的超越，体现了人类在物质基础上的一种精神境界的提升。雷锋的价值就在于他充分体现了奉献这一人类的高尚精神品质，代表着人类的不懈精神追求。奉献更是人的理性选择，人人基于自身需要追求利益最大化，但同时每个人必须以肯定其他人的利益最大化为前提，才能实现自身利益最大化，也就是说，每个人必须承认和遵守奉献的价值准则，否则，导致社会无序甚至不会存在，从而任何人都不会实现自己的目的。

（二）奉献精神是正确人生观、价值观的体现，是人生的永恒追求

生命的可贵在于追求。一个人的人生价值实现，应该说就是人生最大的追求。人生追求，是人类特有的品质。追求是我们团结奋进的动力，追求是我们在艰难中敢于拼搏的精神。没有追求的人生，是没有意义的人生。没有追求的生命是暗淡无光的。如果说，人生没有追求，就丧失了奋斗的渴望，回退到庸碌与萎靡；人生没有追求，文明就战胜不了粗野，科学战胜不了愚昧；人生没有追求，人的价值将不再升华。

人生到底追求什么？在不同人眼里，有着不同的含义。在我们今天的现实生活中，一个人的人生追求，就应该不求名利、不求回报、不求虚荣、不求享受，只求做个平平常常、普普通通、能实实在在为社会做些事情的人。人生追求就是如何做人，做正直、正派，不说违心话，不做违心事，处事要公正、公平，不偏不倚的人。心底无私天地宽，身正不怕影子斜。人生的最大追求就是奉献，世界观、人生观是人生追求的决定因素，共产党人的人生追求就是确立马克思主义人生观，树立远大的共产主义理想和信念，在全心全意为人民服务中充分体现自身价值。因此，奉献是人生的永恒追求。

奉献是义务性地为国家或社会公众所做的事，即列宁所说的：“是一种为社会进行的无报酬的劳动”。奉献精神的核心是“自我牺牲”，这种“牺牲”有财力的、物力的、智力的、甚至是自己的生命；奉献精神不是某人一时的“心血来潮”，而是他正确人生观、价值观的体现。

人活着为什么？人生的意义是什么？人应该怎样度过自己的一生？对这些问题的不同认识形成了不同的人生观，也形成了对奉献精神的不同态度。在社会主义市场经济、利益多元化的今天，有些人在“人不为己，天诛地灭”的人生观支配下，凡事先替自己着想，更有少数党员干部见利忘义、唯利是图、不择手段、聚敛钱财，堕落为腐败分子。而高尚的人生观主张“人生有限，奉献无涯”，他们把奉献当作人生的幸福，就像俄国大文豪列夫·托尔斯泰说的：“人所能得到的最大幸福，最自由、最快乐的心境，莫过于爱别人和为别人献身。”为此，他们把奉献看作“为建设现代化”、“国富民强”添砖加瓦，看作“永葆青春”的力量源泉。当祖国人民需要之时，他们会心甘情愿地牺牲自己的利益，乃至奉献出自己的宝贵生命。

人生观决定着价值观及其取向。以“为人民服务”的人生观为支柱的奉献精神，决定了现时代“义”、“利”统一的价值观和判断标准：凡是为推动社会生产力向前发展，符合最广大人民根本利益的各种物质和精神创造及其奉献，都是有价值的。爱因斯坦说的好：“一个人的价值，应当看他贡献什么，而不应当看他取得什么。”由此可见，无论是白衣战士冒着生命危险与“非典”病人的零距离接触，还是一个退休工人为抗击“非典”去排队捐赠自己的部分养老金，他们都体现着崇高的奉献精神，都体现了“比金子还昂贵”的人生价值。

具有正确人生观、价值观的奉献精神，既平凡又伟大，既普通又崇高；奉献精神既是中华民族的传统美德，又是当今社会的时代风范。弘扬奉献精神重要的是超越自我、大写人生、从我做起，在“我为人人”的点滴奉献中，把自己锤炼成“一个高尚的人，一个纯粹的人，一个脱离了低级趣味的人，一个有益于人民的人。”

三、奉献精神是社会主义和谐社会构建的价值取向

任何一个社会的经济活动，都体现着一种伦理精神和道德理想。我们承认市场经济及其基本规则，并不等于完全用其去调节人们的一切行为，更不能将其作为评价社会及其人们行为的唯一准则，利益主体多样化造成的人们行为失范和无序状态，单靠经济自身无法解决，必须靠社会主义道德准则和法律规范去净化人们不正当的经济行为。从经济运行的角度看，经济效益和社会效益是并存的，这两种效益的协调，既有赖于政府调节的作用，也有赖于道德调节的作用。奉献精神就是道德调节作用的体现。

（一）奉献精神是构建和谐社会价值取向的要求

以奉献精神来营造社会和谐是构建和谐社会的基本要求和共同的价值取向。今天，人们之所以会对为人民服务共同的价值取向这个问题表示困惑，以至坚持为人民服务的理念难以为多数人所认同，是因为奉献是高出市场规则的行为，是超越个人功利性的追求。奉献包括两个方面

的给予，一方面是不求报答地给予社会（集体或国家）；另一方面是不求报答地给予个人（他人）。其具体形式有：超报酬地为社会工作，自愿坚守艰苦低薪的社会岗位，义务承担社会公益性事业，为社会急需慷慨解囊，为维护社会正义或为保护公共财物而不惜流血牺牲，以及扶弱济困，舍己救人，等等。由此可见，奉献虽然不宜作为交易、经营、竞争等经济活动的规范，但在整个社会生活中仍有其广阔的价值空间。奉献精神是不受特定社会体制与特定时代局限的永恒性美德。

（二）奉献精神有利于社会经济顺利运行

任何具体的道德准则，都有自己特定的反映对象和适用范围。经济运行中的等价交换是商品交换领域通行的原则，而不是所有社会关系领域普遍适用的原则。在经济运行中人与人及个人与社会的关系也是多种多样的，并非都是商品交换关系。无私奉献精神，反映和体现的是社会成员对国家、集体和其他需要帮助者的一种纯洁高尚的道德义务关系。如果每个人在任何事情上都讲等价交换，斤斤计较个人得失，他就是个毫无社会义务责任感的自私自利之徒，不仅不符合社会主义社会应有的道德，也有悖于普通老百姓为人的道德。建设有中国特色社会主义，实现中华民族伟大复兴，是全国各族人民共同的根本利益和奋斗目标，是前无古人的充满艰辛、富于创造性的壮丽事业，只有在全党和全国人民中大力弘扬无私奉献的精神，才能保证这一宏伟目标的实现。

（三）奉献精神有利于社会道德水平的整体提高

任何社会，不同的主体都有不同的利益需求，经济主体所追求的是私人利益的最大化。但他在追逐最大化私利的同时，还面对别人的以及社会的利益问题。只顾自私自利，还是兼顾别人利益或社会利益，这在相当大程度上取决于经济主体人的道德价值观。

人与人之间的利益关系是道德得以存在和发展的基础和必要条件。须知“利益”是一个广泛的社会概念。它首先指物质利益，但不局限于物质利益，它还包括政治、经济、文化、教育等方面的利益。道德的核心问题是个人利益与他人、社会利益的关系问题。即通常所说的利与义的关系问题。以往的道德论认为，道德的根本点是义务、奉献，是以对社会或对他人（或多或少）的自我牺牲为前提，是只讲克已奉公，不求回报。这种义利对立观念，在现代，逐渐被市场经济道德观所取代：道德并不仅是利已性，而且还有利他性的一面，是自利利他的行为。一个人如果开始只追求眼前利益——金钱的最大化，用“钱”来指导人的行为，不考虑以后的事情如何，自身名誉，不顾及他人利益，这时他就没有道德准则了。一个精明的企业人，正常的行为应该是考虑到未来的收益，考虑到与人合作以及消费者的利益，然后将它投入到眼前利益最大化的追求上，这个最大化就有可能是道德性的行为。在经济活动中一个人遵守道德的行为，实际上就是通过尊重他人利益，来达到维护自己利益的目的。

第二节　雷锋的“无私奉献”精神

任何时代的人们都离不开精神支撑，雷锋精神是我们人生的重要精神支柱。雷锋精神经过近半个世纪的考验，它的方向，过去是正确的，现在是正确的，今后永远是正确的。正因为如此，雷锋精神在我们伟大的祖国已深入人心，而且在国外也有很大的影响。雷锋精神是一种无私的奉献精神，是中华民族精神的瑰宝，是人类文明宝库中的明珠。雷锋并不是牛顿、爱因斯坦等科学巨匠，但他同样被人们誉为“伟大”，在他短暂的一生中，他并没有做出什么惊天动地的伟业，但他在平凡的岗位上为人民所做的一切，同样具有不朽的价值和永不褪色的魅力！雷锋把自己所有的爱都无私奉献给了祖国，奉献给了人民，也正是这种闪光的共产主义思想，这种无私的奉献精神，使“雷锋”的名字成为众人心中一盏不灭的明灯，使平凡的事迹放射出璀璨的光芒！

一、雷锋是无私奉献、为人民服务的典范

解放军全心全意为人民服务的楷模、共产主义战士雷锋是湖南望城县人（1940—1962 年）。他 1949 年参加儿童团，担任儿童团长；1954 年加入中国少年先锋队；1956 年在乡人民政府当通讯员，不久，调到中共望城县委当公务员。雷锋 1957 年 2 月 8 日加入中国共产主义共青团。曾参加沩水工程、团山湖农场和鞍钢的建设，多次被评为劳动模范和先进生产者。1960 年参加中国人民解放军，被编入工程兵某部运输连四班当汽车兵，同年加入中国共产党。在部队里，他事事服从分配，党叫干啥就干啥；处处为群众服务，走到哪里就把好事做到哪里；时时关心别人，对同志像春天般温暖。当抚顺望花区和平人民公社成立时，他把自己在工厂和部队积存的 100 元钱捐献给公社。当他得知辽阳地区遭受百年不遇的大水灾时，又将 100 元寄给了辽阳市委。他还十分关心少年儿童的成长，担任驻地附近小学少先队辅导员。在入伍不到三年的时间里，荣立二等功一次、三等功两次，被评为节约标兵，荣获模范共青团员称号。1961 年他升为班长，被选为抚顺市人民代表。1962 年 8 月 15 日因公殉职。

1963 年 1 月 7 日，国防部命名雷锋生前所在的班为“雷锋班”。同年 3 月 5 日，毛泽东亲笔题词“向雷锋同志学习”。周恩来题词“向雷锋同志学习：憎爱分明的阶级立场，言行一致的革命精神，公而忘私的共产主义风格，奋不顾身的无产阶级斗志”。朱德题词“学习雷锋，做毛主席的好战士”。

雷锋的一生可以说没有惊天动地的壮举，但他却在平凡的岗位上兢兢业业，做出不平凡的成就。他一心向着党、向着社会主义的坚定的政治立场；全心全意为人民服务，无私奉献的崇高思想；甘当革命的“螺丝钉”、干一行爱一行钻一行的爱岗敬业态度；刻苦学习和钻研理论的“钉子”精神；勤俭节约、艰苦奋斗的优良作风，已经成为我们时代的精神，成为共产党人的行为准则。雷锋精神不仅是我国优秀品德的结晶，也已成为全世界的精神财富。

雷锋是一个立场坚定的共产主义战士。雷锋说过："我就是长着一个心眼，我一心向着党，向着社会主义，向着共产主义"；"有人说：人生在世，吃好、穿好、玩好是最幸福的。我觉得人生在世，只有勤劳，发愤图强，用自己的双手创造财富，为人类的解放事业——共产主义贡献自己的一切，这才是最幸福的"。这是雷锋对共产主义忠诚信仰的鲜明表达。雷锋把服务人民、无私奉献作为最高的人生价值。雷锋在日记中写道，"人的生命是有限的，可是，为人民服务是无限的，我要把有限的生命，投入到无限的为人民服务之中去。""我活着是为了全心全意为人民服务，是为人类的解放事业——共产主义而斗争"。"如果你是一滴水，你是否滋润了一寸土地？如果你是一线阳光，你是否照亮了一分黑暗？如果你是一颗粮食，你是否哺育了有用的生命？如果你是一颗最小的螺丝钉，你是否永远坚守在你生活的岗位上？"这是雷锋服务人民、奉献精神的生动写照。雷锋短暂的一生，是把有限的生命投入到无限的为人民服务之中的一生。他以"钉子"精神，刻苦学习马列主义、毛泽东思想，坚持理论联系实际，努力实践，因而具备了全心全意为人民服务的无私忘我的奉献精神。

中共十七届六中全会《中共中央关于深化文化体制改革推动社会主义文化大发展大繁荣若干重大问题的决定》提出，采取各种措施，推动学习雷锋活动常态化。当前，企业员工学习雷锋精神，就应学习雷锋热心服务、无私奉献的精神，在服务奉献中实现自己的人生价值。对于党员干部来说，应把掌握权力看成为人民服务的机会，把行使权力当作为人民服务的方式；在任何时候任何情况下，与人民群众同呼吸共命运的立场不能变，全心全意为人民服务的宗旨不能忘，坚信人民群众是真正英雄的历史观不能丢；身体力行、率先垂范，像雷锋所说所做的那样，无论什么时候都把无私奉献作为行为准则；廉洁奉公、艰苦奋斗、无私奉献，诚心诚意为群众谋利益；牢记"两个务必"，发扬优良作风，坚持做到权为民所用、情为民所系、利为民所谋；坚持党和人民的利益高于一切，个人利益服从党和人民的利益，吃苦在前，享受在后，克己奉公，多作贡献。

二、雷锋无私奉献、为人民服务的思想及具体实践

雷锋短暂的一生，就是全心全意为人民服务、为共产主义事业奋斗不息的一生。《雷锋日记》是雷锋精神的最真实记录。中国人民解放军总政治部编印的《雷锋日记》收集了雷锋所写的日记 143 篇，其中有 20 多篇是直接记载雷锋忠于党和人民、甘当人民勤务员或为人民做好事的思想境界和感人事迹。他不仅用语言，更用实际行动向人们表明：“为建设社会主义和实现共产主义而献出自己的全部力量，直至生命。”

（一）雷锋言行一致的无私奉献、为人民服务精神

雷锋的一生虽然没有创造惊天动地的英雄伟绩，但他把自己生命的每一分热、每一分光都无私地奉献给人民，以对人民的真诚与火热的赤子之心和自觉地把有限的生命投入到无限的为人民服务之中去的实际行动，谱写了壮丽而辉煌的人生乐章。全心全意为人民服务，是贯穿在雷锋一生中最突出、最动人、最完美的主旋律，也是雷锋精神的核心内容，它既反映了雷锋坚定的共产主义信念和崇高的共产主义品德和风格，又反映了雷锋无私奉献的人生态度和爱党爱国的崇高品格。雷锋在日记中写道：

“我要像松树那样，不怕风吹雨打、严寒冰雪，四季常青；我要像柳树一样，插到哪里都能活，紧紧与人民连在一起，在人民中生根、长大、结果，做人民最忠实的勤务员。我觉得一个真正的革命者，他是大公无私的，所作所为，都是对人民有益的，他的责任是没有边的……”

“我活着，只有一个目的，就是做一个对人民有用的人。”

这些生动、质朴的话语，道出了雷锋人生的真谛，表明他完全摆脱了资产阶级极端利己主义的私念，把自己升华到高度忘我的精神境界。他不仅这样说，也是这样做的。他立志“做一个毫不利己，专门利人的人”，时刻把“对同志像春天般的温暖”作为自己的座右铭，一生中做了数不清的好事。从农村到机关，从工厂到部队，在他走过的地方，凡是对国家、对集体、对人民有利的事情，他都自觉地积极去做，他用自

己的实际行动模范地实践了自己的诺言。

（二）雷锋不图名利的无私奉献、为人民服务精神

雷锋做好事，没有领导看到，更没有报酬，不是为了个人脸上贴金，也不是捞取点什么实惠，而是要“永远愉快地多给别人，毫不计较个人得失……”

雷锋同志做好事不仅在连队、自觉自愿地为战友们服好务，而且把自己做好事、为人民服务落实在他的全部工作和生活之中，扩大到全社会。正像人们总结的那样，他“对待同志像春天般的温暖”，时时刻刻把老百姓的困难和冷暖挂在心上，把全心全意为人民服务思想真正落实在自己的全部工作和生活的实践中。

今天是大年初一……我向副连长请了假，直奔抚顺车站。我刚到，正好一列火车进站。我看到一位老太太很吃力地背着一个大包袱上火车，我急忙跑上前，接过那老太太的包袱，扶着那老太太安全地上了车，给她老人家找了个座位，我才放了心。我要下车的时候，那老太太紧紧地握着我的手说：“你真是毛主席和共产党教育出来的好兵……”

我拿着扫帚扫候车室的时候，车站的主任对我说：“你辛苦啦，休息休息吧。”我没有休息。我觉得这是自己应尽的义务。我给旅客们倒开水的时候，他们说：“解放军真好，处处关心人。”我这样做，能使人民群众更加热爱党，热爱毛主席，热爱解放军，这就是我感到最幸福的。

“火车上的人很多，我让座给一位老太太坐下，并给她老倒一杯开水。因她老人家没吃午饭，我又拿出自己没舍得吃的面包送给她吃。”“我除了照顾这位老太太，还帮助服务员扫车厢、擦车厢，给旅客们倒开水，帮炊事员卖饭……很多人都要我休息一会儿。我想：为人民服务嘛……自己累一点算不了什么，只要大家多得些方便，就是我最大的快乐”。

今天到旅顺海军部队汇报……列车上的旅客很多，我看服务员忙不过来，心想，自己是一个共产党员，共产党员的全部任务就是全心

全意为人民服务。在这种情况下，我应当做一名义务服务员，为旅客们服务。我把自己的座位让给了一个老大娘，自己在车上找到了一把扫帚，挨个扫完了整个车厢，接着又擦玻璃和车厢，然后给旅客们倒开水。有个老太太很亲切地对我说：“孩子，看你累得满头大汗，该休息啦。”我回答说：“没什么！”……一个大尉首长站起来握着我的手说：“大家应该向你学习。”我对首长说：“为人民服务，这是我应尽的义务。”

人民群众这样赞扬他：“雷锋出差一千里，好事做了一火车。”在火车站知道一位大嫂的车票丢了，雷锋用自己的津贴费替他补了票，大嫂十分感动，当问他叫什么名字，家住在哪里时，他只是风趣地回答道：“我的名字叫解放军，家住在中国。”雷锋认为，“当一名无名英雄是最光荣的。”有人说雷锋是个“傻子”，在雷锋看来，当这样的“傻子”是光荣的。他说：“有些人说我是‘傻子’，是不对的。我要做一个有利于人民、有利于国家的人。如果说这是‘傻子’，那我是甘心愿意做这样的‘傻子’的。革命需要这样的‘傻子’。建设也需要这样的‘傻子’。”雷锋的“傻子”精神，充分表现了一位伟大共产主义战士的博大胸怀和为人民服务的执著追求。

（三）雷锋始终如一的无私奉献、为人民服务精神

一个人做点好事并不难，难的是一辈子做好事。雷锋做好事，为人民服务，决不是靠一时的热血和激动，而是坚持不懈，始终如一。无论在哪里，他从不降低为人民服务的满腔热情。入伍前，雷锋曾多次被有关单位评为红旗手，被树为标兵。入伍后，他为人民做好事，从不间断。火车上，主动地协助乘务员打扫卫生、扶老携幼；建筑工地上，他带病参加义务劳动，多拉快跑；当人民群众遭水灾时，主动捐款慰问；班里战友的被子脏了，他不动声色地拆洗好；哪个战友的鞋子破了，他就拿去修补……

“愚公能挖掉两座大山，我有恒心克服各种困难，学习好毛主席著作和军事技术，把自己锻炼成为一个又红又专的共产主义革命战

士，更好地为人民服务，为人类的解放事业——共产主义而贡献自己的一切”。

“今天下午我在保养汽车，突然天下大雨。我正在盖车的时候，见到路上有一位妇女，抱着一个小孩，右手拉着一个五六岁的孩子，左肩上还背着两个行李包，走起路来真是很吃力。我急忙跑上前，问她从哪来？到哪去？她说：从哈尔滨来，到樟子沟去。她还告诉我说：兄弟呀！我今天遭老罪了，带两个孩子，还背一些东西，天又下雨，现在天快黑了，还要走10多里路才能到家。现在我都累迷糊了，我哭也哭不到家呀……我跑回部队驻地，拿着自己的雨衣给那位妇女，我又抱着她的孩子，冒着风雨送她们回家。在路上，我看那小孩冷得发抖，我立即脱下自己的衣裳给他穿上。走了1小时40分钟，终于把他们送到了家，那妇女激动地对我说：兄弟呀，你帮了我，我一辈子也忘不了啊……我是人民的勤务员，自己辛苦点，多帮人民做点好事，这就是我最大的快乐和幸福”。

雷锋始终为人民勤勤恳恳做好事，他的一生真正体现了为人民奉献自己光和热的一生。一个人只要他不存私心，时时刻刻考虑人民的利益，全心全意地去为人民服务，他就能成为一个道德高尚的人……

（四）雷锋完全彻底的无私奉献、为人民服务精神

雷锋为人民服务，真正做到了毛泽东所讲的“完全”、“彻底”。雷锋为人民、为同志想得深，做得细，标准高，走到哪里就把好事做到哪里。雷锋说得好：“为人民服务是无限的”，“一个真正的革命者……他的责任是没有边的。”

“因公外出，我在沈阳车站，看见了一个老太太……是从山东来部队找她儿子，路费用光了。我了解清楚后，立即请她老人家吃了饭，并给她买好到她儿子驻地的车票”。

“今天我从营口乘火车到兄弟部队作报告，下车时，大北风刺骨的刮，地上盖着一层雪，显得很冷。我见到一位老太太没戴手套，两手捂着嘴，口里吹一点热气温手。我立即取下了自己的手套，送给了那位老

太太。她老人家望着我，满眼含着热泪，半天说不出话来……一路上，我的手虽冻得像针扎一样，心中却有一种说不出的愉快”。

平时，雷锋除了出色地完成“分内”的事外，还做了许多专门利人，向别人奉献的“分外”的事。他用自己的衣、被遮盖被雨淋湿的水泥，抢救了国家财产；雨夜，他热情地护送行走困难的妇幼回家……在雷锋的事迹中，可以看出，雷锋为人民服务，是全心全意、真心真意的，是无条件的，而不是半心半意、三心二意、有条件的；雷锋为人民服务是坚定不移、始终一贯的，而不是忽冷忽热、半途而废的。雷锋不愧是一个“完全”、“彻底”为人民服务的共产主义战士。

全心全意为人民服务，是我党我军的宗旨，也是人民的希望，时代的需要。我们学习雷锋，发扬雷锋精神，就是要像他那样，自觉地在平凡的岗位上，在平凡的小事中，努力实践这一根本宗旨，真心实意地、尽心竭力地、坚持不懈地为人民办实事、做好事。雷锋在日记中写到：“紧紧地和中国人民站在一起，全心全意地为中国人民服务，就是这个军队的唯一的宗旨。”“我是人民的子弟兵，一定要永远牢记党和毛主席的教导，无论什么时候都要关怀、爱护人民群众的利益，为人民群众的利益而战斗不息。”“我觉得一个共产党员是人民的勤务员，应当把别人的困难当成自己的困难，把同志的愉快看成是自己的幸福”。

“你崇高的行为就是献身于为人民服务，为自己的祖国效忠，为崇高的共产主义理想立功。我是党的儿子，人民的勤务员。我走到哪里，哪里就是我的家，我就在哪里工作。”雷锋同志的上述日记，充分说明了他确立全心全意为人民服务思想的不断升华的整个过程。雷锋从朴素的报恩思想，通过自觉的学习和不断的实践，把感性认识逐渐上升为理性认识，最终确立了“为人民服务是无限的，我要把有限的生命，投入到无限的为人民服务之中去……”和“我活着是为了全心全意为人民服务，是为人类的解放事业——共产主义而斗争”的人生观和世界观。

第三节　塑造以“服务”为核心的企业文化，引导员工树立全新的服务理念

时下，服务这个话题似乎有星星之火燎远之势，越来越多的商家认为“服务”是可以做百年企业的根基。用心服务，微笑服务，这是在做服务过程中所达到的一种良好境界。适合的就是最好的——这句话还是非常有道理的。就像做服务也是一样，根据自己商场发展定位，制定适合自己商场发展的服务引导举措，营造良好的服务氛围，不失为合理之举。用正确的“服务”理念引导员工树立良好的服务意识，塑造以“服务”为核心的企业文化，让每一位企业员工在这种服务潜规则中得到惊喜与收获。“没有满意的员工，就没有满意的服务，就没有满意的顾客”。企业的效益是优秀员工创造的，因此，塑造以“服务”为核心的企业文化，引导员工树立全新的服务理念对现代企业来说有重要的现实意义。

一、以“服务理念”为核心的企业文化

塑造以“服务”为核心的企业文化，引导员工树立全新的服务理念，非常有必要明确服务理念的本质及内涵。

（一）服务的内涵

“服务”二字从古代汉语字面解释当作：“顺从别人的意愿用劳动力尽快做事的行为。”①《辞海》中“服务”的词条这样表述：“服务亦称为劳务，即不以实物的形式，而是以提供活劳动的形式满足他人某种特

① 高苏：《服务论》，中国旅游出版社 2007 年版。

殊需求。”[1] 马克思对服务作如下解释：“服务这个名词，一般地说，不过是指这种劳动的特殊使用价值，就像其他一切商品也提供自己的特殊使用价值一样，但是，这种劳动的特殊使用价值在这里取得了服务这个特殊名称，是因为劳动不是作为物，而是作为活劳动提供服务的。”[2]《IS09001》对服务所下定义为：为满足消费者的需要，在同消费者接触中供方的活动和供方的所有的活动的结果。[3] 上述三个定义都是从经济角度进行分析的。共同点是：第一，服务是为他人付出的具有实用价值的劳动；第二，服务的目的是为了满足他人的需求；第三，服务是非物质的活动现象；第四，服务是用于经济交换的活动。我国学者高苏在《服务论》中对“服务”的定义是：“服务是产生社会效益和使用价值的非物质产品生产以及从事可用于直接消费的物质产品的代劳行为和使人得到享受的社会化有偿劳动。”[4] 这个定义的特点表现为：第一，强调服务有使用价值，这种使用价值表现为有益的功效即有用性，最直接的作用是为他人提供便利；第二，承认服务产品存在有实物性的一面，这种物质性通常限定于生产与消费的直接衔接状态之中；第三，阐明服务是社会化的生产劳动。虽然具体的服务可能是分散的提出特别要求的个别人，但服务的整体活动具有普遍的社会意义；第四，表明服务劳动是有偿的。尽管有些服务不表现为直接价值交换，但服务者最终是要获取相应劳动报酬的。“服务”除上述经济角度的理解之外，还具有宏观含义，就是指为社会整体事业或成员利益进行的符合特定理想目标、遵循特定原则规范的活动总称。

综上所述，我们认为，至少应该从以下几个方面把握“服务”的内涵：第一，目的性。“服务”是为满足他人或消费者的特定需要而进行的，具有特定的目的，不是盲目的。第二，有用性。由于“服务”是针对特定需求的具有目的性的行为，所以“服务”必然提供实用价值。第

① 辞书编辑委员会：《辞海》，上海辞书出版社 1979 年版。
② 高苏：《服务论》，中国旅游出版社 2007 年版。
③ 同上。
④ 同上。

三，有偿性。“服务”并非无偿奉献或帮助，而是合理交换劳动价值的行为。第四，社会性。服务是人类生产过程中的社会交往。第五，开放性。“服务”从内容到方式始终处于不断的演进与发展之中。第六，创造性。“服务”因其开放性而必然具有创造性的特征。

（二）服务理念的含义

有作者认为，“理念”一词源于古希腊语，其源典含义“形相”、“形式”、“外观”、“通行”等。后逐渐有了“观念”、“类型”、“宗旨”、“本义”等含义。“理念”被引用到英语中又被赋予了“精神”、“信仰”、“理想”“认识”、“观点”、“使命”等含义。当代人们使用的“理念”，尽管仍有哲学的成分，但已不无完全是哲学上的意义了，而是泛指人们对事物或现象的理性认识所形成的观念，是一种追求的目标或境界，或者说是一种对理想追求的概念化、系统化表述。[①] 另有作者认为，人们通常在两个层面上使用“理念”概念。一是把“理念”作为观念，包括认识、思想、价值观、信念、意识理想等抽象的内容，又涵盖诸如目的、宗旨、原则、追求等较为具体的内容，所以理念既是一种哲学观点、思想观念，又是一种理想追求、行为准则。[②]

因此，所谓“服务理念”是指人们对于服务活动的主导意识，反映人们对服务活动的理性认识、理想追求及其所形成思想观念，是在一定的经济、文化环境下，在人们长期的服务实践中逐渐形成的，是一种具有相对稳定性、延续性和指向性的服务认识、理想的观念体系，是人们对服务实践活动及其服务观念的理性建构和思想先导。

（三）企业文化的功能

管理大师埃德加·沙因说[③]：企业文化是组织在解决外在适应与内

① 谢安邦、唐安国、戚业国：《中国高等教育研究新进展》，华东师范大学出版社 2005 年版。

② 同上。

③ 埃德加·沙因：《企业文化生存指南》，机械工业出版社 2004 年版。

部整合的问题时发明、发现、发展出来的一组基本假定，这些假定可以分为人与自然的关系、现实与真相的本质、人性的本质、人类活动的本质和人际关系的本质共五个方面。威廉·大内认为①，企业文化表明企业的风格，如民主、专制或激进、保守等，这些风格是企业中行为、言论、活动的固定模式。特雷斯·迪尔和阿伦·肯尼迪认为②，企业文化是“价值观、英雄人物、习俗仪式、文化网络、企业环境，是企业员工上下一致共同遵循的价值体系，一种员工都清楚的行为准则”。企业文化的功能是企业文化发生作用的能力，也是企业在企业文化导向下在生产、经营、管理等方面的作用。

1. 导向功能。所谓导向功能是指企业文化对企业员工的行为起到指导的作用，这种功能的发挥必然会使员工把实现企业的目标变为自觉的行动，从而使企业朝着既定目标健康发展。主要表现为价值导向功能和行为导向功能。在企业行为中，企业精神、企业价值观常常会发出指令，员工就会根据要求去行动，这会产生强大的凝聚力、向心力。如果企业成员在价值和行为取向上与企业文化的系统标准产生不一致，企业文化会将其纠正并将之引导到企业的价值观和规范标准上来。

2. 凝聚功能。企业文化的凝聚功能是指当一种价值观被企业员工共同认可后，它就会成为一种黏合力，从各个方面把其成员聚合起来，把本职工作看成是实现共同目标的重要组成部分，整个企业步调一致，形成统一的整体，从而产生一种巨大的向心力和凝聚力。

3. 激励功能。企业文化有强有力的激励作用。企业不再是仅由相互利益需要而凝聚起来的群体，而是一个由共有的价值观念和理性追求的人凝聚起来的组织。而来自于企业的共同的价值观念使每个职工都感到自己存在和行为的价值，自我价值的实现是人的最高精神需求的一种满足，这种满足必将形成强大的激励。在这种良好的文化氛围下，职工

---

① 威廉·大内：《Z理论——美国企业界怎样迎接日本的挑战》，中国社会科学出版社1984年版。

② 特雷斯·迪尔和阿伦·肯尼迪：《企业文化——现代企业的精神支柱》，上海科学技术文献出版社1989年版。

的积极性得到了充分的调动，从而为企业不断贡献自己的力量。

二、以“服务”为核心的企业文化的功能

在市场竞争激烈环境下，企业越来越重视对企业文化建设。如华能集团提出的“三色”文化，“三色”文化理念蕴含三个方面的诉求，国家利益至上，服务国家；实现利润最大化；以人为本，促进员工的全面发展和价值的实现。同心文化是大唐文化体系的主题，是中国大唐集团公司对企业文化的形象总结。“心气足、人气旺、风气正”是同心文化的基本特征。无论是“三色”文化还是“同心”文化，都将服务理念作为企业文化建设的重要组成部分。可见，塑造以“服务”为核心的企业文化对构建并促进企业文化是极为重要的。

（一）有利于提高企业绩效

无论如何，企业必须获取相应的利润以实现其持续发展，因此，尽管许多管理者认识到员工满意度的重要性，却没有把员工的满意度放在第一位。传统的思想是：企业利益第一，员工利益第二。他们关注的是顾客满意度，似乎只有顾客满意度才关系企业的生存和发展，却没有认识到顾客满意和员工满意之间的紧密联系。事实上，只有员工对公司有较高的满意，才能够给公司带来巨大的利润。有关调查显示，员工满意度达到80%的公司，平均利润增长要高出同行业其他公司20%左右。[①]现代一流公司的人力资源管理实践证明，塑造以“服务”为核心的企业文化是提高公司绩效的重要保障。

（二）有利于企业员工发展

当今世界，优秀企业都把以人为本，尊重员工，谋求企业与员工的共同发展作为重要目标。无论西方的“合作伙伴”关系，还是日本式的家长与子女的关系莫不如此。但只有在明确的服务理念的指导下，才会

① 宋豫书：《服务精神》，中国纺织出版社2006年版。

真正产生这种促进员工成长与发展的行为。以中国电力投资集团为例，他们提出：以人为本以实现人的全面发展为目标，尊重人、关心人、依靠人和为了人。公司视人才为企业的第一资源，坚持以人为本，共同成长的社会责任准则。公司善待员工，切实维护员工的根本利益，充分尊重员工的价值和愿望，保证员工与企业共同发展；强调全方位、多层次、关心员工发展，是员工共同的家，承担起关心员工个人发展的责任，为员工的发展提供机会，对员工进行多种多样的培训和开发，努力提高员工个人的能力，从而使员工在组织内不断进步和提高。正是在这样的经营理念之下，吸引和培养了一大批优秀的创新人才，并有效地激励这些创新人才，实现了求新创异、以人为本，形成了企业的核心竞争力，从而最终取得巨大的成功。

（三）有利于赢得客户忠诚

事实上，无论企业体制如何改革，它的最终目标只有一个就是为社会、为民众、为客户提供更优质的能源，提供更优质的服务。企业发展必须赢得客户，但赢得客户的忠诚并不简单。实践证明，鲜明的服务理念是赢得客户忠诚的先决条件。例如，华能集团提出：以良好的信誉求生存，以优质的服务求发展。大唐集团公司提出：以成熟的、负责任的特大型国有企业的形象赢得社会的认可，并成为行业内最受社会尊敬的企业集团。安徽发电分公司提出：内强素质、外塑形象——优质服务是发电企业的生命线和诚信服务的无限性，优质、方便、规范、真诚和“今天的服务就是明天的市场”的服务理念。上述理念充分证明，为客户服务的理念是赢得客户的根基。

（四）有利于促进企业文化的形成

服务理念是企业文化重要组成部分。企业文化是在一定经济、社会、文化背景下的企业，在长期生产经营过程中逐步形成和培育的，以企业经营哲学、企业价值观或企业精神、企业道德伦理等为精神内涵，以各种制度、机制、体系为物质的表现形式，以激发员工内在的积极性和创造性为目的的一种特殊的文化类型和管理手段。[1] 当代企业管理实践证明，最终决定企业兴衰的不是别的，正是企业文化。《基业长青》一书中有这样一段话："要成为高瞻远瞩、可以面对巨变数十年繁荣发展的持久公司，第一步也是最重要的一点，就是要明确核心服务理念，树立在任何情况下坚持不渝的坚定价值观。[2] 企业如果没有内在的价值观，没有文化思想内涵，就如同没有灵魂的人的躯体，他的存在是没有生命力的，如同"荒漠"一般是无法滋生和培育出具有"生命力"的人才的。

三、引导员工树立全新服务理念的原则及途径

用企业文化规范服务，用服务理念武装企业员工，塑造以"服务"为核心的企业文化，打造企业服务品牌，引导企业员工树立全新的服务理念。例如，世界超市连锁的龙头——沃尔玛公司由一个名不见经传的乡镇小店转变成如今富可敌国的，连续多年排在世界五百强的榜首，其自身的经济实力和企业文化均毋庸置疑。当其他跨国公司利用并购手段扩大自身规模的时候，沃尔玛却正在利用无形的企业文化提升自身的地位，建立起无与伦比的优势。

（一）引导企业员工树立全新服务理念的原则

长期以来，沃尔玛公司抓住服务的本质，而且还通过服务创造了巨大的价值，一举成为世界五百强之首。沃尔玛始终倡导"顾客第一"的经营理念，因此，在沃尔玛，引导员工树立全新的服务理念，为顾客提供优质的服务永远是重中之重。

1. 日落原则。沃尔玛的创始人山姆·沃尔顿曾说过："如果你今天能够完成的工作为什么要把它拖到明天呢?"这句话已经成为沃尔玛为顾客服务的一种要求——日事日毕。日落原则是指对于顾客的服务要求

---

[1] Edgar. H. Schein. Organizational Culture and Leadship, Massachusetts, Massachusetts institute of Technology, 1985.

[2] 吉姆·柯林斯：《基业常青》，北京广通时代图书有限公司 2005 年版。

要在当天予以满足，做到日清日结，绝不延迟。如今，日事日毕的理念已经深入人心，受到众多顾客的赞赏。并且也成为许多企业效仿的首要原则。

2. 微笑服务原则。“对顾客微笑要露出 8 颗牙齿”这句口号如今已经成为众多服务型企业对员工的首要要求。很少有人知道这句口号的出处，没错，这句口号也是由沃尔玛的创始人山姆提出的。只要顾客踏入沃尔玛，无论何时，只要员工视线所及，员工就会露出微笑，并询问是否需要帮忙。这一做法使顾客得到家一样的关怀，令顾客有一种宾至如归的感觉。

3. 精益求精的服务准则。山姆·沃尔顿认为：“让我们成为顾客最好的朋友，微笑着欢迎所有光顾本店的顾客，提供我们所能给予的帮助；不断改进服务，给予他们更好的服务，这种服务甚至超过了顾客原来的期望。沃尔玛应该是最好的，它应能提供比任何其他商店更多更好的服务。”因此，山姆要求每一位员工要向顾客提供比满意更满意的服务，即一项服务做到让顾客满意还不够，还应努力想方设法加以改进，以期提供比满意更好的服务。

（二）引导企业员工树立全新服务理念的途径

经过半个世纪的发展，沃尔玛公司转变成如今富可敌国的，连续多年排在世界五百强的榜首，在引导员工树立全新服务理念方面具有无与伦比的优势，这些优势是引导员工树立全新服务理念的重要途径。

1. 完善的培训体系。沃尔玛公司把如何培养人才看成一项首要任务。公司对合乎条件的员工进行横向培训和实习管理培训。横向培训是一个持久的计划，沃尔玛十分重视在工作态度及办事能力上有特殊表现的员工，他们会被挑选去参加横向培训。例如收银员有机会参加收银主管的培训。为了让有领导潜力的员工有机会加入领导岗位，沃尔玛还设立了管理人员培训课程，符合条件的员工被派往其他部门接受业务及管理上的培训。

2. 优质服务重于一切。服务具有向顾客展示企业外在形象的功能。

顾客对提供的服务越认同，他们对服务的感受越影响企业在他们心目中的地位。因此，服务追求的最终目标就是优质服务，企业需要时刻记住，竞争力的强势也是依靠优质的服务赢得的。因此，生存和发展要靠优质服务来保证。既要优质服务，就应让用户体验到“优质”的感受。沃尔玛深谙此道，将顾客永远摆在首位。“顾客就是老板”的理论已经深入人心。沃尔顿曾告诫员工，“你们的薪水是谁给的？是顾客给的。”沃尔玛经过50多年的商场奋战总结出的三条基本信仰中，有一条就是服务顾客。“十英尺原则”、“开落原则”和“精益求精原则”就是为顾客提供优质服务的表现。优质的服务也给沃尔玛带来了巨大的经济利益。沃尔玛的管理者都知道开发一个新顾客的成本是挽留一名老顾客的五倍。他们正是通过优质的服务令顾客满意，从而最大限度地挽留住顾客，也间接地为企业节约了成本。市场经济的基本规律是优胜劣汰，沃尔玛之所以长盛不衰，不仅仅是因为他们自身的经济实力，更重要的是优质的服务所扮演的关键角色。

3. 打造企业服务品牌。企业服务品牌，就是经营者提供并得到市场认可的个性化服务的标识。[①] 例如，浙江嘉兴市烟草专卖局以“精诚奉献、丝丝入微”为服务理念，以精益管理为手段，从观念、客户、效率、员工以及社会“五个维度”打造“春蚕”服务品牌，服务工作在服务质量、服务水平上取得了一定的成效。服务承诺公示上墙、服务监督员把脉问诊、温馨短信传送慰问、“领导接待室”向全市所有卷烟零售户敞开等一系列的措施，使“春蚕”服务得到客户的普遍认同；湖北鄂州烟草专卖局以“服务他人，快乐自己”为服务理念，以“奉献自己，快乐大家”为品牌核心价值，打造“乐万家”的服务品牌；还有杭州市局的“品质文化”、绍兴市局的“放心服务”、舟山市局的“水手服务”等服务品牌。

4. 保持服务创新，构建服务品牌特色。市场在变化，客户的需求也在变化。服务品牌的打造，离不开对品牌特色的构建。所谓特色，即

① 朱荣、桑大鹏：《对企业服务品牌塑造的探讨》，《管理科学文摘》2003年第8期。

要与人不同，因此服务的创新就显得尤为重要。创新应当体现在服务内涵和方式的方方面面，对服务模式、服务手段、服务内容、服务流程等可能成为打造亮点和特色的着力之处。要实现创新，首先要从客户着手。客户是服务的客体，不断满足其提高和变化的需求，是服务品牌建设的追求。客户需求作为服务的起点，由于客户群体和类别的差异，表现出不同的特征。同时，要推进创新，必须充分整合利用公司内部资源。服务品牌的塑造和不断改进，服务的持续创新离不开全员的参与。例如，大连烟草公司作为行业内服务品牌建设的先行者，其经验值得借鉴，即围绕客户的需求，针对客户经营状态、客户面临的困难以及客户对烟草不满意的地方三个维度，细分客户群体，不断开发新的服务项目，个性化地为客户提供服务，以更好地满足客户需求，解决客户实际困难，收到了很好的效果。凭借客户关系管理系统的支持，围绕营销和专门管理服务两方面工作，在订货、送货、经营指导、宣传培训、督查投诉、专卖管理等服务的各流程都进行了改进和完善。同时，大连烟草连续推出了“金色服务”、“银色服务”以及“阳光服务”，以其为服务载体，为广大客户提供全方位、标准化、深层次的服务，用自身的实际行动践行对社会各界的服务承诺，自觉接受零售客户和消费者的监督，有效地增强了客户满意程度，在行业内外塑造起一个负责任、高标准、能创新的大连烟草商业企业服务品牌。

5. 建设以卓越服务为理念的优秀服务团队。团队精神可以通过各种形式进行倡导，如现代商业营销学和企业文化学非常重视“服务增值”，因为向顾客提供优质完善的服务对于企业团队认可具有重大的意义。第一，优质的服务可以促进产品销售、从而扩大企业及其品牌的知名度。当今市场竞争激烈，核心产品形成产品正趋向同质化，普通消费者已难以辨别出不同企业的产品在这两个层次上的明显差异，这就使得服务的地位大为提高，成为企业团队竞争的另一重要方面。谁能提供优质完善的服务，谁就能在同行竞争中脱颖而出，赢得消费者的偏爱，从而增加认可度，扩大企业团队的知名度。第二，优质完善的服务能减少消费者的错误购买，使用不当，能对各种问题进行及时的处理和解决，因而可以减少顾客的风险和损失，具有维护企业和品牌美誉度的作用。第三，优质完善的服务可以增加顾客的利益，从而利于提升企业团队的形象。优质完善的服务包含了许多附加利益，如免费上门服务等，因此。能够增加顾客的满意程度。另外，优质完善的服务是企业向顾客表达尊重的最好方式，否认何时何地，企业对顾客的询问、要求、问题都给予及时地答复，处理会让顾客感到价格受到了极大的尊重，获得心理的极大满足。只有具备完善的团队营销创新理念，才能使企业经久不衰。

第四节　用雷锋精神加强企业员工奉献精神的培养

奉献精神是中华民族的优良传统和作风，是中华民族兴旺发达的脊梁、灵魂、动力和源泉，是社会主义职业道德的最高境界。近半个世纪以来，雷锋在亿万人民群众心中，始终是一个光辉的榜样，雷锋精神是党和人民极其宝贵的精神财富，他的精神激励着无数人去奋斗、去创造、去实现自身的价值和社会价值的统一。一个日本企业家曾这样感叹：“雷锋仅 20 多岁就做了那么多的好事，成为伟大的英雄，对人类是有贡献的。学雷锋无国界之分，把雷锋精神引进我们公司，运用到生产实践中去，会改变员工的精神面貌，产生巨大的效果。”在市场竞争日益激烈的今天，企业的员工尤其是具有强烈奉献精神的员工，日益成为一个企业的生存与发展、兴旺与衰落的决定力量，只有他们才是企业最重要的资本。因此，我们把雷锋精神引入企业文化，积极探索用雷锋精神加强企业员工“无私奉献”精神的培养，将会给企业工作注入新的活力，不断创新企业服务的方式和品牌，助推企业健康可持续发展。

一、企业员工奉献精神的功能

奉献，是实现人生价值的一种手段，是奉献精神的具体体现，是一种忘我、大公无私的精神。奉献精神是企业中员工主动参与协作的前提，提倡奉献精神，可有效地保证协作，保证团队产生出最大的合力。使每个员工都积极主动地投入到工作中，发挥其自身最大的潜能，实现自身价值的最大效能。奉献精神使员工的个人目标与组织目标相一致，企业和员工共同努力，共同发展，最终实现企业的发展战略。奉献是一种最高层次的职业道德，从业人员具有这种精神，不但能成为一个称职的员工，而且能成为一个优秀的员工。

（一）企业员工的奉献精神是提高企业人力资源管理效用的核心

个人的价值体现在体力和脑力两个方面，而体力和脑力的付出都受到人的情感影响，这使人成为各种生产力要素中最具活力和弹性的部分。一个具有奉献精神的员工，可以充分发掘其体力和脑力的深层次潜能，使其人力资源价值得最充分的体现，拥有很高的生产效率；而一个缺乏奉献精神的员工，他就不愿意充分发挥其体力和脑力，为企业创造更多的价值，从而使生产效率大打折扣。有效的人力资源管理就要使员工除了拥有较高的体力和脑力水平外，在工作过程中还拥有良好的情感意愿，使其发挥正常甚至超常的体力和脑力水平而为企业工作。使员工持续保持这种情感状态就要从员工的价值观培养出发。企业员工奉献精神就是这一种使企业的每一位员工能够心情舒畅地为组织目标的实现做出贡献的精神。企业员工的奉献精神是企业最重要的员工价值观，包括三个方面：一是员工能够心情舒畅地工作，心甘情愿的为企业做贡献。这是员工一种自豪、自愿的付出，而不是被迫的、无奈的工作。这取决于企业文化和为员工提供的工作环境，是员工对企业的认同，是员工对企业的热爱与贡献。二是为组织目标而工作，是以企业的方向为工作目标，也就是认同企业的价值。企业作为一个组织，最重要的是能够将人力资源形成组织力量，这就需要组织员工形成共同的目标。就像许多人拉车，如果朝一个方向努力，事半功倍；反之，如果各朝各的方向，事倍而功半。员工的献身精神也是要求员工是为组织目标而努力，献身的对象是企业的发展，如果只是一味努力，但心怀鬼胎，当然不是奉献了。三是能够做出贡献。员工奉献精神要求的不仅是员工的主观意愿，更重要的是员工要具有贡献的能力，使其工作服务于企业的发展。这也是企业对员工价值的认同。员工的奉献精神绝不仅仅是一种主观的意愿，更重要的是主观能动性发挥的能力表现，这种精神更强调员工把自己融入企业中，成为企业的一部分，与企业共荣辱的对企业的强烈责任感和对企业价值的高度认同感。

（二）培养企业员工奉献精神是人力资源管理思想的精髓

美国著名的管理学家德鲁克曾经说过："21 世纪企业的最大挑战是如何提高员工的生产效率"。人力资源管理作为一种专门的管理也和其他管理一样是科学与艺术的结合。现代人力资源管理中，包括了招聘、录用、考核、绩效、薪酬和福利等许多实践环节和内容，同时作为一门运用学科，在实践中又不断的衍生出大量的方式、方法。人力资源管理不仅是方法的问题，更重要的是思路和理念。方法可以借鉴，但没有两个环境、条件绝对相同的企业，因此，也就不可能有绝对相同的方法。所以，需要企业在人力资源管理体制工作中，将方法与理念，以企业实际运用理念指导方法。另一方面，企业的人力资源管理不仅要考虑员工的招、留、用、养，更要考虑员工的积极性、凝聚力、工作能力等问题，甚至要考虑高层次的企业生产力，所以人力资源管理绝不仅仅是一些环节的累积和方法的简单运用，而更应该是价值的培养与观念的引导。就像马斯洛提出的人的五个层次的需求一样，员工是有思想和情感的人，这就决定了员工的管理是复杂而多层次的。人力资源管理效用是对员工管理的效果评价，而员工奉献精神的培养就是员工物质需求基础上进一步提高员工的多层次需求。同时，也是对企业员工价值以至企业整体价值的提升。正如国家的竞争力也在于全体国民献身精神、团结和动员能力的强弱。一个企业，一个具有奉献精神的员工将会成为企业强大的人力资源，成为企业最具核心竞争力的资本。

（三）培养企业员工奉献精神可以提高人力资源的使用价值

员工在企业的各种生产要素中是能动的、具有弹性的，马克思的剩余价值理论也认为：企业的剩余价值也是产生于人力资源的运用。具有奉献精神的员工可以最大程度调动其能动性，发挥员工在企业中的价值。作为企业人、财、物要素核心的人，是企业生产效率的决定因素，提高了员工效率就提高了企业的生产力，这可以为企业带来最大的利益。所以，企业培养员工的奉献精神具有重要意义，而这也正体现了人力资源管理的效用。人力资源的价值取决于其能够创造的价值量，也就是员工能力的大小。培养员工的奉献精神能为人力资源增值。实际上人力资源管理的核心问题就是调动员工积极性的问题，而通过企业员工奉献精神的培养就能较好地解决这一问题。无数事实和许多专家的研究成果告诉我们：每个人身上都有巨大的潜能还没有开发出来。哈佛大学的心理学家威廉·詹姆士在对员工的绩效研究中发现，缺乏积极性的员工仅能发挥其实际工作能力的20%—30%，因为只要做到这一点，就足以使自己保住饭碗。但是具有积极性（奉献精神）的职工，其潜力则可以发挥到80%—90%，可见培养奉献精神对员工潜能的挖掘和利用是多么重要。

（四）培养员工奉献精神是建立和谐企业文化的关键

企业文化是在一定的社会经济条件下通过社会实践所形成的，并为全体成员遵循的共同意识、价值观、职业道德、行为规范和准则的总和，是一个企业或一个组织在自身发展过程中形成的以价值为核心的独特的文化管理模式。企业文化是社会文化与组织管理实践相融合的产物。和谐的企业文化是指企业文化以人为中心，形成一种人人受重视，人人受尊重的文化氛围，激励企业员工的士气，使员工自觉地为企业而奋斗。企业文化对企业员工不仅是一种“无形的精神约束力”，而且还是一种“无形的精神驱动力”。以奉献精神核心内容的企业文化能极大地激励企业员工士气，而培养企业员工奉献精神是人力资源管理效用提高的基础。根据哈佛学院连续 17 年跟踪美国上市公司市值的变化，结论是：一个良好文化氛围（包括员工具有奉献精神）的企业，其经济收益是前者的 17 倍，员工人数的扩展则是前者的 29 倍。可见，培养员工奉献精神对于企业提升人力资源管理效用是大有益处的，是建立和谐企业文化的关键，有助于提高企业生产效率。

二、培养企业员工的奉献精神，需要大力弘扬雷锋的奉献精神

奉献精神是雷锋精神的核心内涵。雷锋说："人的生命是有限的，可是，为人民服务是无限的，我要把有限的生命投入到无限的为人民服务之中去。"这就是雷锋精神的实质。这种伟大精神过去、现在和将来都是教育和激励人们前进的宝贵的精神财富。针对目前企业员工奉献精神的缺失及原因，我们认为要培养企业员工的奉献精神，需要大力弘扬雷锋的无私奉献精神。

（一）培养企业员工的奉献精神，要从每个人做起，从每一件具体工作做起

奉献精神，大量的、经常的是体现在每个人的具体工作岗位上。每个人不论工作分工如何、不论能力大小，都能够在本职工作岗位上，通过不同形式为国家和人民做奉献。对本岗位工作要有高度的责任心、事业心和使命感，忠于职守，尽职尽责。干一行就要爱一行，爱一行就要专一行，争创一流的工作业绩。要大力倡导敬业爱岗、诚实守信、办事公道、优质服务、奉献社会的职业道德。敬业是奉献的基础，勤业是奉献的根本，奉献要从天天发生的看似平凡的琐细的工作做起。常言道，平凡之中见伟大，细微之处见精神。千里之行，始于足下。因此，企业员工如果每个人都坚持自己做起，从现在做起，从各自工作岗位做起，从一言一行做起，把远大的理想抱负和岗位职责化作励志图强、奉献人民的实际行动，这就是高尚的奉献精神。

高尚的精神境界需要在工作和生活中培养，需要用行动来体现，我

们讲“淡泊名利、无私奉献”就是要自觉“照镜子”，从自己做起，用自己的行动去影响和带动别人，不但要做倡导者，更要做实践者。这就要求企业员工，首先要树立科学的世界观、人生观和价值观。崇高的信念能够催人奋进，使人生有所寄托，有所期望，有所追求，引导人生的前进方向。因此，弘扬无私奉献的精神，首先要树立崇高的理想和信念。其次，要身体力行、率先垂范，要勇于吃苦，还要勇于吃亏，受了委屈时，能够任劳，也能够任怨。敢于开拓，敢担风险，敢于当第一个吃螃蟹的人。这不是一己的好恶问题，而是一个人的世界观、人生观、价值观的直接表现，是一个人的精神境界、人格品行的具体反映。我们只有用马列主义、毛泽东思想、邓小平理论和“三个代表”重要思想武装头脑，自觉摒弃封建、落后的思想观念，加强思想道德修养，追求健康向上的生活情趣，才能做到吃苦在前、享乐在后、淡泊名利、无私奉献，才能带领广大人民群众同心同德完成实现民族复兴的伟业。

（二）培养企业员工的奉献精神，党员干部要充分发挥先锋模范作用

大力弘扬雷锋的奉献精神，共产党员要发挥先锋模范作用，尤其是企业各级领导干部要做带头示范作用。我们的党是中华民族的脊梁，是全社会的中流砥柱，无私奉献是党性党风的体现，是党员的行为准则。在大力弘扬雷锋的无私奉献精神，企业中广大党员尤其是党员领导干部必须身体力行、率先垂范；必须做到权为民所用，情为民所系，利为民所谋；必须坚持党和人民的利益高于一切，吃苦在前，享受在后，克己奉公，多做贡献。因此在弘扬雷锋的无私奉献精神过程中，首先要求企业广大党员特别是党员领导干部要不断加强党性修养，弘扬党的正气；要带头学习和自觉实践“三个代表”重要思想，努力用现代科学知识武装头脑，大力发扬求真务实、开拓进取的精神，始终保持蓬勃朝气、昂扬锐气、浩然正气，做弘扬雷锋的奉献精神的先锋，起模范带头作用。

（三）培养企业员工的奉献精神，要与时俱进，体现时代特点

大力弘扬雷锋的奉献精神，要继续优良传统，与时俱进，体现时代特点。奉献，是一种真诚自愿的付出行为，是一种崇高的精神。中华民族有着光荣的传统。“先天下之忧而忧，后天下之乐而乐”、“春蚕到死丝方尽，蜡炬成灰泪始干”、“天下兴亡，匹夫有责”等等，这些千古流传的名句，是奉献精神生动而真实的写照。无论时代发生怎样的变化，中华民族这种传统精华将永远熠熠生辉，永远是激励人们无私奉献的巨大力量。然而，奉献精神的内涵是随着历史前进的步伐而不断丰富和发展的，弘扬雷锋的奉献精神既要继承优良传统，又要赋予它时代新的内容。当今，我们要从学习实践“三个代表”重要思想和贯彻落实党的十八大战略部署的高度，按照全面建设小康社会的宏伟蓝图，充分认识弘扬雷锋的奉献精神的伟大意义和艰巨任务。

（四）培养企业员工的奉献精神，需要正确处理个人与集体、国家三者之间的关系

圣弗朗西斯说过的一句话很有道理：“索取使人疏远，奉献促进团结。”作为公司中的一分子，每个人都对自己的公司有一种依恋，这是人的一种心理需求。所以，不应该只专注于自己的利益，要把整体利益放在第一位，全神贯注于公司的整体利益。要认识到“今天我以公司为荣，明天公司以我为荣”，“我是公司中的一员，我必须对公司负责”。因此，培养企业员工的奉献精神，要求企业员工绝不是讲个人利益，而是要正确处理个人与集体、国家三者之间的关系。因此，企业员工当个人利益同国家、集体利益发生矛盾时，个人利益要服从国家和集体利益；同时，国家和集体也要依法保障个人的正当利益。弘扬雷锋的奉献精神，不是无视个人利益，而是在实现最广大人民根本利益的前提下充分重视个人利益，不是用集体主义否定和取代个人的正当利益，而是引导他们在实现个人利益的同时，维护和保障国家与集体利益，在保证和发展个人正当利益的基础上，推动国家和集体利益的实现。按照与社会

主义初级阶段基本经济制度相适应的思想观念、道德规范和价值标准，鼓励他们干事业，放手让一切劳动、知识、技能、管理和资本的活力竞相迸发，让一切创造财富的源泉充分涌流。人们反对的是那种唯利是图、见利忘义，置国家和人民的利益于不顾，不讲奉献的极端个人主义行为。这种极端个人主义行为与社会主义物质文明和精神文明建设的要求格格不入，与弘扬雷锋的奉献精神是背道而驰的。大力弘扬雷锋的奉献精神，并把新历史时期涌现出的高尚精神不断发扬光大，让企业员工中的每个人都参与奉献中来，为全面建设小康社会，创造幸福生活和美好未来贡献自己一份力量！

（五）培养企业员工的奉献精神，需要团结一心，众志成城

企业的发展离不开员工的奉献，面对企业发展遭遇前所未有的逆境，每一名企业员工如何能把自己的命运与企业的命运紧紧联系在一起，与企业共渡难关，则在于其大脑中占据主流的奉献思想和工作态度。我们认为弘扬新时期的雷锋精神可使职工的工作态度从被动上升到自觉。党的十七届六中全会上提出的一项重要任务就是深入开展学雷锋活动，它是推进社会主义核心价值体系建设一项重大举措。雷锋精神的实质和核心是全心全意为人民服务，为了人民的事业无私奉献，作为企业职工，既然是全心全意为人民服务，我们完全可以理解为恪尽职守，在各自的岗位上做好自己的本职工作，为企业的健康发展奉献自己的力量。雷锋精神不仅仅是我们传统印象中的热心公益、乐于助人的奉献精神，企业员工更要学习的是其干一行、爱一行、钻一行，立足本职，尽职尽责，努力以钉子的“挤”劲和“钻”劲，使自己成为工作的内行的“钉子”精神。作为企业的干部职工，我们要始终奉行“岗位就是责任，就是使命”的信条，说主人话，立主人志，办主人事，尽主人责，做主人翁。用“钉子”精神要求自己，在企业最困难的时候要自觉站在企业生存发展的高度，以主人翁姿态主动为企业排忧解难，倾心本职工作，在平凡的岗位上努力作出不平凡业绩，切实把个人发展目标融入企业目标，把个人发展融入企业发展，在推动企业发展实践中实现自我价值。

企业兴衰，人人有责。只要企业全体员工团结一心，众志成城，发扬雷锋精神，奋力推动企业科学发展、和谐运行，企业必将健康可持续发展。

三、培养企业员工的奉献精神，必须正确澄清的疑难问题

江泽民同志曾经提出，要大力宣传和弘扬包括淡泊名利、奉献精神在内的五种精神。这对推进改革开放和社会主义现代化建设，具有十分重要的意义。在全社会大力弘扬雷锋的奉献精神，必须在理论与实践的结合上澄清以下几个思想认识问题：

（一）在社会主义市场经济条件下是否需要提倡发扬奉献精神

既然市场经济通行等价交换的原则，为什么在社会主义市场经济条件下还要提倡发扬奉献精神？这是因为，任何具体的道德准则，都有自己特定的反映对象和适用范围。等价交换是商品交换领域通行的原则，而不是所有社会关系领域普遍适用的原则。在发展社会主义市场经济条件下，人与人及个人与社会的关系也是多种多样的，并非都是商品交换关系。例如，我们党内同志之间及个人与组织的关系，党与人民群众的关系，国家机关干部进行公务活动，以及社会性的扶贫济困活动、各种见义勇为的救助行为等等，体现的都不是商品交换关系，都不能简单照搬等价交换原则。奉献精神，反映和体现的是社会成员对国家、集体和其他需要帮助者的一种纯洁高尚的道德义务关系。以全心全意为人民服务为宗旨、以实现共产主义为最终目标的共产党人首先应当发扬这种精神。普通社会成员，在市场活动之外的许多情况下，也需要和应该发扬这种精神。例如，国家公职人员履行职务，必须无私奉献自己的全部力量；面临外敌入侵或严重自然灾害，普通公民也必须有钱出钱、有人出人、有物出物，无私奉献自己的力量抗敌和救灾；路遇孤立待援的危重伤病员或坏人行凶杀人，不论谁都应该见义勇为、挺身相救……如果一个人在任何事情上都讲等价交换，斤斤计较个人得失，他就是个毫无社会义务责任感的自私自利之徒，不仅不符合社会主义社会应有的道德，

也有悖于普通老百姓为人的道德。建设有中国特色社会主义，实现中华民族伟大复兴，是全国各族人民共同的根本利益和奋斗目标，是前无古人的充满艰辛、富于创造性的壮丽事业，只有在全党和全国人民中大力弘扬无私奉献的精神，才能保证这一宏伟目标的实现。如果不分场合和具体情况，把市场上通行的等价交换原则引入非商品交换领域，就会导致社会关系的商品化、庸俗化，严重败坏社会风气。

（二）社会主义初级阶段提倡发扬奉献精神与贯彻按劳分配原则是否矛盾

社会主义初级阶段实行以按劳分配为主体、多种分配方式并存的分配制度，提倡发扬奉献精神与贯彻按劳分配原则是否相矛盾？提倡奉献精神与贯彻按劳分配原则非但不矛盾，而且是有机统一、相互渗透、相互依赖、互为条件的。按劳分配原则本身就包含着对奉献精神的要求。按劳分配不是等价交换。按劳分配中的“劳”与“酬”并不是等价的。在劳动者创造的财富中，有一部分要由社会扣除，作为公共积累，用于扩大再生产和发展公共福利事业。按劳分配原则的全称是“各尽所能，按劳分配”。在这里，人们各尽所能地劳动创造是按劳分配的前提条件。这就要求劳动者不能仅仅为个人获得的报酬劳动，而是必须把劳动看做是自己对社会的一种责任义务，着眼于满足社会需要，尽己所能地为社会多作贡献。在此基础上再领取社会分配给自己的相应报酬。大量事实表明，有没有奉献精神，劳动态度和劳动效果是大不一样的。有奉献精神的人，优先考虑的是为满足社会需要尽最大努力把工作做好，而不是优先考虑个人所得报酬的多少；在必要时，为了避免给社会造成损失，即使自己多付出一些明知得不到报酬的劳动，也要保质保量地把工作做好。没有奉献精神的人，则讲求按酬付劳，如果觉得自己不合算，即使让工作受损失也不愿再多付出一点劳动，当然就更谈不上创造性地进行工作了。

奉献精神的实质，是把国家和人民利益放在首位，全心全意为满足社会需要贡献自己的力量，而不是指从事任何劳动都不要报酬。在这里，“无私”与“无酬”是两个不同的概念，“无私”指的是没有自私自利之心，“无酬”则是指没有任何报酬。道德高尚的人可以做到不带任何自私自利之心地进行工作，但无法做到任何工作都不要报酬。因为在社会主义社会中劳动仍然是一种谋生的手段。如果把奉献精神理解成从事任何劳动都不要报酬，那么，具有奉献精神的人就根本无法生活了，这实际上就等于从根本上否定了奉献精神存在的理由和价值。大量事实表明，越是认真贯彻按劳分配原则，使劳动贡献大的人能得到相应的较高报酬，就越有利于鼓励人们发扬奉献精神，积极努力地做好本职工作。

（三）提倡无私奉献与尊重个人合法利益是否矛盾

社会主义义利观认为必须充分尊重公民个人合法利益，提倡无私奉献与尊重个人合法利益是否相矛盾？弘扬奉献精神，并非不尊重个人合法利益，而是根据社会主义义利观，要求人们自觉把国家和人民利益放在首位，把个人利益融入国家和人民利益之中，全心全意为国家和人民做贡献，而不是要求人们完全放弃和无谓地牺牲个人利益。诚然，无私奉献意味着在个人利益与国家和人民利益发生矛盾时，能自觉牺牲个人利益来保证国家和人民利益实现。但对于这种情况，国家和社会也要按照有关政策制度，给予牺牲、奉献者以物质和精神补偿，而不是不尊重其个人合法利益。

在无私奉献与个人利益的关系问题上，有些同志简单地把奉献精神解释为“甘愿吃亏”，也有些单位的领导以此为理由，为自己处事不公，在利益分配上搞不正之风辩解。让奉献精神强、贡献大的同志吃了亏，又要求人家“甘愿吃亏”，不许人家提意见和维护个人正当权益，使这些同志陷入心中不平、有口难辩的尴尬境地。这种解释和做法，既不符合社会主义义利观和社会公正原则，也不利于人们自觉发扬无私奉献的精神，还容易引起人们对奉献精神的误解和逆反心理。有奉献精神的人在必要时能自觉克己奉公、舍己为公和克己为人、舍己为人，其出发点是为了保证国家和人民利益实现，而不是为了使自己吃亏。如果总是让无私奉献的人吃亏，让图谋个人私利的人占便宜，那就意味着不承认、不尊重无私奉献的价值，在客观上就是对奉献精神的打击和遏制，对图谋个人私利的支持和鼓励。所以，要有效地弘扬奉献精神，必须把思想教育导向和利益分配导向有机统一起来，在利益分配方面，使奉献精神强、贡献大的人多受益，不谋而得；使缺乏奉献精神，利用不正当手段图谋个人私利的人谋而不得。不尊重无私奉献者的个人利益，总是让无私奉献者吃亏，不仅会挫伤这些同志无私奉献的精神，而且也会导致许多人把具有奉献精神的人视为不识时务的“傻子”，而把投机钻营、图谋个人私利的人视为“聪明人”。这样根本形不成奉献精神大发扬的局面。

（四）社会经济成分和组织形式多样化能否使奉献精神在全社会发扬光大

在社会经济成分和组织形式多样化，人们价值取向和道德观念的差异性明显增大的情况下，能否使奉献精神在全社会发扬光大？应当承认，社会经济成分和组织形式多样化，以及由此导致的人们价值取向和道德观念多样化，确实给弘扬奉献精神带来了新的问题。但只要我们正视这种客观现实，注意改进奉献精神教育的方式方法，把教育总目标、总要求的一致性同具体要求的多样性有机统一起来，也完全能够使奉献精神在全社会发扬光大。这是因为：

1. 奉献精神作为一种古已有之的传统美德，在人民群众中历来就有广泛深厚的基础，只不过由于几千年存在的私有制和人剥削人现象，使人民群众的奉献精神长期被压抑、被扭曲。今天，占主体地位的社会主义公有制把群众相互间的利益及个人与社会的利益紧密联系在一起，建设有中国特色社会主义、实现中华民族伟大复兴的共同奋斗目标，为弘扬奉献精神提供了巨大的动力资源。这就使我们在全社会弘扬奉献精神具有前所未有的良好条件。

2. 在全党和全社会弘扬奉献精神，并不是要求所有社会成员在现阶段都达到共产主义的道德境界。应当看到，奉献精神的具体内容和表现形式是多种多样的。有共产主义的奉献精神，也有爱国主义的奉献精神，还有基于朴素的爱心和同情心的奉献精神。孙中山先生不是共产主义者，但谁也不能否认他那崇高的爱国主义和革命民主主义的奉献精神。有的爱国侨胞并不信仰共产主义，出于希冀中华民族振兴的赤诚爱国之心，也可以为建设祖国作出无私的奉献。我们宣传和弘扬奉献精神，既要保持总目标、总要求的一致性，又应该针对不同社会群体和不同人的具体特点，分别提出不尽相同的具体要求，引导人们在不同的层次和程度上、以不尽相同的具体形式来发扬奉献精神。

3. 人的思想本身也是复杂多样和可变可塑的，有的人过去私心比较严重，现在经过教育或受到某种感染则可能作出无私的奉献，这就为我们在群众中发掘和培育奉献精神提供了客观可能性。只要我们坚持不懈而又方法得当，通过长期的教育，就能使各种不同社会群体的人们头脑中不断增强无私奉献意识，作出越来越多无私奉献的德行善举，从而逐步使奉献精神在全社会蔚然成风。

最后特别需要指出，要使奉献精神在群众中发扬光大，共产党员特别是企业的各级领导干部必须发挥模范带头和榜样示范作用。只有这样，我们教育群众才有说服力和感染力，也才能引导和带动群众发扬奉献精神。

四、培养企业员工的奉献精神，要着力营造“无私奉献”的企业环境

雷锋把服务人民、无私奉献作为最高的人生价值。他说过：“人的生命是有限的，可是，为人民服务是无限的，我要把有限的生命，投入到无限的为人民服务之中去。”“如果你是一滴水，你是否滋润了一寸土地？如果你是一线阳光，你是否照亮了一分黑暗？如果你是一颗粮食，你是否哺育了有用的生命？如果你是一颗最小的螺丝钉，你是否永远坚守在你生活的岗位上？”这是雷锋服务人民、奉献精神的生动写照。今天，培养企业员工的奉献精神，要坚持和弘扬雷锋的这种“无私奉献”的精神，使之成为全社会的共识，从而获得不竭动力和社会支持，为社

会主义和谐社会的构建提供不竭的精神动力。

（一）加强学习，提高企业员工素养

一个人的世界观、人生观、价值观总是在外界的各种思想理论的影响和作用下形成的，不是这种思想理论起主要影响作用，就是那种思想理论起支配作用。比如在名利的问题上，不同的人有不同的看法，不同的态度。对共产党人来说，名利是与党和人民的利益联系在一起的，无数革命先烈和先进模范人物，默默地为党和人民奉献，甚至不惜奉献出自己的一切，而有的人图名图利，最终为名利所累所害，直到走向毁灭。科学的世界观、人生观、价值观不是与生俱来的，也不是头脑里固有的，只有在马克思主义科学理论指导下的社会活动实践中才能形成。因此，企业员工要树立科学世界观、人生观、价值观，必须认真学习马克思主义理论，提高自身素养。知书才能达礼，好学才有品格，企业员工只有不断进行科学理论和科学文化知识的积累，才能逐步实现自身的完善，也才能领悟人生的真谛。

（二）做好思想政治工作，把无私奉献变为企业员工的自觉行动

把无私奉献作为企业员工愿意自觉接受并为之行动的口号，需要有一定的思想底蕴，不是靠行政命令能够解决问题的。一种科学的思想理念，能否为企业员工所接受，取决于对党的认识程度，在企业员工还没有认识它，或者心有疑虑的时候，我们不能因此轻言废弃，更不能硬性要求企业员工接受并为之叫好，只有通过教育与引导，使员工了解其内涵、意义及其对社会进步的积极影响，员工才会乐意接受，并将其化为自己的信念与动力。广大党员和企业思想政治工作者要坚持和弘扬这种信念，并身体力行，做群众的榜样。

新中国成立以后，特别是改革开放以来，我们的队伍中涌现出了一大批像雷锋、焦裕禄、孔繁森式的先进人物，他们在广大人民群众中有着巨大的人格魅力，对社会主义精神文明建设产生着巨大的推动力量。当前，我们正处在经济和社会转型时期，正处在体制的创新和观念转变

时期，加强对大学生先进典型的宣传，加强对大学生思想的正确引导，在全社会弘扬无私奉献的精神，既是新时期思想政治工作的一项重要内容，也是顺乎民意，反腐倡廉的一项重要措施。

（三）加强社会主义思想道德建设，培养企业员工的奉献精神

思想道德建设是构建社会主义和谐社会的本质要求之一。培养奉献精神是企业员工思想道德建设的重要内容。由于社会风气对企业员工思想道德具有重要的影响作用，因此企业员工奉献精神的培养不单是企业的工作，也是全社会的责任和义务。加强全社会的思想道德建设，就要大力宣传艰苦奋斗、助人为乐、淡泊名利、敬业奉献的时代精神，在当前就是要深入践行社会主义荣辱观，提高人们的社会公德、家庭美德和职业道德；倡导爱国守法、明礼诚信、团结友善、勤俭自强、敬业奉献的公民基本道德规范，培养良好的道德品质和道德风尚。大力开展道德实践活动，使社会主义荣辱观贯穿到社会生活的各个领域、各个方面，努力形成团结、友爱、互助，进步的和谐氛围。伟大的时代需要伟大的精神，伟大的精神需要薪火相传。雷锋精神必将成为引领企业员工良好社会风尚的一面旗帜，促进全民族整体道德素质的提升和构建社会主义和谐社会目标的早日实现。

（四）树立先进模范，重视宣传导向

“榜样的力量是无穷的”，“拨亮一盏灯，照亮一大片”。企业员工奉献精神的培育离不开雷锋式的榜样的引领和带动，学习宣传先进模范人物的过程，就是普及基本道德规范的过程、弘扬真善美的过程、建设社会主义核心价值体系的过程。改革开放的时代英雄辈出，各个地区、各个行业、各类人群特别是企业员工自身群体中都有一大批助人为乐、舍己为公、敬业奉献的雷锋式的模范人物，他们身上集中体现了中华民族的优秀品质、社会主义道德的本质要求、我国社会和谐发展与进步的时代精神，为企业员工树立了先进模范和典型，有利于在全社会营造“无私奉献”的社会环境，积极培养企业员工的奉献精神。

[企业“无私奉献”经典事例]

“无私奉献”的全国劳动模范——范国琼

范国琼，女，53岁，中共党员，大专，四川省宜宾五粮液集团有限公司车间主任，高级技师、高级工程师等。范国琼从事白酒勾兑领域工作27年，主持、参与“f型调味酒的研究”等多项白酒勾兑、品尝鉴定的项目研究，开发出70多个品种，1000多个规格的五粮液系列产品，累计为企业新增经济效益10.6亿元。先后获得科技进步一等奖和全国技术能手、全国商业服务业巾帼建功标兵等称号。

“我个人的力量是非常有限的，是勾兑团队共同努力推进了勾兑技术，保持了五粮液质量的稳定。”“第三届四川杰出创新人才”的五粮液集团506车间主任、高级技师、发酵工程师范国琼对记者说。

范国琼1981年6月参加工作，1986年10月加入中国共产党。目前系中国食品工业协会白酒专家委员会专家，“白酒酿造工”国家职业技能鉴定高级考评员；全国工业产品生产许可证办公室“国家注册审查员”。曾荣获全国劳动模范，全国“三八”红旗手等称号，当选为中国共产党第十四大、十六大代表。她就是宜宾五粮液集团有限公司五〇六车间主任，兼任五粮液集团公司纪委委员，五粮液股份有限公司监事会监事范国琼。她“勾兑五粮献美酒，展现巾帼英雄色”的事迹在全球传诵。

1981年6月，范国琼正式进入宜宾五粮液酒厂勾兑室跟随她的父亲——全国有名的勾兑大师范玉平学习尝评勾兑技术。1987年9月她被聘为商业部白酒评酒评委；1989年1月被中国食品工业协会聘为第五届全国白酒评酒委员，连任第六届全国白酒评酒委员；2006年6月被中国食品工业协会和中国食品工业协会白酒专业委员会聘为全国白酒专家委员会专家。

1986年6月至1987年3月，她参与《五粮液计算机勾兑专家系

统·调味系统》项目的研究。该项目为酒业的发展做出了巨大的贡献。《五粮液计算机勾兑专家系统·组合基础酒系统》于1986年获得四川省软件评比三等奖，《五粮液计算机勾兑专家系统·调味系统》1989年获得商业部科学进步二等奖。她为列入“星火计划”的《五粮液低度酒生产工艺及产品开发项目》贡献了力量，该项目填补了五粮液系列酒无低度批量生产的空白，增强了产品市场竞争力，减少了出口关税。成果获宜宾地区科技成果一等奖。1987年，先后参与了《浓香型大曲酒陈味研究》的感官鉴定、《五粮液大桶陈酿工艺试验》项目，还与车间主任配合一起完成了《原酒验收改进方案》和《原酒入库输送改进方案》的实施，该项目当年为企业节约费用300万元以上。

范国琼参与完成企业“稳质增效”大型项目研究，参加“三二〇”、“二一〇”工程项目攻关，有效地提升酒品质量，当年就为企业、国家创利1300多万元，实现了巨大经济效益和社会效益。

1996年至1997年，她参与完成《白酒中金属元素的测定及酒质的关系》项目研究，通过省级技术鉴定，填补了我国在这方面的研究空白。

她参与《双开，高排酒曲发酵室的设计与应用》项目的研究。该项目对改进制曲生产环境，提高曲子质量起到积极作用，产生了显著的经济效益和社会效益，新增经济效益为8.78亿元。该项目2004年被中国食品协会评为“首届中国白酒优秀科技成果”一等奖。参与《超临界萃取酿酒副产物提取酒用香源》研究取得的成果为企业新增经济效益1.8亿元。

她针对国际市场的白酒口感消费习惯，对出口酒进行成功的技术性处理，促使出口五粮液更加能适应广泛的国际消费需求，产品畅销亚洲、欧洲、美洲等100多个国家和地区，先后在日本、泰国、保加利亚、德国等国家和地区大型评奖活动中荣获国际博览会金牌32枚。

范国琼对酒业发展做出突出贡献，2005年7月被授予“四川省有突出贡献的优秀专家”称号；2006年1月被列为“省委直接掌握联系高层次人才”对象；2006年9月被中华人民共和国劳动和社会保障部授予“全国技术能手”荣誉称号；2006 年 10 月被中华全国妇女联合会与中国商业联合会授予“全国商业服务业巾帼建功标兵”称号。

范国琼处处严格要求自己，长期战斗在生产一线，在专业领域内不断谋求发展。她顾大家舍小家，父亲几次卧病在床她未能床前照顾，从未为儿子织过一件毛衣，丈夫承担了大量家务成为她的坚强后盾。她从未利用自己掌握的技术在外谋取利益，更未利用手中权利为亲友谋取过私利。她说：“企业培养了我，我要对得起企业”。这句朴实的话语体现了她的人格美丽，为五粮液集团做出了杰出贡献。

为了准确地勾兑和品尝，范国琼在勾兑车间工作 25 年来，一直自觉保护着自己的味觉，从来不吃太辛辣的东西，吃早餐时也不沾油和盐。她说，长期这样，已经习惯了吃清淡的饭菜。

在范国琼看来，全国劳动模范、四川省十大杰出技术能手等一大堆的荣誉已经过去，她还将进一步研究勾兑技术，为提高五粮液集团有限公司的核心竞争力作出自己的贡献。

第三章

与企业员工谈雷锋“锐意进取、自强不息”的创新精神

锐意进取，指意志坚决地追求上进，下决心强化，力图有所作为。自强不息，形容自己不休息的自觉地努力向上，永不松懈。创新精神是指要具有能够综合运用已有的知识、信息、技能和方法，提出新方法、新观点的思维能力和进行发明创造、改革、革新的意志、信心、勇气和智慧。“锐意进取、自强不息”的创新精神是雷锋精神的一个侧面，企业员工需要发扬雷锋这种干一行爱一行、对技术精益求精的钉子精神。

第一节 雷锋“锐意进取、自强不息”的创新精神

翻开雷锋的相关资料可以发现，雷锋不但是一个政治坚定的共产主义战士，而且还是一个思想非常解放、富有创新探索精神的同志。当20世纪60年代不少人还在用平板车拉粮食时，他已学会开着拖拉机在乡间大道上来回奔驰；当许多人述一锯一刨时，他却娴熟地在车床上奏响工业文明的旋律；当国家急需优秀人才时，他成为一名公务人员，当祖国最需要的时候，他就光荣地成为一名解放军战士了。可以说，他在学习和工作上永不满足、永不懈怠，体现了一种锐意进取、自强不息的创新精神。

一、雷锋乐于学、不满足

雷锋7岁就成了孤儿，是乡政府保送孤儿雷锋免费读书，从荷叶坝小学毕业，开始参加工作。也就是说，在校教育他只有小学毕业文化水平。但他克服困难，勤奋学习，在工作实践中不断提高自己的文化及综合素质。1960年10月以后，雷锋先后担任了抚顺市建设街小学和本溪路小学校外辅导员。作为部队汽车兵，他平时工作和学习都忙，就只能利用午休时间或风雨天不能出车的日子请假到学校找老师、同学谈心或进行其他辅导活动。雷锋性格开朗活跃，教唱歌、办墙报、说快板样样都行。他乐此不疲、谆谆善诱，启发同学们好好学习、天天向上，以高度的责任感、使命感辛勤培养下一代的茁壮成长，也在担任校外辅导员的过程中使教与学相长，自己的文化和授课水平得到提高。共青团抚顺市委为表彰雷锋的事迹，曾给他颁发奖状，上面写着：“奖给优秀辅导员雷锋同志，保持光荣，继续前进”。

雷锋参军后，部队紧张的施工、紧张的训练并没有影响他的学习积

极性，他把要读的书籍放到挎包里，随身带着，稍有空闲，便拿出来如饥似渴地阅读。即使难得一年有次看电影的机会他也抓紧时间在电影开演前看上几页。每天晚上，他还要挤出点时间学习，有时熄灯睡觉了，他还找地方看书学习，连队办公室就是他晚上经常去看书学习的地方。学习着的雷锋是快乐的。

1958年春天，领导选派雷锋学开拖拉机，这是治河工地唯一的一台大的机器。雷锋以超凡的热情投入工作，不仅勤学好问，而且是师傅很称职的助手。每天把行车前的准备工作全都做好，拖拉机擦得干干净净。白天在师傅的领导下，熟悉拖拉机的构造和性能，晚上认真阅读有关拖拉机驾驶维修的书籍，并把已掌握的知识写到笔记本上。雷锋学开拖拉机达到了入迷的程度，不仅晚上经常学到下半夜，而且白天脑子里装的也全是拖拉机。一天，大家正在食堂吃饭，突然看见雷锋拿着碗筷的双手端起来左右摆动，眼睛正视前方，脚向下踩，他这种专心到致志学开拖拉机的神态，引起同志们哄堂大笑。功夫不负有心人，雷锋仅仅学了一个星期就能独立操作了。雷锋并没有满足，他边工作、边学习，把拖拉机的性能、驾驶规则一条一条记在笔记本上，有空便学。1958年4月的一天上午，工地午间休息，农场办干部方湘林有事到工地，看见雷锋靠着土坎低头看书，一问才知道读的是《拖拉机驾驶规则》。雷锋主动要求方湘林考他，结果一条不差。

在汽车班，雷锋针对缺少教练车的现状，带领大家做了一个模拟汽车驾驶台，和大家一起废寝忘食地学习驾驶技术，被大家一致推举为技术学习小组长。

雷锋最大的嗜好就是读书，他为自己制订了一个严格而苛刻的学习计划，并遵照执行。一天，夜已经很深了，他为了不影响寝室的同志休息，把电灯线放长，把灯泡放到被子里看书，没多久，一股烧焦棉布的味传了出来，雷锋掀起被子一看，原来灯泡把枕头烤着了。雷锋读书已经到了痴迷的程度。

二、雷锋善于挤、永自强

雷锋在日记中写道：“有些人说工作忙，没有时间学习。我认为问题不在工作忙，而在于你愿不愿意学习，会不会挤时间。要学习，时间会有的，问题是我们善不善于挤，愿不愿意钻。一块好好的木板，上面一个眼也没有，但钉子为什么能钉进去呢？这就是靠压力硬挤进去的。由此看来，钉子有两个长处：一个是挤劲，一个是钻劲，我们在学习上也要提倡这种钉子精神，善于挤和钻。”雷锋在行动中也为我们作出了榜样。

雷锋从 1950 年上小学到 1962 年因公殉职的 12 年间，前 6 年是学校教育，在乡村小学里念了 4 年初小、2 年高小。后 6 年是边学习、边工作，在社会环境中千方百计挤出时间学习，以增长知识、增长才干。雷锋的学历是高小毕业，可雷锋掌握的知识程度要远远高于他的学历水平。

雷锋是一位自学成才的典型。他参加工作后，一直没放松学习，一直向更高的目标奋进。1956 年 11 月，16 岁的雷锋到望城县委当公务员。当时望城县委在高塘岭成立了一个干部业余中学，已经开办一年半了，雷锋参加学习热情很高，要求插班学习并制订了补习课程的学习计划。他在课堂上认真听讲，晚间自学到午夜。有时随县领导下乡缺了课，回来后立即找老师和同学补上。雷锋只用了一个多月时间就把前面的功课都补上了。他学习数学爱动脑筋，开始考试都在 85 分以上，后来都在 90 分以上；学习语文很认真，他写的作文经常被作为范文在班上宣读。他能全文背诵魏巍的《谁是最可爱的人》一文，并与学员一起讨论设问、排比等修辞手法在文章中的作用。最后，雷锋以优异的成绩完成了学业。在望城县委工作这段时间里，雷锋除了学习文化课外，还孜孜不倦地阅读政治理论、青年修养、小说诗文等类书籍，他读了《毛泽东选集》，读了介绍刘胡兰、董存瑞、黄继光等英雄人物的书籍，读了《沉浮》、《钢铁是怎样炼成的》、《牛虻》、《青年近卫军》、《把一切献给党》、《卓娅与舒拉的故事》等中外名著。他随读随写读后感和读书笔记，不仅在政治思想上进步很快，而且道德情操也得到了陶冶，在文化程度上也有很大的提高。

雷锋的文学功底比较深厚，他写的诗《南来的燕子啊!》、《我可爱的工厂》、《翻斗车》、《荒山荡绿波》、《穿上军装的时候》、《练兵》、《一家人》、《跟着党走》等，不仅感情充沛、格调高雅，而且文笔流畅、文风清新，还讲究韵律、韵脚。他写的散文《我学会了开拖拉机》、小说《茵茵》等，写得真切、细腻、感人，有内容、有情节、有层次，抒发了他渴望新生活、向往社会主义的真挚情怀。雷锋的讲话、报告、发言逻辑性强、要点突出、层次清楚、比喻得当、深入浅出、语言生动感人，这些都是与他的文学修养是分不开的。45 万字的《雷锋日记》，当年曾印刷过数千万本，一代又一代的人在继续阅读学习，从中汲取精神的营养和力量。日记里面的许多警句，如“人的生命是有限的，可是，为人民服务是无限的，我要把有限的生命，投入到无限的为人民服务之中去”等等，闪烁着思想的光辉。毛泽东同志看过，也称赞“此人懂些哲学”。能被理论功底深厚的一代伟人称之为“懂些哲学”，对一位乡村小学毕业的 22 岁普通士兵来说，这是个很高的评价。

三、雷锋肯于钻、有创新

雷锋不仅是一个脚踏实地的实干家，而且是一个勇于探索的创造者。雷锋总是把工作作为一种无穷的动力，要钻进去、要吃透它，而且还不断地提升自己、不断地通过学习丰富自己。这种刻苦学习、锲而不舍、锐意进取的精神仍然在我们今天这个社会中受到大家的推崇。

雷锋对新事物感兴趣，凡事爱琢磨，研究能力强，业务非常过硬。

在小学 5 年级的时候，雷锋参加了矿石收音机研制小组，是小组里最活跃的一名同学，他认真研读资料，绕线圈、焊零件、架天线、调矿石的接触点，第一个把收音机调试出声音。

1958 年 11 月，雷锋来到了鞍钢，工作是学开 C—80 大型推土机。这种推土机比东方红拖拉机复杂得多。雷锋学得快、学得好，并善于发现问题、解决问题。一天，推土机在煤堆的坡路上熄火了，可拖下来后

又能发动起来。到底是什么毛病师傅也说不清，只是说车辆太陈旧了。雷锋下班后，参考有关材料琢磨了大半宿，第二天上班对师傅说，推土机在坡度较大的地方作业，发动机超负荷运转，造成汽缸里的油和空气比例失调，就容易灭火。师傅连声说有道理，于是师徒两人设法调整汽缸里的进油量，解决了问题。车间主任在生产评比会上把雷锋好一通表扬。雷锋不仅熟练地掌握了推土机的驾驶技术，而且在不到一年的时间里还带出了三个徒弟。

入伍后，雷锋被分配到运输连，雷锋驾驶的 13 号汽车车况较差，是抗美援朝时期前苏联的嘎斯 51 型车，各部件磨损严重，耗油量很大。领导见雷锋刻苦钻石技术，而且爱车如命，就把这台“耗油大王”交给了他。雷锋为了保养好这台车，花费了很多心血。他把大部分业余时间都用到了维修保养这辆车上。经过雷锋细心的照料，“耗油大王”的耗油量降下来了，汽车运行状况也好了起来。雷锋不但业务精通，而且善于总结规律性的东西，提出了行车安全的“四勤”、“三先”、“五不超”、“六不走”、“九慢”等等。

第二节　引导员工树立创新意识

创新意识是指人们根据社会和个体生活发展的需要，引起创造前所未有的事物或观念的动机，并在创造活动中表现出的意向、愿望和设想。它是人类意识活动中的一种积极的、富有成果性的表现形式，是人们进行创造活动的出发点和内在动力，是人们头脑中的创新信息、知识、观念、理论、智慧的总和，是创造性思维和创造力的前提。创新，是企业文化的精髓，是企业长盛不衰的法宝。正确引导员工创新是新时期下企业化文建设的一个新课题。要十分重视创新，培育与强化全体员工的创新意识。

一、引导员工树立创新意识就要培养员工“敢为人先”的精神

创新永远是企业赖以生存和发展的重要条件，可以给企业带来管理的进步、技术的创新、经济的发展，可以给企业带来综合竞争能力的提高。从企业目前的情况看，企业广大员工的思想素质、文化知识水平和劳动技能普遍提高，员工队伍的知识化进程明显加快，竞争能力、创新能力和创业能力不断增强，整体素质明显提高。但是，企业员工的创新意识不强，对企业技术创新、管理创新认识不足的现象仍存在。尤其是员工的技术技能水平整体偏低，在相当程度上影响了企业生产效率和竞争能力，影响了企业快速发展的进程。其主要原因是：企业员工队伍思想保守，不敢想、不敢做，特别是在企业遇到困难的时候，凭老经验、老办法解决问题，不是敢于改革、大胆创新，而是缩手缩脚，这不仅不利于企业发展，还给企业造成前进中的重要障碍，势必导致企业停滞不前。为此，在企业发展的战略上，要把培养企业员工的创新意识作为重点，培养员工要有敢为人先的精神，就是要培养企业员工要有与时俱进的思想，要有强烈的创新意识和严谨的科学态度。不断超越他人，不断超越自我，在挑战面前不退缩，在困难面前不屈服、不懈怠、不满足、不停步，永做时代的弄潮儿。要按照新形势、新任务的要求，进一步解放思想，树立新意识，制定新标准，特别是要树立市场经济意识，竞争意识、效率意识、创新意识等。要突出提倡敢闯、敢冒的精神；当然也不能放弃埋头苦干的精神，但更要倡导敢为“天下先”的创新精神。

要树立科学的探索精神，努力创新工作方法。在把握事物本质、探求事物发展变化规律的基础上，不断创新工作方法。科学创新能力不是想有就有的，它来源于对客观实际的洞悉，对本质规律的把握，对发展趋势的思考和明察，来源于长期的实践锻炼和经验积累。这就要求我们要从自身环境条件出发，在事业发展和创业实践中加强学习积累和艰苦磨炼，不断增强本领和才能。青岛海尔集团党委书记张瑞敏就是一个不

断靠科学创新实现企业跨越发展的范例。他通过技术创新、管理创新、市场创新、投资理念创新，实施国际化战略，到海外投资设厂，创出了中国的世界名牌。有人问海尔实现快速发展的秘诀，他说：“一是每个人都致力创新；二是所有决策都以用户需求为中心；三是每个员工都成为创新的主体。”创新可能会失败，有风险，有代价。但“失败是成功之母”，只要有毅力、有恒心，坚持科学态度，百折不挠，创新就一定能成功。

辽河油田就是一个敢于创新的企业，辽河人就具有敢为人先的创新精神。在石油行业中，通常把利用地层能量开采石油称为一次采油。向油层注水、注气，给油层补充能量开采石油称为二次采油，这种采油方式开发成本较低。用化学的物质改善油、气、水及岩石相互之间的性能，可开采出更多的石油，被称为三次采油，但开发成本相对较高。“二三结合”技术，应用于二次采油和三次采油过渡期。它是按照三次采油的需求，合理划分开发单元，重新部署注采井网，有效增加单砂体控制程度，先期精细注水，挖掘水驱潜力，在适当时机转入三次采油，从而降低开发成本，提高油藏采收率。多年来，辽河油田对于“双高期”油藏，要么关停并转，要么转化学驱，而化学驱较高的投入直接制约着老油田的开发效益。为此，辽河油田推进开发方式多元化，以技术进步和理念扭转资源接替紧张、产能接替不足的局面。2012 年年初以来，辽河油田提出推广实施“二三结合”开发，将其列为“十大上产布局”的重要组成部分。马 20 块作为辽河油田“二三结合”重点试验区块，经过近 40 余年注水开发，采出程度 41.9%，含水率 90.6%，油藏濒临废弃。面对“双高期”油藏，科研人员全程跟踪该井钻井及密闭取芯过程，精心制定试采方案，部署了马 20—18—18 井。这口井初期日产油 19.9 吨，含水率 48%，充分验证了作业区块的剩余油潜力。区块整体规划实施后，水驱产量预计可由现在的 50 吨上升至 200 吨，提高采收率 5%，而后转入化学驱，可继续提高采收率 12 个百分点。这口井的持续稳产，标志着辽河油田运用“二三结合”技术开发高含水、高采出程度老油田初见成效。“二三结合”开发试验不仅为辽河三次采油做了充足准备，而且为油田解决新井接替、打造新的产能增长点提供了重要技术支撑，为“双高期”油藏开发开辟了一条新路。据估算，辽河油田拥有适合转入化学驱的地质储量多达3亿吨，在转化学驱之前均可先采用“二三结合”技术。辽河油田今年将重点在马20、欢26等区块进行“二三结合”开发试验，预计每年可部署新井30口。这就是创新为企业带来的巨大效益。

二、引导员工树立创新意识要重视典型的选树和培养

市场的竞争说到底是人才的竞争，不论是管理创新还是技术创新，都是通过人来实现的。人是创新的最重要的一项资源，谁拥有人才，谁就能获得创新的机会。为此，增强企业员工的创新意识，首先要培养一大批创新的典型，抓典型树样板，以点带面，全面发展；其次要注重发挥企业骨干和管理人员、技术人员的创新积极性、主动性，培养他们在企业的实际工作中用新思想、新知识、新思维来带动和引导企业的创新工作，把握企业的发展趋势，在瞬息万变的市场经济中捕捉管理创新、技术创新的发展机遇，不断以管理创新的新方法，技术创新的新技能，贯穿于各项工作中，带动企业员工增强创新意识，共享创新成果，实现全体员工整体素质的提高。特别是每年在员工中开展的评先选优工作，应当选树员工信服的，能体现工人阶级的先进性和时代特征的，能反映工人阶级与时俱进，开拓创新的时代精神的，能展示工人阶级在全面建设小康社会进程中的主力军作用的，能代表先进生产力发展的。典型选树切忌泛、杂、平。通过开展向典型学习活动，让企业的每一位员工都能像身边看得见、学得着的典型一样岗位成才、岗位奉献，企业的综合竞争能力就会大大提高，企业就会兴旺发达。

辽河油田十分重视典型的选树和培养，尤其是有创新意识、创新技能、创新能力的典型。一提到辽河油田，说起小站，大家每一个想到的就是东滨霞采油站——这个处在渤海之滨、辽河之畔，茫茫芦苇荡中一个小小的采油站。小站以骄人的业绩大放异彩，让人瞩目。几年来，全站人员团结一心、探索创新，先后提出和实施了挖潜增效合理化建议

1600多井次，使全站生产时率提高了11个百分点，累计增产原油85万吨，降本增效9700多万元。采油站荣获中华全国总工会“东北地区老工业基地振兴杯”劳动竞赛优胜班组奖，集团公司标杆采油站等多项荣誉。

为什么叫束滨霞采油站？熟悉它的人都知道，束滨霞采油站是辽河油田公司第一座以人名命名的基层班站，而束滨霞就是这个站的站长——一名普通的女采油工，一个让人那肃然起敬的全国劳动模范。

1983年7月，17岁的束滨霞满腔热情当上了一名采油工。刚上班不久，一次井口喷油，她冲上前去解决，操作失误，油不但没止住反而喷得更凶了。闻讯赶来的站长几下子解决了问题，并语重心长地对她说：“想干好工作，光有热情是不够的”。束滨霞将这句话牢牢记在了心中，从此她抓住一切机会向书本学、向师傅们学，勤学知识、苦练技能。虽然只是一个技校毕业生，但束滨霞十几年孜孜以求，先后学习了几十本专业书籍，写下了20多万字的学习笔记，记录下5万多个油井生产运行参数，绘制了上千张工业流程图。凭着一种永不服输的责任感和坚持力，她迅速掌握了过硬的采油技术本领。像中医诊病一般，束滨霞摸索出“看、听、闻、摸”油井巡检法，被誉为“油井华佗”。20多年来，她像爱护自己的孩子一样爱护油井，积极探索油井长期稳产增效的新方法和新途径，取得了显著成效。十几年来，束滨霞先后获得中国石油集团公司十杰青年、省劳动模范、全国劳动模范、全国青年岗位能手、中华技能大奖、全国工人十大楷模等殊荣。但在身边人看来，她依然是那个憨厚质朴、兢兢业业、扎根基层的束大姐。用徒弟赵奇峰的话说，我师傅的品质好比老玉米，越嚼越香，她的精神够我学一辈子。

担任站长后，束滨霞想得最多的是：“我要让全站人都成为技术能手”。在束滨霞的言传身教下，采油站形成了一整套学习制度。他们组装了拥有全套油井工艺流程的“流动练兵车”，互动学习技能，分工种制作了“小练兵”答题卡，开展了“每天一题、每天一问、每天一练”和“周单项操作对手赛、月单工种技术擂台赛、季全站技能演练赛”活动，实现了“工作学习化、学习工作化”。知道更要做到，学习造就技能。“小练兵，大比武”，全站先后有 23 人次在作业区、采油厂和油田公司的技术比赛中获奖。强将手下无弱兵，采油站 14 名员工如今个顶个的是技术能手。他们人人达到“四懂、三会”的基本功：懂结构、懂性能、懂用途、懂原理，人人会使用操作、人人会维护保养、人人会故障排除。几年来，设备完好率和利用率均达到 100%，全站未发生一起人为的设备故障，未发生一起因设备原因影响正常生产的情况，48 台各类设备全部达到“红旗设备”标准。几年来，从束滨霞身边和束滨霞采油站走出来的全国技术能手赵奇峰、油田公司技术标兵丁奎敏、厂十佳采油工刘洋等 30 多名“知识技能型”技术骨干，其中有 20 多人当上了站长、队长，成为建设油田的中坚力量。在周而复始、单调繁琐的井站管理实践中，束滨霞和员工总结摸索出“采油站管理六法”，即“油井管理分类法”、“设备维护精细法”、“安全环保责任法”、“技能学习互动法”、“员工关爱亲情法”、“小站文化凝聚法”，将束滨霞采油站建设成为辽河油田公司、中国石油基层建设的典范。如今束滨霞采油站的管理六法正被传播发扬开来，辽河之滨的一束彩霞迸射出多彩霞光。

苇海、油田，远离繁华都市。长期在此，从事单调繁琐的工作，没有忠诚敬业、执著奉献的精神，是耐不住寂寞的。采油站 14 个员工 9 个女同志，“半边天”过了半，长期在地处偏远荒凉的芦苇荡深处的小站工作，团结一心，苦练求精，将看似简单的工作做到极致，实在是不简单！束滨霞的这种精神就是雷锋精神的具体体现，是现代企业员工创新精神的一个侧面。

三、引导员工树立创新意识，要建立有效的激励机制

增强企业员工的创新意识，调动全体员工的创新积极性，是企业发展的一项长期而艰巨的系统工程。它不是一说即可、一拿即来的东西，它除了员工具备良好的素质、敢为人先的精神外，作为企业来说更重要的是建立有效的激励机制，建立与企业创新发展相适应的运作方法。一是要建立企业创新工作的组织领导体系，从企业发展的高度，宏观指导企业的创新工作，解决在创新工作中遇到的实际问题；二是要建立企业

创新工作的评价体系（包括考核奖惩办法等），定期对企业创新工作进行考核评审，对创新项目进行表彰奖励，激励和调动企业员工的创新积极性；三是要建立企业创新工作的推广体系，定期发布创新信息，推广创新经验，将有价值的技术创新项目，切实可行的管理创新方法尽快推广，让其在实际工作中发挥作用，产生效益。通过以上三项工作，建立健全鼓励员工人人成才、个个创新的激励机制，形成制度化、规范化、科学化的管理运作体系，使全体员工自觉养成爱岗敬业，立足本职，勤奋工作，干一行爱一行，专一行精一行的良好作风，不断提高学习能力、创新能力、竞争能力和创业能力，使企业的每名员工都成为学习型、知识型、创新型的职工，企业的创新能力就会大大增强，企业就会不断发展壮大。

面对辽河油田重组整合的新形势、新任务，以及企业管理规模和业务范围不断扩大的实际，为了充分发挥员工在企业发展中的积极作用，为企业发展提供强有力的人才支撑和保证，辽河油田研究建立和完善了一整套激励机制和相关配套制度，以充分发挥员工干事创业的积极性和创造性问题。一是创新激励机制理念，为健全机制、发挥作用提供强有力的思想保证。通过树立“六个理念”，即树立“人才资源是第一资源”的理念；树立“员工是企业核心人才资源”的理念；树立“内职业生涯比外职业生涯更重要”的理念；树立“阳光思维，阳光心态”的理念；树立“做人要守则，做事要尽责”的理念；树立“用事业造就人才，用情感凝聚人才，用机制激励人才”的理念，遵循人才成长规律，创新激励机制，根据不同类型和不同年龄段员工的特点和成长规律，有针对性地使用、管理和评价，充分发挥他们的积极性和创造性，使他们在企业创新实践中各展所长。二是明确激励约束方式，充分激发员工的内在动力、激情和干劲。建立健全激励约束机制的思路、指导原则、激励方式、约束方式，激励约束员工根据组织目标、人的行为规律，通过各种方式充分激发人的内在动力、激情和干劲，同时规范其行为，朝着激励主体所期望目标前进的过程。三是推进分类分级管理，科学评价员工对企业的贡献和价值。建立了分类评价体系，合理划分企业类别，加强企业分类管理，以企业分类分级作为激励机制的基础性管理制度，不断提高企业经营管理水平。四是加强绩效考核管理，健全完善员工的激励约束机制。推进了平衡计分卡管理，强化了绩效考核管理，加强了考核结果应用，完善了组织考核体系，健全激励约束机制，确保公司战略目标的实现。五是强化职业生涯开发，实现员工迈向自我实现、满足高层次需求的更高境界。加强员工职业生涯开发、拓宽职业生涯通道，在更高层次上完善激励机制，促进员工将职业当作事业来经营，实现员工迈向自我实现、满足高层次需求的更高境界。

四、引导员工树立创新意识就要积极营造良好的创新环境

随着企业员工创新意识的不断增强，企业更重要的一项任务就是要注意营造良好的创新环境。这不仅有利于企业发展，更有利于企业全体员工创新意识的增强。一是加大创新工作的宣传力度，深入广泛地宣传创新工作的好经验、好方法和典型人物，做到家喻户晓、人人皆知，营造浓厚的良好舆论氛围；二是大力表彰先进的创新项目、创新人物，达到良好的激励作用，使全体员工认识到尊重科学，尊重知识，超越自我的重要性；三是要突出重点，抓住企业生产经营工作的主要环节，开展重点攻关，实现重点突破，起到以点带面的作用；四是创造一种相互信任与充满信心的气氛，让所有的建议、意见或疑问，都能在真正开放环境里得到彻底讨论。要以高度的政治责任感和历史使命感，把提高职工素质作为学习贯彻“科学发展观”的重要举措，以实施人才强国战略为目标，以新世纪素质工程为抓手，深入开展岗位练兵技术比武活动，为员工成才提供必要的条件和营造良好环境，培养技术型、技能型、知识型、创新型的员工队伍，推动企业管理创新、技术创新工作不断深入发展，实现企业经济效益、综合竞争能力的全面提高。

辽河油田公司党委非常重视良好创新环境的培养。2000 年以来，辽河油田按照中石油集团党组的总体安排部署，实施了分开分立、重组整合等一系列内部改革，企业的管理体制和经营机制发生了重大变化，各项工作也面临了新形势，包括党的工作、创新工作等，为此，根据中

石油集团公司党组要求，辽河油田公司党委坚持从基层中来、到基层中去，探索形成了符合时代特征、具有石油特色、体现辽河特点的党委工作思路和运行机制，即党委“五个一”系统工程，这是辽河油田公司党委培养良好创新环境的新举措。它的基本内涵是：与时俱进服务好“第一要务”；求真务实抓好“第一责任者”；拓宽思路开发好“第一资源”；面向市场打造好“第一品牌”；以人为本把握好“第一信号”，并配套实施了 16 项“子工程”，即创建“四好”领导班子；创建“六个一”党支部；先进性长效机制建设；形势任务主题教育；思想政治工作“四有六要”凝心聚力工程；八荣八耻“三进入”活动；以“家”文化为基本定位的企业文化建设；以构建“惩防体系”为重点的反腐倡廉建设；厂务公开、民主管理“三个一”制度建设；“三支队伍”建设工程；青年素质工程；“责任机关、阳光机关、效率机关”创建活动；扶贫帮困送温暖“四不让”承诺；信访稳定长效机制建设；构建平安和谐矿区；EAP（员工帮助计划）工程。良好的环境和氛围是创新的必要条件，当然，必要条件具备了，还需要员工内在的创新动力和能力。

第三节　主动培养企业员工创新精神所具备的素质和能力

“创新是一个民族进步的灵魂，是一个国家兴旺发达的不竭动力，也是一个政党永葆生机的源泉。”先进生产力是一个不断发展的动态过程，共产党员只有不断解放思想，实事求是，与时俱进，开拓创新，才能始终代表先进生产力的发展要求。创新不是说创就创，不是空想和蛮干，而是要体现时代性，富于创造性，要在把握事物的发展规律性的基础上，赋予新创造，促进生产力的发展，这样的创新才具有实际意义。企业要创新，必须不断培养和提高企业员工的创新能力，而创新能力是个人多种心理品质和能力的复杂的、高水平的结合。培育和加强企业员工的创新能力，是企业的“长寿之道”。

一、主动培养员工的学习能力

学习力，是一个人学习意识、学习动力、学习毅力和学习能力的总和。学习是培育和加强创新能力的根本途径。通过持续不断地学习，企业全体员工能培养全新、超前而开阔的思维方式，不断地突破自己的能力上限，拓展能力类型。因而培养员工的学习主动性，提高员工的学习能力至关重要。

（一）提高员工的学习能力要切实端正学习态度

机遇永远垂青于那些有准备的人，有准备的人就是平时善于学习、善于积累的人。为什么起点一样的人，有的工作成绩突出，有的不突出，有的一遇机会就脱颖而出，有的却不能。一个很重要的原因就是学习上的差异。然而，目前部分员工对待学习的态度不够端正，表现在思想认识上，主要存在三种误区：

1. 不少员工认为“工作太忙，很难挤出时间学习”。其实，学习和工作不能截然分开，二者不是非此即彼、互不相容的关系。俗话说，磨刀不误砍柴工。通过学习提高思想理论水平和业务知识，不仅不会耽误和影响工作，还会提高工作质量和效率。

2. 少数年轻的员工认为“自己有高学历，不用怎样学也能对付过去”。这是一种盲目的优越感。有高学历固然是一种优势。但如果满足于已有的学历，就此止步，那就不可避免地要落伍，甚至被淘汰。因为我们所处的时代是知识经济时代，新知识和新技术层出不穷，学过的知识如不及时更新，就会很快过时。在这个科学技术一日千里的时代，在学习的问题上，谁都没有资格说大话。

3. 多数员工认为，平时看报纸电视，参加集体学习，就足够了。这也是一种误区，应该明确，我们所强调的学习是通过学理论、学业务、学专业技能，来提升员工的内在素质，使之成为企业生存和发展的不竭源泉。只有克服了上述错误认识，有了对知识的热爱，才能使学习成为一种自觉的行动。因此，我们必须切实端正学习态度，进一步增强学习的自觉性和主动性。要改变心智模式，用不断学习的积极态度来代替常以人才自居的消极心态。要戴着深厚的感情学，要带着执著的信念学，带着实践的要求学，力求学的主动、学得认真、学的深入，努力提高学习能力和学习实效。

（二）提高员工的学习能力要树立新的学习理念

企业员工要树立三种新的学习理念，并根据自身岗位实际和专业特点，合理确定学习目标，科学安排学习时间，掌握正确的学习方法，全面提高自主学习能力。

1. 要树立“为生存而学习”的理念。当前，电力企业生产、经营、管理理念发生飞跃性变化，面对新技术信息革命和知识经济时代的到来，企业管理要求高，业务技术要求精，无论是生产调度、电力经营，都必须有过硬的业务素质。彼得·圣吉博士在《第五项修炼》一节中说，学习是企业生存发展的源泉，忽视学习，企业就会败落。因此，我们要充分的认识到，创建学习型企业是强化企业管理，争创一流电力企业的需要。谁把握了学习的先机和主动权，谁就抢占了生存和发展的制高点。不学习，不掌握新知识和本领，就不具有生存发展的能力。我们只有不断加强学习，从中汲取营养，充实知识，提高本领，把全新的生存理念融入各项工作中，才能在激烈的知识竞争中立于不败之地。

2. 要树立学习就有收获的理念。学习是思考和创造的过程，选择学习就是选择进步。学习的进步，是一切进步的先导；学习的落后，是一切落后的根源。学习是创新工作的前提和动力，只有不断学习，才能获得新知，增长才干，跟上时代。离开了学习，工作就会失去创造的营养，特别是在知识更迭加快的情况下，谁学习抓得越紧，掌握的知识越多，谁的创造潜力就越大，发展进步就越快。我们必须把学习作为自身进步的阶梯，把知识作为与时俱进的不竭动力，培养强烈的求知欲望和浓厚的学习兴趣，养成良好的学习习惯和能力，孜孜不倦，永不懈怠，做到在实际工作中关注变数，胸中有数，增加胜数，通过学习塑造自我，完善自我，创新自我，努力以学习的进步推动工作的创新。

3. 要树立终身学习的理念。要工作学习化，学习工作化，学习生活化，学习终身化。毛泽东同志曾经说过，学习是工作，而且是更重要的工作。学习是干好工作的第一需要，也是履行好职责的必然要求。作为一名企业员工，要学以致用，把学习消化在工作中，细化到生活里，如果只埋头工作而忽视学习的转化，即使有敬业精神和干好工作的良好愿望，工作也难有成效，工作缺乏创新，长此下去，就不能适应新形势，就会落伍，甚至被淘汰。只有不断加强学习，树立终身学习的理念，把学习作为一个永恒的主题，使学习成为一种兴趣、一种习惯、一种需求。才能把学习、工作和生活有机结合起来，达到相互促进，相得益彰，使工作更加富有活力和创新力，生活更加充实美好。

（三）提高员工的学习能力要注重在效果上下功夫

同样都是学习，用的时间一样，但不同的人，收效却不尽相同。这其中既有态度问题，也有方法问题。工作需要抓落实，学习同样也需要抓落实。要用务实的精神、灵活的方法抓好学习，努力提高学习的质量和效果。

1. 组织灵活多样的形式。学习往往枯燥无味，是一种苦差事。要使员工学习有兴趣，有实效，就必须使学习的形式灵活多样。可以采取集中讲座、讨论交流、专题报告、理论研讨、文献推荐等多种形式，“读书演讲竞赛”、“读书笔记拉力赛”、“心得体会交流”、“好书荐读”等多种载体，比学、述学、评学等多种考核制度，举办培训班、外出学习锻炼、学习经验交流会等多种途径，激发员工学习热情，调动员工学习兴趣。通过“团队学习”、“全过程学习”，让员工学会学习，提倡“共享与互动”的学习方法，养成“过学习型假日”的习惯，提高学习效果。

2. 要做到“三个结合”。

（1）要把学习与思想政治工作结合起来。在市场经济逐步深化的新时期，企业员工在一定程度上有思想波动是正常现象。要通过开展学习，培育出高素质职工队伍；要及时有针对性的做好思想政治工作，帮助员工转变思想观念，积极投身企业改革之中。

（2）要把学习与企业文化建设结合起来。在学习中，要克服为了学习而学习的错误做法，不能把简单的看书、读报、听课当成唯一的学习途径，而要以企业文化理念贯穿于“学习型企业”的创建活动中，把学习融入丰富多彩的企业文化活动之中，寓学于动，寓学于乐，使之产生一种合力，推动企业向前发展。

（3）要把学习与企业安全文明生产结合起来。切实贯彻企业发展战略、发展规划和企业理念，强安全意识，学岗位技能，塑优质服务形象，从而提高企业员工整体素质。

3. 要养成勤于思考的习惯。学习和思考是相互关联、密不可分的认知过程。从认识论的角度看，只学习不思考，认识的过程就没有完成。思考是学习的继续，思考的过程是对照比较、学以致用、融会贯通的过程，也是理论联系实际不可或缺的重要环节。只有认真思考才能不断修正、调整、丰富、提高自己。因此，我们要在勤奋学习的基础上，养成勤于思考的习惯，培养思考的能力。只有在孜孜不倦、广泛涉猎的基础上，联系实际，开动脑筋，才可能领悟实质，灵活运用学到的理论和知识，对实际工作、实际问题进行理性思维和科学回答，形成新的想法、新的思路、新的办法，更好地指导工作实践，创造性开展工作，使学习的成果体现到推进企业发展上来。

在网上，只要点击“赵奇峰”三个字，你就会发现：

他是荣誉“集散地”：中国十大青年技师、中国石油集团公司十大杰出青年、辽宁省“五一”劳动奖章获得者等 30 多项荣誉；

他是获奖“专业户”：全国优秀理论创新成果一等奖、油田公司百优创新创效成果一等奖等 20 多篇成果获奖；

他是奖牌“收集点”：金牌、银牌、铜牌……油田公司的、集团公司的、全国的……

8 岁以前，他的名字叫赵亮，是姐姐给改成了赵奇峰。25 年后，这个自小生长在辽宁省盘山县欢喜岭村，仰视着辽河油田棵棵采油树长大的乡村孩子，真的成为中国石油采油行业的一座“奇峰”。

辽河油田欢喜岭采油厂采油作业五区采油专家组组长、02 号站站长赵奇峰中等身材，皮肤略黑，与站上普通工人并无二致。他内敛，有些寡言，但他用 14 年采油小站上的平凡日子和非凡付出，创造了令人叹服的“奇峰现象”：1993 年参加工作，3 个月出徒，次年任站长；1997 年获欢喜岭采油厂和辽河油田采油技术大赛“双料冠军”；1999 年获集团公司技术能手称号；2001 年被聘为辽河油田公司最年轻的高级技师，比正常晋级少用了 10 年；2002 年“全国技术能手”桂冠加身；2006 年被聘为集团公司技能专家；2007 年登上“中国十大杰出青年技师”领奖台。

1993 年，技校毕业后的赵奇峰成为辽河油田上的一名采油工人，可是他总是感觉不满足，“采油工这个工种有自己的独特之处，并不是只干好自己那一摊工作就行了。一个采油工甚至得了解油井所在地的地质情况，想干好还必须得坚持学习，综合发展”。

油田的工作很枯燥，并且 24 小时不能离人，采油工经常倒班值夜班，因此大家都愿意在休息的时候出去打打扑克、喝喝小酒，放松一下。可赵奇峰却是个不折不扣的“异类”，下了班就立即回家，吃过饭就直奔书桌，点上小台灯开始自学油田基础理论知识，常常一学就是五六个小时。

“每天就是学习，白天学技术，晚上学理论，不懂的地方第二天就去厂里问问大学生。”赵奇峰咧嘴一笑，低头沉默了一下又说：“也有一段时间差点坚持不下去了，想不通自己为了什么这么累，没有娱乐也不能花前月下，后来想想，既然都下定了决心就得坚持住，一定要对得起自己。”赵奇峰话锋一转，忽然眼神炯炯，“一旦自己的付出有了回报，就说明吃的苦都是有价值的，你拿到了奖，受到了别人的认可，自身价值也得到了提升，生活一下子就变得不一样了”。

几年间，赵奇峰从未间断过学习，他坚持住了。“如果没有坚定的意志，是吃不了这样的辛苦、耐不住这样的寂寞的，这也是现在很多的青年工人需要面对的。”赵奇峰这样总结。据统计，他使 42 口老油井累计增产原油3830多吨，创经济效益1240多万元，节约生产成本380万元。赵奇峰有一句名言油田上人尽皆知，就是：做事不能舍不得脑子。他用了几年时间，通过测量油井电流数据，摸索油井出砂规律，总结出了“电流防砂”法延长了油井的生产周期，被称为“管井绝招”，被广泛使用。赵奇峰先后荣获两届油田公司采油系统技术比赛冠军，也是辽宁省“五一”劳动奖章获得者。现在，赵奇峰这种积极思考、潜心摸索、交流学习、苦练技术的现象被称为“奇峰现象”。

把所学的技术融于生产实践，完善、创新出适合的管井方法和实用的采油技术，让每口油井都发挥最大潜能，赵奇峰为之付出了不懈努力。从踏上工作岗位那天起，他就把“做事用脑子，干活用力气，为人用真情”作为人生信条，用青春、汗水、智慧与朴素的情感浇灌他所钟爱的油井和采油小站。

作业五区的采油站都位于欢127稠油区块。随着长时间开采和多轮次蒸汽吞吐，区块地下情况渐趋复杂，“水患”、“砂害”成为油井稳产、增产的“拦路虎”。

赵奇峰却有自己的理解：“管理中蕴藏潜能，创新中蕴含产量。”1997年，在011站当站长的赵奇峰，系统整合、归类、分析了常规采油管井方法，又结合不同油井、不同油层、不同断块的不同特点，从地面到地上，对采油工管理、操作的各个环节重新规范、定位，总结出适合稠油生产实际，步步衔接、环环紧扣的“链状管理法”。

他要求管理中严格做到单井生产层位清、原始资料清、含水出砂状况清；措施工作到位、作业注汽质量跟踪到位、夜间管理到位；电流资料录取及时、油压套压跟踪及时、产量变化跟踪及时、信息反馈及时的“三清三到位四及时”。随着“链状管理法”的推广，全厂的所有井都有了“户口”。“有了井史数据，管井就有了预案，有了依据，出现新情况就不会盲目下手。”

实践验证了赵奇峰的初衷，“链状管理法”在日常管理中发挥着奇效。今年5月中旬，日产液量20吨的03号站18—35井液量突然下降。赵奇峰与站上人员一起通过数据库调查分析这口井的出砂史，及时判断是抽油泵出现故障，经洗井处理后当天就恢复了生产。

一次，赵奇峰在巡井过程中发现欢 77—467 井压力波动异常，根据当时油井的压力、电流的变化及憋压情况，他及时找到原因，并与管井工果断采取碰泵解卡后加大掺油的方法，使油井及时恢复正常生产，不但节约作业费用 3 万元，而且日产量增加了 2 吨。

欢 127 稠油区块油层含砂量大，油井容易砂卡停产。经过现场实践，赵奇峰发现抽油机运行电流变化对井下出砂情况较为敏感。他潜心摸索规律，总结出“电流防砂”法。通过每天对油井进行电流测试，绘制出每口井的电流—产量曲线图，根据变化摸索油井出砂规律，并制定出每口油井大排量掺油冲砂的时间和日期。两年来，作业五区应用此法有效预防油井砂卡，延长生产周期，节省作业费用 40 余万元，增产原油 800 余吨。

赵奇峰坚信老区开采的潜力是挖不尽的。面对油稠、出砂、汽窜三大难题，他与地质、工艺技术人员共同提出提高掺油温度、提高液流速度、同时注汽的“二提高一组合”管理办法。全面推广后，不但区块平均日产油量由 482 吨稳步攀升到 523 吨，而且油井的日常维护工作量大大减少，每月碰泵等措施工作量由 70 井次减少到 12 井次，工人工作量减少了 83%，大大提高了工作效率和油井生产时率。

赵奇峰毫无保留地将自己所学知识传授给其他青工，他对待徒弟甚至有些“狠”，必须在 10 分钟之内完成的操作，即使用了 10 分零 1 秒也必须接受惩罚。正是这种一丝不苟的精神，使得他的徒弟们在“2006 中央企业职工技能大赛”采油工种比赛中，获得了团体总分第二名，替辽河油田公司取得了“四银两铜”的优异成绩。

二、主动培养员工的创新意识

创新能力是以创新意识为基础的。创新意识是人们头脑中的创新信息、知识、观念、理论、智慧的总和，是创新的灵魂。要十分重视创新，培育与强化全体员工的创新意识。企业领导者要深刻认识到，创新是企业兴旺发达的不竭动力。要努力培养自己的远见卓识，提高自身素质，塑造先进的价值观念，把创新放在企业发展的战略地位。同时，领导者要通过宣传、鼓动，从理论与实践结合的角度大张旗鼓地灌输、讲解创新的重要性及创新的趋势，树立敢于创新、争先创新的志气和勇气。

（一）破除思维定式

在长期的思维实践中，每个人都形成了自己所惯用的、格式化的思考模型，当面临外界事物或现实问题的时候，我们能够不假思索地把它们纳入特定的思维框架，并沿着特定的思维路径对它们进行思考和处理。这就是思维定式。

1. 破除“权威定势”。权威是任何社会都实际存在的现象，企业的领导都是有“权威”的。对权威的尊崇常常演变为神化和迷信；在思维领域，人们习惯于引证权威的观点，不加思考地以权威的是非为是非，这就是权威定势。思维中权威定势的形成主要通过两条途径，第一条途径是，在从儿童长到成年过程中所接受的“教育权威”。第二条途径是“专业权威”，即由深厚的专门知识所形成的权威。企业中，权威定势的强化往往是由于领导集体的有意识的培植，而且权威确立之后常会产生“泛化现象”，即把个别专业领域内的权威扩展到社会生活的其他领域内。权威定势有利于惯常思维，却有害于创新思维。在需要推陈出新的时候，它使人们很难突破旧权威的束缚。历史上的创新常常是从打倒权威开始的。

2. 破除“从众定势”。从众定势的根源在于，人是一种群居性的动物，为了维持群体生活，每个人都必须在行动上奉行“个人服从群体，少数服从多数”的准则，然而这个准则不久便会成为普遍的思维原则而成为“从众定势”。从众定势使得个人有归宿感和安全感，以众人之是非为是非，人云亦云随大流，即使错了，也无须独自承担责任。人们大部分的行为选择其实都是从众的结果，而很少经过自己独立的深思熟虑。企业中，绝大多数员工都有一定程度的从众定势，都对惊世骇俗、特立独行等有一定的排斥。

3. 破除“知识—经验定势”。知识与经验有许多不同之处。简单的话，你掌握与了解的一些事物的现象与本质是知识；如何运用你了解的事物的现象与本质则是经验，一般把两种定势统称为“知识—经验定势”。知识经验与创新思维的关系，是个较为复杂的问题。知识经验具有不断增长、不断更新的特点，从而有可能使我们看到它们的相对性，经过比较发现其局限性，进而开阔眼界，增强创新能力。知识经验又是相对稳定的，而且知识是以严密的逻辑形式表现出来的，因而又有可能导致对它们的崇拜，形成固定的思维模式，由此削弱想象力，造成创新能力的下降。思维上的“知识—经验定势”在以下三个方面构成了“思维枷锁”。第一，知识经验本身是一种限定或框架，“任何肯定即否定”，因而使人难以想到框架之外的事物；第二，知识与现实并不能完全吻合，而过去的经验也不一定能适用于现在和未来，因此“运用之妙存乎一心”；第三，知识经过“纯化”之后，常常只提供唯一的标准答案，既不能完全符合现实，也会扼杀人的创新思维。为弱化“知识—经验定势”，或从根本上阻止其形成，应该经常对员工进行创新思维训练，以便灵活地运用已有的知识和经验，让它们与自己的智慧同步增长。

（二）扩展思维视角

“视角”就是思考问题的角度、层面、路线或立场。应该尽量多地增加头脑中的思维视角，学会从多种角度观察同一个问题。

1. 肯定—否定—存疑。思维的肯定视角就是，当头脑思考一种具体的事物或者观念的时候，首先设定它是正确的、好的、有价值的，然后沿着这种视角，寻找这种事物或观念的优点和价值。思维中的“否定视角”正相反，否定，也可以理解为“反向”，就是从反面和对立面来思考一个事物；并在这种视角的支配下寻找这个事物或者观念的错误、危害、失败、缺少之类的负面价值。对于某些事物、观念或者问题，我们一时也许难以判定，那就不应该勉强地“肯定”或者“否定”，不妨放下问题，让头脑冷却一下，过一段时间再进行判定。这就是“存疑视角”。

2. 自我—他人—群体。观察和思考外界的事物时，总是习惯以自我为中心，用我的目的、我的需要、我的态度、我的价值观念、情感偏好、审美情趣等等，作为“标准尺度”去衡量外来的事物和观念。“他人视角”要求，在思维过程中尽力摆脱“自我”的狭小天地，走出“围城”，从别人的角度，站在“城外”，对同一事物和观念进行一番思考，发现创意的苗头。任何群体总是由个人组成的，但是，对于同一个事物，从个人的视角和从群体的视角，往往会得出不同的结论。

3. 无序—有序—可行。“无序视角”的意思是说，我们在创意思维的时候，特别是在思维的初期阶段，应该尽可能地打破头脑中的所有条条框框，包括那些“法则”、“规律”、“定理”、“守则”、“常识”之类的东西，进行一番“混沌型”的无序思考。“有序视角”的含义是，我们的头脑在思考某种事物或者观念的时候，按照严格的逻辑来进行，透过现象，看到本质，排除偶然性，认识必然性。创意的生命在于实施，必须实事求是地对观念和方案进行可行性论证，从而保证头脑中的新创意，能够在实践中获得成功。这就是“可行视角”。

创新思维是一种习惯。要想拥有这种习惯必须得通过认真地学习，掌握各种创新思维方法，科学有序的方法才是成功的坚实基础。

2005 年集团公司技术能手、全国青年岗位能手、2006 年中央企业学习型职工、2007 年辽河石油勘探局十大操作技术人才、2008 年辽宁省十大杰出青年技师，这一项项耀眼的荣誉让人很难与 80 后、辽河油田最年轻的管工技能专家康劲松联系在一起。参加工作仅 7 年的康劲松，靠着“别人休息我练习，别人练习我学习”的顽强毅力，由一名普通的管工，迅速成长为油田公司最年轻的管工技能专家，攀上了别人需要十几年甚至二十几年才能登上的技术巅峰。

“我时尚，我自由，我更好强，我要让人们为 80 后石油子女骄傲。”康劲松的神情里带着 80 后的直率、简单。

“你为什么能在短时间内从众多的学徒中脱颖而出？”面对大家的提问，康劲松笑道：“先是碰壁，碰壁了就知道自己半斤八两了。”

9 年前，康劲松从辽河油田红村技校毕业后来到油建一公司一分公司，当上了一名管工。心高气傲的康劲松对管工技术很不以为然，上技校时学的那些理论知识、实际操作在他看来很容易。在一次沈抚管线弯头施工中，他每天组对管口最多，但焊接质量总是上不去，而且大都是未焊透问题，同他配合的电焊工反复分析原因后，对康劲松的对口技术提出质疑，弄得康劲松差点和他翻脸。可最终的结果还是出在他身上。原来，此次施工的管线弯头的管壁比直管管口的管壁厚，因此组对时必须在弯头上先打出一道内坡口，然后再组对，而他年轻气盛总想处处争先，结果却出了这样的低级错误。那次事件给了他很大触动，也让他知道了管工技术的高深奥妙。

他说："要挽回面子，就得努力学习，知耻后勇。"

"有些老师傅干活时愿意找下手帮忙递工具，运送材料，别人都不愿去做，我去做。我要学师傅们如何下料，如何组对。"康劲松说，他的管工技术专业书籍《管道视图和制图》被他翻得起了毛边。理论知识的熏陶加上实际技能操作水平的提高，让他的管工技术水平有了质的飞跃。

聪明的头脑加上后天的勤奋让他逐渐品尝到了收获的果实。2002年，在油建一公司举办的星级考试中，初级工的他以优异成绩考取了最高级别——五星级。2005 年 6 月，在辽河油田第九届技术比赛中，他获管工组第一名，并由中级专业技术等级破格晋升为高级专业技术等级。8 月，在中国石油职业技能大赛中，他又力挫群雄，勇夺油气管线安装工金牌。参加工作只有 7 年的他，破格晋升为技师。

在康劲松看来，当前市场需要的不仅仅是技能单一的高端技术人才，更需要全能型复合型人才，他萌发了做全能型人才的念头。

康劲松第一次练兵选择了焊接技术操作。"迈出第一步确实付出了很大勇气。"他说，第一次参加电焊工、火焊工培训时，很多人不理解他，觉得他原是管工，来参加焊工培训是"作秀"。他没有理会。参加完第一期培训后，又积极参加别的工种的技术技能培训。培训中，老师们发现他的手由于长时间拿重量较沉的工具，拿较轻的割把时有些抖动，导致他切割出来的切口参差不齐。为了让自己的手不再抖动，康劲

松到商店买来了毛笔、字帖，每天下班后苦练书法至深夜。一个月后，他的书法像模像样了，他的切割水平也大为长进，切口整齐圆滑，干净利落。

现在在外施工时，他可以自己下料，自己组对，成为岗岗精通的多面手。

“在困难面前，该出手时就出手，我愿意享受征服后的快感。”在广州 LNG 管线施工中，康劲松展示了自己这种性格。

进入施工后期，领导将流东镇沼泽地施工任务交给了他们班。此时正处于管线最后的连头阶段，在沼泽地施工，而且是直径 762 大口径管线，施工难度非常大。作为班长必须找到最佳施工方案，才能攻克此难关。康劲松深入施工现场反复勘查，设计了多个施工方案，又经过科学分析，最终形成了最佳施工方案。他严谨细致精确计算，确定了管线的最佳吊装点，解决了管线对口角度偏差大的难题；沉降井的设计，清除了管沟内的积水，解决了施工不便的问题；自制浮板解决了施工过程的稳定性……10 天的连头任务，他们只用了 6 天就完成了。

自 1998 年参加工作以来，康劲松先后参加过西气东输等 30 多项国家、集团公司重点工程建设，他发扬“艰苦奋斗、久战不衰、锐意进取、争创一流”的铁军精神，攻坚啃硬，大胆创新，屡破施工技术难题，不断取得佳绩。

2008 年 6 月，康劲松班组参建永唐秦管线第 7 标段施工。该地段是一个典型的 V 形山谷，蜿蜒曲折长达 3500 米，谷底是一条常有洪水泛滥的冲击沟。寻找最佳施工方案是攻克此难关的不二法则。设计方、施工方几经勘察讨论也定不下最终方案。康劲松仔细研究地形地貌，又经过反复计算，确定了管线最佳吊装点，解决了管线对口角度偏差大的难题；通过设计沉降井，清除了管沟内的积水，解决了施工不便的问题；通过自制浮板，解决了管线组对焊接稳定性问题。最后，带领班组成员奋战三天四夜，提前三天完成任务。在场的监理向他竖起了大拇指。

2011 年 5 月，在大沈天然气管道工程施工时，项目部要求他们 7

天内完成垃圾填埋场3处管线连头任务。尽管极其呛鼻的恶臭充斥四周，戴着防护口罩也无法遮掩难闻的气味，他还是凭着一股子“韧劲”提前一天完成工作，受到项目负责人的高度称赞。

凭借精湛的专业技术和勇于挑战的精神，几年来，康劲松先后攻克施工难题50多个，为企业创造了经济效益。

三、主动培养员工的创新技能

创新技能是反映创新主体行为技巧的动作能力，是在创新智能的控制和约束下形成的、属于创新性活动的工作机制。创新技能主要包括创新主体的信息加工能力、一般工作能力、动手能力或操作能力以及熟练掌握和运用创新技法的能力、创新成果的表达能力和表现能力及物化能力等。创新技能的培养居于十分重要的地位，在企业员工的创新教育中，要加强以基本技能为中心的科学能力和科学方法的训练。创新能力是个人多种心理品质和能力的复杂的、高水平的结合。一切创新都是在实践活动中形成，只有在看似平常的工作中，通过勤奋的劳动，掌握精湛的技术，才能把创新的思想变为现实。要脚踏实地，从身边的具体事、从本岗位的点点滴滴做起，这是创新的出发点。因为任何创新的“灵感”都源自具体的实践与生活，只有从实际工作入手才能挖掘出创新源泉，因此在创新的过程中，要克服好高骛远、不切实际、崇尚空谈、坐而论道的倾向。同时，要自觉学习，不断充实自己，努力提高文化水平、业务知识水平，这是创新的必要条件。只有让学习和钻研蔚然成风，企业才能形成良好的创新氛围。要教育和鼓励员工从本职工作出发，普及先进操作法和技术革新、专利发明和合理化建议等活动。积极开展技术培训、技术咨询、信息交流、技术转让等中介服务，加强与高等院校、科研院所和相关部门的合作，促进科技成果转化为现实生产力。增强企业的技术创新能力和市场竞争力，促进企业的发展。

（一）以人为本，制定科学计划

企业要以促进人的发展为基点，始终坚持“以人为本”的原则，在注重整体培训目标的同时，兼顾员工的个性发展。要充分考虑调动员工的积极性，开发员工的潜能，鼓励员工主动参与、自主学习、自我创新，鼓励员工深入实际，提出问题、分析问题、解决问题，为员工创造自由发展的空间。

人无远虑，必有近忧。企业对员工的培养也需要高瞻远瞩，考虑企业战略发展的需要，探讨企业的培训需求，确定企业中长期的培养重点和培养目标，结合企业特点，选择制订详实的培养内容和培训计划。保证人才培养的循序渐进、合理有序，促使其与企业发展相适应，与企业技能要求相接轨，与企业文化相合拍，与企业员工成长相合拍，与企业员工的职业生涯规划相合拍，有效规避培养无效或培养微效等风险，以最小的投入获得最大的产出，以最小代价实现最大的效果。

“心‘高’照，有前程——入职导航及心态调整”，2012 年 8—9 月份，中国石油辽河油田公司从各高校招聘来的数百名大学毕业生前来报到后，都会接受这一心理辅导。此举的目的，是引导新入职的大学生树立吃苦耐劳、团队合作等精神，尽快完成从“校园人”到“职业人”的转变。拥有 11 万员工的辽河油田，依靠专家用科学方法培育员工健康心态，平均约 230 名员工就有一名心理咨询师。

2005 年，辽河油田从北京请来心理咨询专家作 EAP（即员工帮助项目）报告。油田领导发现，EAP 在引导员工释放情绪、形成健康心态等方面有独特作用，于是决定将 EAP 纳入油田思想政治工作体系中。该油田党委将这一工作交给了工会，公司工会选送干部分期分批到北京、沈阳等地接受 EAP 项目培训。目前，辽河油田共有国家二级心理咨询师 475 名，EAP 培训师 20 名，国际注册 EAP 项目管理师 110 名。2009 年年初，辽河油田全面推广 EAP 项目。工会设立专门办公室，同时设心理咨询室，开通心理咨询热线和网站。成立了职业生涯导航组、人际关系调适组、特殊群体心理辅导组、冲突对应组、婚姻家庭指导组等 8 个 EAP 项目小组，对员工心灵进行全面关照。《特殊群体综合状况调查报告》、《员工心理健康状况及需求调查报告》、《安全心理访谈报告》、《新毕业生调查报告》……EAP 项目组每年都要组织心理咨询师们进行各种调查，以增强心理辅导的针对性。截至目前，比较重要的调查报告已形成 11 篇。根据调查掌握的情况，EAP 项目组经常有针对性地进行团体心理辅导。从 2011 年开始，每周五开办“公益大讲堂”。对一线关键岗位人员、驾驶员等重要岗位员工，开展团体培训，减少情绪问题带来的安全隐患。对外部市场人员，开展了专题心理辅导，消除他们孤独、沟通不畅等心理困扰，提高环境适应能力。对单亲母亲、困难家庭等开展心理咨询服务，帮助他们增强生活信心。还分 10 期对 3000 多名基层党支部书记进行心理学知识培训，进一步增强了政工干部做好一人一事思想工作的能力。项目启动以来，EAP 项目组每年组织员工及管理者培训 160 余场，受训 2 万人以上；团体心理辅导和咨询 120 场以上，受到员工群众的好评。

（二）创新方法，注重员工培训

创新需要经验的积累和不断的思考，需要与实际生产紧密的结合，企业生产经营活动离不开创新。针对创新思路开展员工培训是始终坚持的原则，是注重培养过程的具体体现。在继承和完善已有培训工作的基础上，创新培训方式，广泛引入现代培训手段，是培训能否取得效果的根本。以往在培训中受传统教学思想的影响，一般以单一课堂讲授为主，偏向理论较多，联系生产实际较少，内容枯燥，效果不好，应建立“培训、消化、操作、考核”四位一体的形式对员工进行创新技能培训。

1. 脱产培训。脱产培训是指员工离开工作岗位进行培训。要有计划将一些有发展潜力的优秀员工送入大中院校进行知识或技能的学习。企业也可集中时间组织相关人员进行短期脱产培训。

2. 互动式培训。设置培训主题后，根据员工在不同岗位上的特长，将培训需求和内容分解到相关人员，各自进行学习。培训由大家共同参与，每位员工都是老师，各负责主讲部分内容，每讲完一部分，员工就其授课内容及方式展开集体讨论。总结长处、改进不足，提高培训效果。

3. 岗位复训。部分员工在长时间从事一种岗位的工作以后，往往会渐生惰性，操作由熟练而变得机械、麻木，甚至将规定的程序简化“吃掉”。因此，对于员工在某一岗位工作一段时间后要进行岗位复训，以温故知新。岗位复训内容就是岗位上的工作案例，紧密结合生产实际，按需施教，根据实际工作中出现的问题和需要，缺什么、补什么。

4. 导师带徒。员工新进入企业的、要技能鉴定晋升岗位或岗位轮换的，或是在缺乏岗位经历时、对岗位所需能力不能满足时，就要通过在岗经验丰富员工的言传身教，使他们快捷获取实践经验和提升能力，以尽快达到岗位要求。

通过多种方式的培训，让员工在工作过程中理解掌握，消化吸收。并在每次培训后，检查员工的工作改善，对培训的效果进行考核，使员工的创新能力得到进一步的提升。

针对油田公司一线青工补充更替快和新工艺、新技术推广应用快的实际，辽河油田公司团委把加强青年技能型人才的培养作为青年人才队伍建设的重中之重，持续实施“青工技能振兴计划”。为全面快速提高青工队伍素质，积极推进“导师带徒”活动，实现了从“一师一徒”向“一师多徒”、“一徒多师”、“名师带徒”的转型发展，全年新签订师徒合同3000余份。重点在部分单位基层班、站探索创建“青工岗位技校”的工作模式，以抓基础、定制度、严考核的综合体系把青年工作岗位创建成青工学习技术、提高技能、尽快成才的技术学校。选派选手参加辽宁省青年职业技能大赛，均取得了优异成绩。授予荣获“辽宁省采油工技术比赛优秀选手”称号的62名青工“辽河油田公司青年岗位能手”荣誉称号。专家工作室是辽河油田特有的另一种培训形式。

“是柳转阳工作室吗？我们区块油井的自产气压突然上升到了0.3兆帕，我怀疑是空气窜入了天然气内，现在已关闭了炉火，下一步咋办？”不久前的一天，辽河油田曙光采油厂作业五区68号站一上班就焦急地把电话打到柳转阳工作室。中国石油集团公司技能专家、曙光采油厂采油高级技师柳转阳用手机对咨询电话进行了详尽解答。因担心还存在其他问题，柳转阳又驱车10多公里赶赴生产现场，帮助对周围邻井一一检测，发现还有3口井含氧量超标，马上指挥采取临时关井、外排天然气等措施，半小时后险情排除。这是辽河油田“技能专家工作室”发挥“专家号”作用一个生动缩影。该油田有13个以个人名字命名的“技能专家工作室”，已成为员工解决生产难题的好帮手。

辽河油田有50余家二级单位、10余万员工、2万多口井，分散在辽宁省、内蒙古自治区13个市（地）、35个县旗当中。点多、面广、单兵作战，职工素质参差不齐。如何让一线员工在生产遇到难题时随时得到指导？

2011年5月3日，该油田将公司现有21名集团公司级技能专家和80名油田公司级技能专家等组成了13个“技能专家工作室”，配备专门的办公室，公布专家特长、办公电话、手机号码、QQ号和电子邮箱等。这些工作室涵盖7个油田主要操作工种，进入其中的都是最有实践经验的技能专家。该集团公司级技能专家、茨榆坨采油厂采油高级技师曹建新，每天接听四五个咨询电话，成功解决停井挖潜、出砂井结蜡井防治和故障处理问题。总机械厂厉彦东等3个技能专家工作室，不仅负责培训本单位的参赛选手，还承担盘锦市车工、钳工技术比赛试题和比赛规则的编制和咨询任务。

一线员工表示，他们在生产中不论遇到什么“疑难杂症”，都能马上联系到专家对口的“名医”。如果通过电话、邮件等不能消除“顽症”，“医生”还可随时“出诊”。很多员工还经常登门学艺，尤其技能大赛之前，很多人来到“技能专家工作室”向专家求教。辽河油田因势利导，请技能专家们担负起部分职工培训任务。为此，技能专家们自编、参编培训教材9本，培训员工近1.2万人次。13个技能专家工作室刚刚试运行，技术共享模式，推开了技术“围墙”，专家与员工直接沟通，很好地发挥了专家技术优势和智慧团的作用。一年来，13个“技能专家工作室”接听咨询电话905个、接待来访374人次、赴现场解决问题733次，帮助解决技术难题2017个。

（三）尊重需求，培养人才队伍

按照工作岗位的不同，企业员工分别履行着管理、经营、操作等职责。根据各自的特点，有针对性地选择相应的内容进行培训、培养。形成对生产管理、技术人员、运行操作人员不同角色，和同一岗位不同技能水平员工全面培养的“梯级平台”，使每名员工都能在自己的“跑道”上施展才华，成为企业所需要的人才。

1. 实施各级管理人员的基础理论教育。通过提高管理人员思想政治素质为目标，大力开展政治理论培训；以提高管理人员创新工作能力和水平，大力开展经济知识培训；开拓他们的视野，建立新的“以文化力增强凝聚力、以执行力促进发展力”的管理理念。根据生产实际中提出“抓细节管理”、“提升执行力”的有关精神，举办“细节决定成败”培训班，在培训管理人员的基础上，又可举办管理人员参加的“如何提升执行力”培训班。通过培训加强员工的执行力，激发员工无限的工作热情。

2. 实施专业技术人员的基本知识学习。

（1）结合新技术的应用，鼓励专业技术人员掌握从生产技术、工艺流程、操作系统等各个方面的技术知识，全面提升专业技术人员的综合业务素质，积极锻造“专业技术人才链”。

（2）开展一人进修，大家受益的“连动培训”，提高自我培训的效率，扩大新技术、新知识的传播范围。

（3）随着生产自动化、信息化程度的不断提高，企业对技术人员管理自动化、信息化设备和维护自动化、信息化系统的水平提出了更高的要求，分步骤、分层次、分等级的开展相关技术培训应有序进行。

（4）加强岗位操作人员的基本技能训练。在操作工中实施“蓝领技能素质提升工程”，使培训工作与选拔拔尖人才相结合，与提高岗位创新能力相结合，与员工岗位技能鉴定相结合，切实提高岗位操作人员的技能水平，形成“以点带线，以线带面”的培训格局。

辽河油田公司树立科学的人才观，全力打造高技能人才队伍，取得了丰硕成果。目前，辽河油田公司中华技能大奖获得者、全国技术能手、集团公司技能专家和技术能手有 30 多人，培养出企业技术能手、技能专家和高级技师等 600 多人。为此，辽河油田公司获得了国家技能人才培育突出贡献奖。

辽河油田公司高、中、初级技能人员比例已由5年前的20∶28∶52，变为现在的36∶45∶19，公司涌现出一大批高技能人才。欢喜岭采油厂员工束滨霞就是辽河油田公司高技能人才队伍中的代表。她获得全国青年岗位能手、集团公司首届“十杰青年”等称号后，今年又获得了“全国工人十大楷模”称号。

“快出人才，出高技能人才，出企业需要的人才”是辽河油田公司培养、选拔与使用高技能人才的目标。在实际工作中，辽河油田公司做到了“三个突出”：在推进企业持续有效发展上，突出技能人才培训的战略性。重组分立之初，针对操作队伍整体技能、学历偏低等问题，辽河油田公司提出了“搞好继续教育，改善知识结构，强化一专多能，形成专业配套、门类齐全、梯次配备的操作技能队伍”的技能人才培养思路，为实现“第一资源”的高效开发与使用奠定了战略基础。在满足员工职业生涯发展上，突出技能人才培训的长期性。把以人为本的思想融入人才培养工作中，注重满足员工职业生涯需要，企业为员工提供广阔的平台，人才为企业创造无限的发展空间，实现了人企和谐。在解决生产经营难题上，突出技能人才培训的实效性。紧紧围绕生产运行中的新工艺、新技术及企业不同时期开展的“注水工作年”、“工程质量年”、“管理增效年”等活动，开展有针对性的技能培训工作。

在高技能人才培养过程中，辽河油田公司从夯实基础入手，近几年投入上千万元资金建成了现代化的培训基地，改善了教学条件。在前线作业区和班站建成600多个“小练兵场”，分层次开展了基础型、全面型、适应型和增强型人才培训，加快了不同层次人才成长速度。用3年时间对油田1400多名采油、集输等主体技术工种的高级工和班站长进行了脱产轮训。在采油、集输、热注等不同专业、不同层次的技能人才培训中，做到了不落一班一岗一人，实现了操作队伍整体素质的提高。

本着让操作人员沿着初、中、高、技师、高级技师的阶梯提升的原则，辽河油田公司在高技能人才的选拔上，不唯资历看能力，不唯文凭重水平，建立了一整套职业技能鉴定制度，量化考核标准，使理论知识与实际技能操作相结合，注重员工的工作业绩与职业道德，提高了人才选拔质量。这个油田公司把鉴定结果与工资晋档相挂钩，并实行优秀技能人员可提前参加鉴定的政策，极大地增强了岗位操作人员提高技能的主动性。近3年来，这个油田公司先后对全油田19个主要技术工种的员工进行了技能考评，每年参加技能考评的员工达8000多人，鉴定合格晋级率达到80%，一大批员工成为企业高技能人才。

辽河油田强化用人机制建设，在优化采油、集输和热注运行等主体班站的技师配置结构的基础上，实行了技师、高级技师差额聘任制度，评聘分开、严格考核，确保高技能人才队伍的高水准。在发挥高技能人才队伍的作用上，这个油田公司重点突出两个方面：一是以“金点子”、“五小成果”、油水井分析等载体，让高技能人才队伍在企业技术攻关、技术革新、发明创造、经营管理等方面发挥重要作用，促进企业科技进步，提高经济效益；二是发挥高技能人才队伍的传帮带作用，通过开展“名师带高徒”活动，加快了后备技术人才的成长，从而有效地促进了辽河油田公司操作人才技能水平的整体提升。

（四）注重效果，营造良好环境

注重岗位员工的培养，效果是培养人才队伍关键、是根本。管理人员的培养要突出管理技能与实施能力的提升，要经常进行研讨和训练；生产岗位员工应侧重于日常工作标准流程及操作技能培训与锻炼。只有实现培养的全程化、日常化，才能促进培训与员工职业生涯设计的无缝连接，促进员工的全面发展。人才培养是一项系统工程，应树立“人才培养是企业的长效投入，是企业发展的最大后劲，是惠及员工的最大福利”理念。企业要把它作为企业发展的战略来高度重视，扎实有效搞好员工人才队伍培养，造就高素质的职业化员工队伍。为提高供水企业核心竞争力，做好人才储备。营造有利于员工发展的良好环境，拓展员工创新能力，为企业跨越式发展建立有效的保障。

辽河油田坚持“人才强企”战略，重视人才的引进、培养和使用，建立了有利于人才成长和发展的机制，出台了相关政策和配套措施。在人才引进上，为急缺专业人才和部分高层次人才提供安家费或奖学金；在人才培养上，结合个人特点和岗位需要为员工做好职业生涯规划，促进毕业生快速成长成才；在人才使用上，唯才是举，唯才是用，大量年轻才俊在岗位上脱颖而出。辽河油田实行岗位工资加绩效奖励的薪酬制度，新毕业的大学生一般年收入在 3 万—6 万元之间，对工作中表现突出的优秀人才给予重奖。为了解决员工的后顾之忧，公司为员工建立了养老、补充养老、医疗、失业、工伤、生育等保险和住房公积金，并提供住房补贴，还实行带薪年假、员工健康体检等福利制度。辽河油区居住环境优美，医疗机构健全，文体设施齐备，营造了安定和谐的生产生活氛围。

同时，企业要给员工创造更多机会，提供广阔的舞台进行创新。要在培养创新意识，倡导创新精神、提高创新能力方面进行积极引导。大力提倡敢为人先、敢于冒险的精神，大力倡导敢于创新、勇于竞争和宽容失败的精神，努力营造鼓励创新、支持创新的有利条件，打造企业创新的平台，营造出有利于创新、鼓励创新的风气和支持系统，促进企业员工对创新的积极参与。要为员工开展创新活动创造必要的条件，特别是要为员工开展技术革新，建立健全有效的机制，包括鼓励创新的激励机制、保证创新的投入机制、推动创新的评价应用机制等，在企业内部营造一种良好的创新氛围。

许丹，1978 年 11 月出生，2000 年毕业于中国石油大学石油工程专业，中共党员，现为曙光采油厂工艺研究所油田化学室主任，高级工程师。2006 年至今，许丹与创新团队先后研究、推广、应用了暂堵调剖技术、高温化堵技术、稀油化学堵水等 10 余项高效、成熟、配套的工艺技术，荣获省部级科技进步奖 4 项，市局级科技进步奖 6 项。累计解决油田开发矛盾 300 余井次，实现科技增油 11.93 万吨。许丹，曙光采油厂科技丰碑中一个新标注的符号，被业界誉为能让油藏开口的“药剂师”。

治“水患”。油井出水是潜山油藏中后期开发的最大瓶颈，作为一名充满理想和责任感的技术人员，许丹的最大心愿就是的攻克“水患”。

潜山油藏底水能量充足，高角度裂缝较为发育，然随着采出程度的增加，产油区的油层压力出现大幅度下降，这样一来，在各井点局部即可形成漏斗状降压区，而产油区周围的巨大水体，在不断增大的流动压差作用下，底水锥进速度会非常快。2002 年前后，曙光油田曾通过高温化堵措施治理潜山油藏高含水问题，规模实施过后，区块产量恢复明显，治水效果较好，但随着吞吐轮次增高，地层亏空加大，常规的堵水作用因为半径过小（仅为 2 米至 2.5 米），措施效果开始变差。为提高堵水效果，根据底水锥进状况、油层采出程度以及堵水过程中存在的问题，2008 年，许丹与项目组在现有堵水工艺的基础上，进行堵剂配方和工艺改进，成功研发了高温复合化学堵水技术。该工艺采用凝胶类堵剂进行选择性堵水，并通过耐高温堵剂进行封口。可明显缓解堵剂注入压力高、注汽质量差、封堵半径小以及措施有效期短等系列问题，显著提高油井措施效果。

2010 年，许丹与项目组针对曙光油田稀油区块隔层薄、出砂、套管轻微变形的高含水油井，针对常规机械堵水工艺成功率低，或易出现砂埋管柱等问题，研究应用了两段塞复合堵水技术，解决了稀油区块单层水窜问题。该技术采用树脂胶联可动凝胶堵水剂＋地下聚合高强度封口剂进行复合段塞，通过填砂、封隔器保护非封堵目的层，以实现对出水层位封堵，该技术具有封堵率高，堵而不死，有效期长等优点，有效弥补了稀油井现有机械堵水技术不足，丰富了“双高期”稀油高含水问题治理手段，实现了“水中找油”。该技术当年下泵生产 16 井次，增油 4009 吨，降水 4.27 万吨，平均单井增油 251 吨，降水 2110 吨，封堵效果明显。2007 年至 2011 年，许丹与项目组共实施新型堵水技术 130 井次，累计增油 8 万多吨，为解决潜山油藏“水患”矛盾找到了有效途径，为曙光油田中后期持续稳产提供了技术支撑。

降“汽窜”。超稠油开发离不开蒸汽吞吐，蒸汽吞吐最怕“汽窜”干扰。曙光油田超过 80％的油品为稠油或超稠油，“汽窜”干扰对产量的影响逐年增加。常规情况下，治理“汽窜”多采用暂堵调剖措施，该工艺采用的颗粒型调剖剂耐温性好、封堵强度高，可有效降低汽窜干扰，但颗粒型调剖剂的流动性能差、有效作用半径小、堵剂残留率高，特别是中高周期油井，井间汽窜通道已形成，地层能量低，注蒸汽时，蒸汽绕过近井封堵带后沿着原有汽窜通道继续汽窜，导致近井封堵带产量受到影响。

为攻克“汽窜”难题，2009年，许丹与项目组积极开展科研攻关，认真查阅相关资料，反复开展室内实验，成功开发了氮气泡沫凝胶调剖工艺，该工艺将氮气弹性驱动、泡沫凝胶封堵、表面活性剂驱油三项技术有机结合，实现了整体工艺创新。与常规的泡沫调剖体系比较，氮气泡沫凝胶体系提高了介质强度，保证调剖效果，作用体积成倍增加，在不增加措施成本的情况下，有效扩大了封堵半径。泡沫凝胶具有分流作用，既不会对储层造成伤害，也不会降低储层的渗透能力，该技术适用于粘度高，流动阻力大的所有超稠油井。现场试验表明，措施后汽窜干扰得到有效抑制，措施井吸汽剖面得到显著改善，油井周期产量上升。2009年以来，该技术现场应用92井次，减少汽窜影响产量1.1万吨。2010年，由许丹和研发团队创立的“超稠油汽窜治理综合配套工艺研究与应用”获中国石油和化学工业联合会科技进步一等奖。该项科技大奖为曙光油田科技大厂的确立具有里程碑意义。

对一线技术人员来说，最难得最可贵的品质，就是能够扑下身子，静下心来，发现问题，解决矛盾。在许丹的身上，无论是团队领导还是周围同事，都会无一例外地发现许丹具备这样的品质。许丹为人谦和，作风过硬，乐于钻研，不讲条件。一个人浑身是铁又能打出几个钉子？许丹极善于将团队的心智凝结在一起。作为室主任的许丹，千方百计为其他年轻人搭建平台，促其迅速成长，近三年，许丹所在的研究室，年年有员工在辽河油田公司油水井分析比赛中获大奖；2010年，油化室获得曙光采油厂第一届十大杰出青年团队荣誉称号。

2011年，许丹荣获集团公司优秀科技工作者殊荣，成为辽河油田六位获此殊荣的唯一一个身在基层的科技工作者。2012年，许丹又荣获辽河油田公司“十大杰出青年”荣誉。从2006年10月许丹转至专业技术岗位至今，不过短短的六年时间，然而在一线科技这片他热爱的沃土上所攻克的难题，做出的贡献，却令人仰视。

许丹与研发团队取得中国石油和化学工业联合会科技进步一等奖1项，国家能源局科学技术进步二等奖1项，辽宁省自然科学学术成果奖2项，辽河油田技术创新成果一等奖1项，三等奖2项；盘锦市科技进步一等奖1项、二等奖2项，《应用创新堵水技术，降低高含水油井生产成本》获辽宁省职工十大创新成果奖；先后有10篇论文在省部级以上学术刊物上发表；2008年、2010年获辽河油田曙光采油厂优秀科技工作者称号等诸多殊荣。

第四节　发扬雷锋的创新精神，推动企业持续健康发展

1963年，毛泽东同志发出“向雷锋同志学习”的伟大号召。从此，各族人民参与的群众性学雷锋活动在中华大地上蓬勃兴起，雷锋精神的火炬在各族人民的手中代代传递。雷锋精神作为民族精神、时代精神的集中体现，始终与时代发展相适应，有着与日俱进的旺盛生命力。构建社会主义和谐社会，企业员工需要发扬雷锋锐意进取、自强不息的创新精神，不断充实自己，提高自己，完善自己，不断创造工作新成就，促进行业健康发展；需要树立顾全大局，克己奉公的主人翁态度。近年来，全国很多企业把弘扬雷锋精神，构建和谐社会，促进企业健康发展，作为行业的行动指南。大力提倡“做平凡的事，创造不平凡的业绩”，把雷锋精神融入企业全体员工，做到人人爱岗敬业、自立创新实践中，逐步形成了“诚信、责任、创新、奉献”的意识，把维护国家利益、客户利益，全心全意为人民服务的宗旨上来，指导企业全体员工创新工作，为国家、地方做出应有贡献，为构建社会主义和谐社会，帮扶解困起到了添砖加瓦积极作用。

一、用雷锋的创新精神加强企业员工创新精神的培养

企业员工创新精神是企业员工不断进取、积极探索的心理状态，是企业追求经济新增长的一种积极态度，是企业得以发展的灵魂和命脉。企业员工创新精神在外延上具体表现为企业员工具备自信精神、务实精神、冒险精神、奉献精神等。雷锋不仅是一个脚踏实地的实干家，而且是一个勇于探索的创造者。他在学习和工作上永不满足、永不懈怠，体现了一种锐意进取、自强不息的创新精神。雷锋“锐意进取、自强不息”的创新精神有助于企业员工创新精神的培养。

（一）把员工的创新动机放在首位

在企业员工创新精神的培育过程中，要把员工的创新动机放在首位，这是开展创新精神的必要条件。创新主体的创新意识具有系统性特点，包含着极为丰富的内容，主要体现在创新的强烈愿望、意图等方面，能够做到想别人之不敢想，为别人之不敢为，发现别人捕捉不到的商机。

（二）判断分析，寻找创新突破口

在企业员工创新精神的培育过程中，创新员工要带着好奇的眼光去观察周围世界，通过比较、判断进行思考分析，从中找出创新的突破口。好奇是一种渴望，渴望了解、知道某件新事物、新活动，好奇可以通过观察来进行，这种观察是通过对日常生活、工作中的一些发现并进行提炼，也可以通过向身边的朋友、家人、同事、了解他们对一些事物的感受来对自己解惑、提炼内涵。企业员工面对问题要善于动脑与思考，在生产中经常会产生许多新点子、新办法。企业员工要随时随地观察，对周围事物充满好奇，捕捉到新的创意就开动大脑进行思考，因为喜欢思考，喜欢创意，最终才能取得创新的成就。

（三）探索创新思维新方法

在企业员工创新精神的培育过程中，企业员工在进行创新时，总是

要用头脑来想一想，思维是人脑的机能，是用头脑去有秩序的想，而创新就是对现有秩序的一种突破，是员工对事物发展规律认识的深化、拓展和升华。创新其实质就是一种变化，但不是被动的变，而是主动的变，这种创新很大程度上需要人们在思维上接受这种变化，并增强对其掌控能力。企业员工创新精神是企业在创新活动中反映出来的一种精神品质。它是企业创新的灵魂和动力，体现的是企业创新的价值，在整个企业创新要素中居于关键的位置[①]。企业员工在独立考虑问题的基础上，要善于与别人交流思想，能够倾听来自各个层面的意见，通过信息的加工、整合，产生出创新思维的新方法。

（四）重视企业员工创新精神的培育工作

企业的成功体现在要勇于挑战传统、更新观念，因此企业员工的创新动机、好奇心及思维能力对于企业未来的发展十分重要。企业在市场竞争中所体现的不同结果，归根结蒂可以说是企业创新精神的差异。创新主体的创新精神直接影响企业的生存空间和生命活力，所以做好企业员工创新精神的培育工作是增强企业员工创新精神的有利保证。

改革创新是时代精神的核心，表现为突破陈规、大胆探索、勇于创造的思想观念，表现为不甘落后、奋勇争先、追求进步的责任感和使命感，表现为坚忍不拔、自强不息、锐意进取的精神状态。当今世界正处在大发展大变革大调整时期，科技和文化竞争成为综合国力竞争的焦点。谁在科技和文化创新方面占据优势，谁就能够掌握发展的主动权。

中央提出了建设创新型国家的宏伟目标，把增强自主创新能力作为发展的战略基点，要求大力推进理论创新、制度创新、科技创新、文化创新以及其他各方面的创新。大力推进理论创新，应坚持把实践作为检验真理的唯一标准，把思想认识从那些不合时宜的观念、做法和体制的束缚中解放出来，从对马克思主义的错误的和教条式的理解中解放出来，从主观主义和形而上学的桎梏中解放出来，不断赋予当代中国马克

---

① 魏所康：《创新教育论》，江苏人民出版社 2002 年版。

思主义以鲜明的实践特色、民族特色、时代特色；大力推进制度，不断完善适应发展社会主义市场经济、建设中国特色社会主义要求的各方面的体制机制，进一步解放和发展社会生产力，使中国特色社会主义始终充满生机和活力；大力推进科技创新，实现科学技术跨越式发展，使科学技术成为我国经济社会发展的强大动力，为建设创新型国家奠定坚实基础；大力推进文化创新，实现社会主义文化大发展大繁荣，提高国家文化软实力，努力建设社会主义文化强国。

二、用雷锋的创新精神培养企业员工“求真务实”的科学精神

创新是新形势下企业改革发展、不断开创新局面的重要体现。现代企业要培养企业员工的创新精神就要弘扬雷锋锐意进取、自强不息的创新精神，发扬企业员工勇攀高峰，求真务实的科学精神，不断实现科技创新和发展。

（一）培养企业员工求真务实精神，掌握新技能、创造新成果

现代企业要培养企业员工的创新精神就要弘扬雷锋锐意进取、自强不息的创新精神，发扬勇攀高峰，求真务实的科学精神，不断实现科技创新和发展。要自觉把实验室当战场、把岗位当战位，发扬“钉子”精神，努力成为优秀的科技工作者；更加努力地学习新知识、掌握新技能、创造新成果，在重大科研创新、关键技术突破、科研成果转化中当先锋、打头阵。

（二）一切从实际出发，培养企业员工树立创新观念

定于时代的创新精神总是在不断继承发扬优良传统的基础上，推陈出新、锐意进取、努力开拓中得以充分展示。创新的实质是一切从实际出发，认真贯彻解放思想、实事求是的思想路线，在对传统的扬弃中，研究新情况、树立新观念、确立新思路、解决新问题。创新是新形势下企业创新创效的新起点和基本途径，以创新的姿态突进，才能保持勇立

时代前列，走出一条成功的创效之路。创新的实质是一切从实际出发，认真贯彻解放思想、实事求是的思想路线，在对传统的扬弃中，研究新情况，树立新观念，确立新思路，解决新问题，开创新局面。

三、发扬雷锋的创新精神，建设学习型组织，增强企业创新能力

国内外企业的大量实践充分证明，21 世纪最成功的企业将会是学习型企业。

创新的源泉在于学习，学习的成效体现于创新。在复杂多变的形势面前，企业唯一持久的竞争优势表现在要具备比竞争对手更强的学习能力。在一个全球化的时代里，构建学习型组织，提高学习能力，是企业获取竞争优势的关键。事实证明，全世界排名名列前茅的企业，都是学习型企业。

普遍观点认为，当代企业生存发展主要依靠制度设计、战略选择和文化建设，这些的确都是我们建立学习型企业时必须系统研究的对象，然而企业组织员工学习的首要目的是促使其最需要的核心业务能力提升，这就需要有针对性地不断对员工进行与核心业务密切相关的技术、技能培训。因此说企业的成功表现在挑战传统观念，落后的思想观念只能把企业引向下坡路甚至绝路。企业应该自觉进行观念创新，以适应迅速变化的外部环境。

构建“学习型企业”的主要方法是系统研究和小组学习。针对生产技术难点进行创新攻关是目前企业进行创新的传统做法，也是企业员工在实践中提高技能的基本途径。在实践生产中，企业员工实行一人攻关全员参与，形成合力确保实效；一人成功全员分享，技术公开全组推广；在组内组织成果演示、要领讲解、数据对比分析、上机考评等，使创新攻关成果很快成为岗位技能。这种互动学习方式最大限度地把小组技艺潜能挖掘出来，尽快形成新的生产能力。

学习型组织要求企业个体能够完成某项专门工作的能力，即技能的养成和知识积累，它可以通过反复练习成为某种本能性的反应。不论是

人还是有一定思维能力的其他物种都具有一定的技能养成的基础，只要在不断重复和不断使用的过程中就会得到不断强化。所有的技能都是被训练出来的，这种训练达到一定熟练程度后，可以成为一种自觉的习惯行为，这个过程通过反复的教和练，可以保持一个相对稳定的状态。但是稳定的状态一旦形成，如果要想突破，向更高层次发展又有很大的困难。所以技能作为知识要不断地积累，可以通过向别人学习，也可以通过自学不断地丰富，正所谓活到老、学到老。学习型企业要求企业的决策层、管理层、全体员工，都要全身心投入的学习，做到所有岗位的人员，人人都要学习，大家都来学习。全员学习是时代特点也是企业发展对我们提出的客观要求，任何人都不能回避。随着知识经济时代的到来，企业之间的竞争越来越表现为人员素质的竞争。只要拥有高素质的企业主人，企业才能在竞争中抢占先机。而高素质的企业主人，不仅仅包括高素质的企业管理队伍和科技人员队伍，也包括高素质的技术工人队伍，这三者缺一不可。无论是什么岗位的企业人员，只有通过学习提高自身素质，才会出色完成工作任务，不会被企业快速发展所淘汰。

学习型企业组织是企业未来发展的趋势，一个企业只有在努力学习的基础上，才能保证有源源不断的创新的出现，才能具备快速应变市场的能力，才能充分发挥员工人力资本和知识资本的作用，也才能实现企业、顾客、员工、投资者和社会满意的最终目标。一个企业只有不断地进行观念更新，不断地产生适应并领先时代发展的新思想、新观念，并具体落实到企业经营管理中，才能使企业得到持续的发展；否则，企业的发展受到限制，就会在市场竞争中被淘汰。学习企业是企业得以健康、稳定、持续发展的有力保障，是企业实现各项创新的导向和关键。

此外还应指出，学习型企业的发展还依赖于企业的自我分析与自我评价的能力。一个善于进行自我评价的企业，会及时发现自己在能力方面的优、弱点，并通过自身的建设促进企业发展，使企业朝着确定的目标发展。

[企业“锐意进取”经典事例]

“锐意进取”的国有特大型企业——辽河油田

辽河油田在40余年艰苦创业的生动实践中，正是坚持不断创新，才在全党工作重点转移、两个根本性转变的伟大进程中，有了新突破，带来了新发展。辽河油田作为国有特大型企业，用“创新”之笔，书写了自己的发展史。科技上的创新，使辽河攻克了一个又一个技术难关，迎来了“地质大园”百花竞放，取得了从单纯稀油到稠油、高凝油等高难度开采的突破性发展，实现了从人拉肩扛到高度自动化的历史进步；机制上的创新，使辽河从计划经济体制下的“大包大揽”发展为分灶吃饭、平等竞争，从单纯吃油饭发展到以业为主、多种经营，由固守油田走向处闯市场；经营管理上的创新，使辽河踏上了由“大而全、小而全”向调整结构和专业化重组、由生产经营向资本经营转变的步子；党建、思想政治工作的创新，使辽河创造性地实施了“大党建、大政工”思想，使思想政治工作在市场经济条件下充满了生机和活动，一切无不体现着辽河石油人的新思路、新步伐。

创新，把企业的创业实践推向了一个新的起点。在党的十八大精神指引下，抓住机遇，迎接挑战，把希望变为现实，走改革创新之路是必然选择。创新，从根本意义上说是思维方式和思想观念、意识的更新。党的十八大是新一轮的思想大解放，辽河油田进行了新一轮的形势任务大讨论，进一步解放思想、更新观念，解决转变思维方式、思维定式，更好地发挥主观意识的能动性和创造性。

要加快现代企业制度的实现步伐，积极寻找极大促进生产力的公有制实现形式，在制度创新上有所突破。大胆尝试各种新的经济形式，放开手脚，不失时机地开创有利于企业发展的多种组织形式，主动推进企业深层次配套改革。结构调整、减员增效、抓大放小是一个内在相互联系、相互作用的有机整体，必须加快步伐，加大实施力度，努力开创新的格局。

向科技要效益，实现科技创新。按照“经济、高效、实用、配套、规模化效益”原则，瞄准油田发展的难点、重点，加大科技攻关力度和新技术推广应用，解勘探、开发之难题，扩大技术交流与合作，加快科技成果的转化，提高科技贡献率，为企业发展注入新鲜“血液”。

加强管理是企业提高经济效益之本。管理要创新。要把科学的现代化管理方法普及开来，把各方面的积极因素调动起来，摒弃管理粗放，跑、冒、滴、漏等老毛病，实现精细化管理，全员节约挖潜，走质量效益发展之路，求得管理的最高效益。新的历史时期和新的形势任务，把我们辽河油田整体推向了市场搏击的最前沿。只有正视现实、把握机遇、大胆突破、适时推进，才能占据主动，谋求更大发展；只有以踏踏实实的苦干精神和崇尚实际的科学态度，进一步解放思想，创新开拓，才能在企业发展的新征途上不断谱写新的篇章。正是这种创新，带领着辽河油田实现着大发展。

中国石油天然气集团公司所属辽河油田以建设百年辽河的紧迫感和使命感，认真贯彻管理提升活动的部署，在全面深入分析内外部形势的基础上，找准加强企业科学管理的切入点和着力点，实施“五个提升”管理举措，推进科学管理升级，促进企业质量和效益双提升。一是提升战略管理水平。辽河油田围绕“千万吨产量，千亿元规模”的发展目标，不断调整优化，丰富完善，努力实现战略目标——突出发展油气核心业务；有效发展未上市业务；加快发展天然气等新业务。年初以来，辽河油田油气核心业务不仅实现原油超产 6 万吨，还实现高效益高质量发展；工程建设项目全面推进，2012 年有望实现产值 60 亿元以上。二是提升基层管理水平。辽河油田把管理的着力点放在基层，把功夫下在基层。通过加强基层组织建设、推进基础管理工程、提升全体员工基本素质和业务技能，同时严守质量、计量、安全“三条红线”，实现“三基”工作的全面加强、全面覆盖和全面提升。三是提升经济管理水平。辽河油田深入推进精细管理和对标管理，实施以开源节流和降本增效为重点的精细化管理工程，建立完善量化的投资成本费用控制评价体系，提升企业科学管理水平。目前，辽河油田已开始合理下放审计、规划计划和物资采购等部分权力，通过简化流程来提高效率。四是提升风险控制水平。辽河油田加强企业风险研判和定量分析，突出管控重点，持续完善内控与风险管理体系，全面加强法律风险和廉洁风险防控体系建设，构建全方位的风险防控机制，实现企业风险管理常态化。在决策管理中坚持重大事项法律审查率100%，全面实施依法治企。五是提升企业发展活力。辽河油田持续深化企业内部改革，完善各层级激励约束机制，建立权责匹配、科学规范、简洁高效、执行有力的管控模式。通过发挥一体化管理优势，推行作业与采油联产承包等全新管理模式试点，在管理上取得新突破。截至2012年7月底，辽河油田采油与作业联产承包试点单位成果喜人：锦州采油厂作业二大队和采油二区联产承包后，半年多实现超产原油近7000吨，检泵周期同比延长11天，单井作业可变成本节余34万元，共节约作业费119万元。

2012年4月25日，辽河油田公司钻采工艺研究院几名技术人员正准备奔赴加拿大一展“独门绝技”。辽河油田工程技术部主任曲同慈介绍说，不久前，中石油辽河油田公司与加拿大一家石油公司签署了备忘录，辽河油田将负责稠油技术的实施与跟踪服务。经过多年攻坚克难，辽河油田已掌握一系列国内领先、国际一流的中深层稠油、超稠油开采技术，实现了世界稠油技术的领跑，拥有了中国石油进军海外市场更多的话语权。

稠油油藏具有埋藏深、压力高、黏度大等特点，被称为“不能流动的石油”。辽河油田是我国最大的稠油生产基地。为了油田的可持续发展，辽河油田在本世纪初瞄准稠油和超稠油开采技术攻关这块难啃的硬骨头，坚持把科技进步与创新作为加快发展的重要支撑，全力展开自主创新、集成配套和成果转化，抢占未来发展的制高点和主动权。

“世界稠油看中国，中国稠油看辽河”。引进国外技术，并根据自身油藏特点对稠油开采工艺进行消化、吸收和大胆再创新，经过十余年的技术攻关，目前辽河油田已形成蒸汽辅助重力泄油（英文简称SAGD）和蒸汽驱两大核心技术工艺，仅SAGD技术就形成原创技术27项、授权发明专利 7 项、实用新型专利 56 项。这两项核心技术辅之以水平井等相关配套技术，可将中深层稠油采收率从 25%提高到 60%。

目前，易于开发、价值更高的稀油资源绝大部分已被开发，凭借着世界领先的稠油技术，中石油已在南美、北美、北非、中亚等富含稠油资源的国家获得了相应的市场份额。辽河油田是中石油旗下油气田企业中第一个拥有境外承包工程经营资格的企业，并在境外注册了 3 家公司为跨国企业提供稠油开采技术服务。在已经建成的“海外大庆”中，辽河油田的稠油开发技术起到了不可替代的重要作用。

在“立足辽河发展辽河”的同时又积极“走出辽河发展辽河”。辽河油田公司一方面不断加快转变发展方式，实施结构优化调整、突出科技创新、坚持规模与效益并重，让千万吨产量含金量更足、质量更高；另一方面，未雨绸缪、突出特色，加大“走出去”步伐，使建设“百年辽河”的道路越走越宽广。截至 2011 年年底，辽河油田已连续 26 年实现稳产原油千万吨，累计生产原油 4 亿多吨，上缴利税费 2500 多亿元。凭借世界领先的技术，辽河油田已经在哈萨克斯坦、委内瑞拉、加拿大等国家的石油资源市场站稳了脚跟。

一个老油田连续 26 年实现原油千万吨稳产，这应该是一个“传奇”。而这个“传奇”正在被中国石油辽河油田公司书写着。总部坐落于渤海湾腹地的辽河油田，曾为国内第三大油田，自 1970 年正式开发建设以来，累计生产原油 4 亿多吨，天然气 800 多亿立方米，上缴利税、费 2500 多亿元。然而，在开发建设 40 多年以后，随着勘探开发程度的提高以及新增探明资源的减少，开采难度日益增大，原油开采进入递减期。“辽河油田发展 40 多年，现在还能稳产千万吨，已经很不容易，况且我们开采的石油 60%以上是稠油和超稠油，其开采难度被公认为世界级难题。”辽油公司总经理谢文彦说，老油田稳产即“超产”。事实上，稳产背后是“难以名状”的艰辛。“千万吨持续稳产是辽河油田的生命线，35 万职工家属的保障线，必须坚守！”辽河油田公司党委书记周灏对于千万吨稳产的认识尤为明确。辽河油田地质结构复杂，地下储油层分散，有人形象地比喻说，辽河油田的地质结构如同一个盘子

打碎后，再踢上一脚，凌乱、分散。据介绍，辽河油田看似开采区域广袤，其实探矿权面积仅为1万平方公里，而有效开采面积不足7000平方公里，开采区域太小，并且开采区内绝大部分都是稠油。更为严峻的是，在开发40多年以后，探明储量的80%已经被动用，主力生产区块进入快速递减期，剩下的则是一些零散的区块，开采成本比较大。据了解，辽河油田是我国最大的稠油基地，其原油在储油层中粘稠、不流动，犹如固态沥青，开采难度十分大，国内平均开采率只有25%左右，而且开采成本较大。不仅如此，开采出来的稠油、高凝油在市场上售价普遍偏低，如果辽河油田为了维持千万吨产量而巨额投入的话，将导致投入与产出比过大，这样的投入是无效的，公司将背上沉重的包袱。一道道难题摆在辽河人面前。但经过常人难以想象的努力付出后，辽河油田稳产千万吨目标得以实现，对于辽河人来说，意味着太多太多。

“储量接替紧张、开采成本较大，但我们仍然能完成千万吨的稳产目标，并取得2011年销售额700多亿元的成绩，靠的就是不断科技创新。”为了提高开采稠油效率，2003年辽河油田专门针对稠油、高凝油的开采特点，以引进、吸收、再创新的方式，开始了对蒸汽辅助重力泄油技术（SAGD）进行研究。经过多年努力，如今辽河油田的SAGD技术，已达到世界先进水平，一举将稠油开采率提高30个百分点，而且将开采深度从距地表500多米延伸至1000米。“仅此一项，可将地下3000万吨的原油开采出来，按照原先的采收率计算，相当于在辽河新发现一个亿吨级油田。”辽河油田SAGD项目部副主任杨建平估算。通过运用SAGD开采技术，现如今，辽河油田已经将超稠油采收率从25%提高到60%，为辽河油田至少“增寿”25年。主力区块进入快速递减期、中浅层整装富集的构造汽油藏越来越少，但勘探人员始终坚信“石油存在于地质家的头脑里”，在勘探方面也下足了功夫。经过多年不断探索，他们发现并成功开采出埋藏深度在3000米以下的古潜山中的石油。大民屯、兴隆台等几大潜山油田相继呈现在辽河人面前，成为新增储量持续增长的重要保障。由于新勘探的兴隆台古潜山油藏，绝大部分在城市区域，开采难度倍增。“我们开发一种水平井技术，可以让钻探到地下的油井“横着走”，哪里有油，就往哪里钻。”据介绍，水平井技术不仅减少了开井口数量，而且节约采油成本、节约土地资源。更重要的是，一个百万吨级的油田，利用此项技术，开50多口井就足够了，而要按原来的老技术，一般需要钻500多口井才能完成。据了解，辽河油田1000口水平井占辽河整个采油区开井数的6%，却承担了辽河油田全年开采量的26%。为实现将千万吨原油产量再稳产10年的目标，油田决策者谋划实施了“千万吨持续稳产关键技术研究”，成为“中油集团公司26个重大专项里最好的专项之一”，并于2012年8月初正式启动。该专项共设置资源接替保障、稀油高凝油上产、稠油减缓递减、工程技术支撑四项工程，实现了技术路线图理念与项目设计深度融合。辽河油田全力展开自主创新、集成配套和成果转化，以SAGD、蒸汽驱、水平井为代表的开发技术，推动了这一老油田开发方式转换的突破，成为确保千万吨稳产的重要利器。

2011年初，辽河油田公司党委提出“深入辽河看辽河、跳出辽河看辽河”、“立足辽河发展辽河、走出辽河发展辽河”的“两看”“两发展”的战略发展思路。“这是从更高层面和更大空间明确企业新定位，探索油田发展方向和发展道路的有益尝试。”公司各业务板块开始紧紧围绕油气主营业务开展工作，拓展油气能源上下游产业，以“走出辽河发展辽河”的发展战略打造新的市场空间，并向非油产业开拓。2011年，辽河油田公司确立了“33343”工作思路，大打“千万吨稳产”生命之战，“未上市企业解困扭亏”荣誉之战，“天然气业务加快发展”信任之战，“管理增效和科技创新”能力之战，尤其是根据自身的优势，抓住“气化辽宁”这一机遇，天然气业务快速发展，现已成为辽河油田“十二五”最重要的经济增长点。截至今年上半年，以秦沈管线、大沈管线和双6储气库为依托的“两线一库”架构基本形成；以气代油成效显著，替换燃料油120万吨，减排二氧化碳260多万吨；成功进入辽宁11个市和内蒙古赤峰市场，销售气量11.1亿立方米。预计“十二五”末销售天然气将达97亿立方米。与此同时，在工程建设系统，发挥“辽河建设”品牌优势，稳步发展长输管道、大型储罐等传统市场，积极涉足海洋工程建设和煤层气开发等新兴业务市场，2011 年实现市场开发工作量 80 亿元，同比增长 69%。除此之外，先后对 13 家企业实施跨二级单位的重组整合，积极推动业务、资产、人员向规模骨干企业集中，通过加大技术创新力度，依靠油气主业的支持拉动，在区域经济发展中发挥的作用日趋明显，全年实现营业收入 125 亿元，同比增长 8.6%。

自 2004 年以来，辽河油田公司先后获得南海南部地区的探矿权，登记勘探面积 16.93 万平方公里；2012 年 2 月，获得南黄海盆地南部盐城东油气勘查项目探矿区，面积 3558 平方公里，大力拓展自己发展空间。不仅如此，由于辽河油田稠油开采技术已处于世界领先地位，公司先后与非洲、中亚等产油国签订合同，并派技术人员指导合约国进行稠油开发。油田决策层一致认为，如果还是囿于油气生产的话，即便辽河油田找到再多石油，也终有一天会开采完。整合上下产业链，把油气生产当作产业链上的一个节点来做，这才是辽河油田未来发展的方向。辽河油田大力发展整合油气上下游的产业，积极拓展经营领域，实现多元化经营战略，大胆尝试从油气生产商向能源供应商转变。如今，辽河人正朝着“千万吨产量规模、千亿元经济规模”目标迈进。

第四章

与企业员工谈雷锋的“感恩反哺”精神

雷锋

感恩是中华民族的优良传统，是中华文化的宝贵财富，如一股清泉流淌在中华民族五千年的文明之河中。中国自古以来就有“谁言寸草心、报得三春晖”的古训。2005 年 2 月 19 日，胡锦涛同志《在省部级主要领导干部提高构建社会主义和谐社会能力专题研讨班上的讲话》指出：“一个社会是否和谐，一个国家能否实现长治久安，很大程度上取决于全体社会成员的思想道德素质。没有共同的理想信念，没有良好的道德规范，是无法实现社会和谐的。”① 因此，具有感恩意识的人才能成为构建和谐社会的前提和基础。目前，我国正处在全面建设小康社会、加快构建社会主义和谐社会新的发展阶段，受各种因素的影响，在企业员工中出现感恩意识缺失、不懂感恩的现象还不容乐观，因此，用雷锋的“感恩反哺”精神加强培养企业员工的感恩精神，有助于企业员工学会奉献，学会感恩，对国家有强烈的责任感，对周围的人心存感激才能承担起国家所赋予的重任，社会主义和谐社会的建设才能够实现。

① 胡锦涛：《在省部级主要领导干部提高构建社会主义和谐社会能力专题研讨班上的讲话》，《光明日报》2005 年 6 月 27 日。

第一节　感恩精神的基本理论

感恩是中华民族的传统美德，也是每一个人应该坚守的基本道德准则。感恩是中国社会文化的重要原则，是礼仪之邦的重要意识，《诗经·大雅》里记载：“投之以桃、报之以李”，感恩意识已成为传统文化的根本价值信念和基本文化立场。加强企业员工的感恩意识，进一步提升员工的道德水准和感恩意识是时代发展的客观需求。现代企业需通过感恩文化以营造“感恩企业”的良好氛围，激励职工爱岗敬业，以奉献精神回报企业，应对危机。探索企业员工感恩意识培养的途径有必要对感恩精神的相关概念进行了解。

一、感恩精神的内涵

感恩作为中华民族的优良传统文化，在我国古代就具有深厚的感恩思想，要了解感恩教育的内涵，也需要从我国古代的感恩思想出发。

（一）中国古代的感恩思想

感恩是最基本的道德范畴之一，它体现了人们自觉的道德责任感和自我评价。感恩图报讲的就是良心，这是我们中华民族的优良传统文化，在诸子百家中，从孔子开始，我国古代感恩观就明确将感恩与人的自身素质的培养、成为理想的人、建设和谐社会联系了起来。古代的感恩教育理论内容主要包括：忠、孝、悌、仁和天人合一。在我国传统伦理观念中，“忠”起着“领袖群伦”的作用，以“忠”为核心而形成的“忠”文化在中华民族发展史上占据着极其重要的地位。孔子认为，“忠”是“己欲立而立人，己欲达而达人”，即“忠”一定要符合德育的心里和言行修养。“百善孝为先”，可见，中华民族的孝文化历史悠久，源远流长。“不孝有三，无后为大”，孟子的“老吾老以及人之老，幼吾幼以及人之幼”。[①] 汉代“以孝治天下”，孝悌则成为人们做人的准则和行为的规范。”弟子入则孝，出则悌，谨而信，泛爱重而亲仁，行有余力，则以学文为。”[②] 从孔子的孝悌道德修养要求，到孟子的“父子有亲，君臣有义，朋友有信，夫妇有别，长幼有序”[③] 的五伦之道，延续到宋明理学道德教化的高峰“存天理，灭人欲”，无不体现着以血缘关系为基础，以孝悌为核心，进而发展到整个社会人际关系，组成了对外求人道精神，对内讲理想人格的伦理德育体系。孔子提出仁的学说，后来孟子发展了孔子的仁学说，提出了仁政。墨子认为“圣人以治天下为事，为此须知乱从何而起，乱自何起？起不相爱”，他主张的“天下兼相爱”[④] 历代仁政的实施者都能够讲仁义求和睦、鼓励百姓提出好建议、以便天下安定。中国人自古以来相信和遵守天人合一，道法自然。古人认为，“道”生万物而赋予万物具备了“德”，故道尊而德贵，倡导“以德配天”、“以德治世”、“士为知己者死”、“三顾茅庐”[⑤] 等。文景时期，仁风德政，国家政治清明廉洁，社会经济繁荣，百姓融洽太平。

综上所述，我国古代感恩思想有很高的时代价值。作为传统的伦理美德，忠、孝、悌、仁、天人合一仍然是我国现代化进程中的一项基本道德规范，这五种思想在维持社会基础稳定和营造和谐友善的社会氛围中起着不可替代的作用，它们是中华民族高尚品质的重要组成部分，具有超越具体社会制度和时代的永恒性的特点。这些理论，为我们中华民族乃至世界确立了经典式的感恩教育的基本框架，成为中华民族传统美德的重要内容之一。这些古代理论为后代子孙树立了标杆，为我们以后的感恩教育以及伦理道德方面的研究提供了强有力的理论依据。

（二）感恩内涵的界定

在现代汉语文字中，“恩”字有这样的解释：从心、从因，因从口

---

① 《春礼．孟子》，北京文化艺术出版社 1996 年版。

② 孔子及其弟子：《论语弟子规》，中州古籍出版社 2006 年版。

③ 杨伯峻注：《孟子》，中华书局出版社 2005 年版。

④ ［宋］墨翟：《墨子》，吉林出版集团 2005 年版。

⑤ 丕杰：《战国策选译》，人民文学出版社 1994 年版。

大，乃就其口而扩大之意，亦含有相赖相亲之意，心之所赖所亲者，彼此必有厚德之谊，即他人给我或我给他人的某种情谊。“感恩”是个舶来词，源于英语“Grace”，表示“上帝带给人类的爱与恩典，及由此产生的感恩。”《牛津字典》的定义是“乐于把得到好处的感激呈现出来且回馈他人”。

西方关于“感恩”的解释有很多，Berger 在 1975 年指出“感恩是一种任务”。Mei laender 在 1984 年定义“感恩是一种特别的职责，这种职责和债务在自然情况下是不能被很好地履行的”。Kavanaugh 在 1995 年发表的感恩评论中揭示了感恩的本质即“一个与众不同的感恩行为不仅可以鼓舞恩物的接受者，同时可以肯定恩物的施予者”①。Robert A. Emmons 和 Cherry A Crumpler 在 2000 年定义“感恩是一种情绪，一种美德，一种道德情感，一种动力，一种及时反应，一种技巧，一种态度”②。M J Ryan 在 2002 年发表的《感恩态度》一文中解释了激发感恩实践来源的两个原因。首先，忧虑和担心总是和将来有关的，而感恩是现在的和现存的：感恩可以减少忧虑和担心，因为感恩会提醒你去关注丰富多彩的世界。Jared Sandberg 在 2005 年介绍了 MJ Ryan 的观点，认为感恩的实践可以刺激左脑前额皮质层的希望、乐观、感激等神经。Keeva 认为“感恩是所有美德的根源”③。

感恩是一种态度，可以通过时间而养成，它在很大程度上揭示了我们作为一种职业人是谁，以及对于我们来说什么是最重要的④。KeeVa 认为感恩最重要的不是去寻找要感激的事，而是要发现你所拥有的值得感恩的事情。由此可见，西方人们对“感恩”的理解不尽相同，但总体

---

① Kavanaugh John F，Gratitude. America. New York：Oct 7，1995. V01. 173，lss. 10；pg. 38，2 pgs.

② Robert A Emmons，Cherry A Crumpler. Gratitude as a human strength：Appraising the evidence. Journal of Sociai and Clinical Psychology. New York：Spring 2000. V01. I 9，Iss. 1；Pg. 56，14 pgs.

③ M J Ryan. Attitude of gratitude. Vegetarian Times. Oak Park：Jan 2002. 1ss，293：pg，84，1 pgs.

④ Steven Keeva. The Parent of all virtues. ABA Journal. Chicago：Feb 2005. V01. 91 Pg. 72，I pgs.

却又基本一致，大都从心理学或者医学来解释感恩对于人们的意义。据史料记载，在我国“感恩”一词最早出现在《三国志》里，吴骆统傅：“乡赐之日，可人人别进，问问其燥湿，加以密意，诱谕使言，察其志趣，令其感恩戴蓑，怀欲报之心”。[①]《辞源》解“感恩”为“感怀恩惠”。《说文解字》中“感动人心也，恩惠也”。《现代汉语词典》对“感恩”的解释是“对别人所给的帮助表示感激”。[②] 这些对感恩的解释综合起来，就是对他人、对社会和对大自然给予自己带来的恩惠，在内心深处产生并尽力回馈恩惠的一种认知和行为的总和。“感恩”一词虽是舶来语，在我国的文献古籍中也很难找到，但这不意味着我国不注重“感恩”。感恩作为中国人的传统美德已延续几千年的历史了，其中儒家赋予感恩意识的内涵是最深刻的。儒家文化认为个体要努力实现“经夫妇，成孝敬，厚人伦，美教化，移风俗”道德品质，通过忠、孝、节、义来体现一个人的道德修养程度，其内在本质就是感恩。[③] 在中国汉语体系中“感恩”通常表述为“仁”、“义”、“孝”。[④]“仁”，要求博爱众生，常怀恻隐之心，感念自然创造众生和社会创造人生之恩；“义”则是和朋友肝胆相照，乃至“士为知己者死”，感念的是朋友知遇之恩；“孝”则为“爱亲、敬亲”，以报父母抚育之恩。父母养育之恩最直接和最深厚，根植于家庭。

国内不同学者对感恩有不同的理解，但在一定程度上都具有一定的合理性。学术界通常将“感恩”理解为对他人、社会和自然给予自己的恩惠和方便在心里产生认可并希望回馈的一种认识、情感和实践行为。感恩并非人类与生俱来的天性，它需要教育的点拨与指导，通过教育使人们真切地感受到生活中感恩的美好与幸福，从而形成一种感恩的心态与品德，再外化为实际行为。我们在总结归纳国内学者对感恩不同理解的基础上，认为“感恩”就是对施惠者和帮助者的认可和感激，并能够

---

① ［晋］陈寿：《三国志》，古籍出版社 2000 年版。
② 《现代汉语小词典》（1983 年修订本），商务印书馆出版社 1996 年版。
③ 任现品：《略论儒家文化的感恩意识》，《孔子研究》2005 年第 1 期。
④ 蔡景华：《当代大学生感恩情怀培养探析》，《怀化学院学报》2006 年第 3 期。

自然而然地回报的一种认识、情感和行为。

1. 感恩源于人的社会性。马克思指出：“人的本质不是单个人所固有的抽象物，在其现实性上，它是一切社会关系的总和。”[1] 当今社会，人与人的关系更加紧密，随着社会现代化程度的不断提高，这就意味着人的社会化程度不断加深。市场经济使得竞争更为激烈，人与人之间、人与社会之间的关系得到更加密切。个体的存在必须以一定的社会关系作为前提。人生下来就在一定的社会关系中，只有在社会的基础上，个体的存在才是可能的，只有在社会的基础上，人才有发展的可能。”恩情是连结人与人之间的一个良好的纽带，更是连结大到国与国、地区与地区，小到家庭与家庭、人与人，进而支撑起一个社会[2]。因此，感恩是人的社会性的具体体现。

2. 感恩是一种责任意识。对于企业员工而言，感恩不仅是一种美德，也是一种责任，是企业员工履行社会责任感的一种体现。所谓的责任意识，就是清楚明了地知道什么是责任，并自觉、认真地履行社会职责和参加社会活动过程中。它包含两方面的内容：一是公民对自身作为道德主体所应担当的道德责任“是什么”的明确认知和判断；二是对自身道德责任的主体必然性和合理性根据的深刻体认。只有这两方面内容结合起来，才能完成道德哲学史上“休谟难题”说的从“是”向“应当”的过渡，从而使主体的道德责任意识超越“他律性质的责任感”而成为更高一级“自律性质的责任感”，并进而成为促使道德主体自觉践行其应当践行的道德责任的强大主体思想动力。我们学会感恩，就是要学会感激他人和社会对我们的恩惠并想方设法予以报答，因为接受了恩惠就更要对他人和社会负责任。在感恩中去对待周围的人和事，并不是要在付出与得到之间做等价交换，而是要更懂得珍惜和珍重，并从感恩中认识到自身所具有的社会责任，只有懂得感恩的人才会懂得付出，有了感恩之心，才会觉得自己有责任去回报社会。

---

① 《马克思恩格斯选集》（第 1 卷），人民出版社 1972 年版。

② 《马克思恩格斯全集》（第 46 卷），人民出版社 1971 年版。

3. 感恩是一种心理活动。感恩的过程是一个由“感”到“恩”过程，这一过程是人的认知、情感、意志、行为一系列复杂的心理活动相统一的过程。认知—cognition，指通过心理活动（如形成概念、知觉、判断或想象）获取知识。习惯上将认知与情感、意志相对应。是指人们获得知识或应用知识的过程，或信息加工的过程；是指人认识外界事物的过程，即对作用与人的感觉器官的外界事物进行信息加工的过程。这是人最基本的心理过程。它包括感觉、知觉、记忆、想象、思维和语言等。人脑接受外界输入的信息，经过头脑的加工处理，转换成内在的心理活动，再进而支配人的行为，这个过程就是信息加工的过程，也就是认知过程。

4. 感恩是一种生活态度。感恩是一种生活态度，是一种品德，是一片肺腑之言。如果人与人之间缺乏感恩之心，必然会导致人际关系的冷淡，所以，每个人都应该学会“感恩”，这对于现在的孩子来说尤其重要。因为，现在的孩子都是家庭的中心，他们只知有自己，不知爱别人。所以，要让他们学会“感恩”，其实就是让他们学会懂得尊重他人。对他人的帮助时时怀有感激之心，感恩教育让孩子知道每个人都在享受着别人通过付出给自己带来的快乐的生活。当孩子们感谢他人的善行时，第一反应常常是今后自己也应该这样做，这就给孩子一种行为上的暗示，让他们从小知道爱别人、帮助别人。

5. 感恩是尊重的基础。在道德价值的坐标体系中，坐标的原点是“我”，我与他人，我与社会，我与自然，一切的关系都是由主体“我”而发射。尊重是以自尊为起点，尊重他人、社会、自然、知识，在自己与他人、社会相互尊重以及对自然和谐共处中追求生命的意义，展现、发展自己独立人格。感恩是一切良好非智力因素的精神底色，感恩是学会做人的支点；感恩让世界这样多彩，感恩让我们如此美丽！

总的来讲，感恩的认知过程包括三个层次：一是认知层次，认识到主体自身从外界获得的恩惠并产生认可；二是情感层次，在认知基础上，延生出一种喜悦的情感，进而转化为一种自觉的感恩意识和报恩的

冲动；三是实践层次，将感恩的意识和回报的冲动转化成为感恩的实践行为，并养成习惯，即回报恩情、乐善好施、甘于奉献等。

（三）感恩精神的内涵

马克思曾指出：“人的本质不是单个人所固有的抽象物，在其现实性上它是一切社会关系的总和，人是社会的人，他不可能独立于社会而单独存在”[①] 人的存在和发展总与他人、社会、自然有着千丝万缕的联系，产生着各种各样的情感，恩情便是其中重要的一种。“恩情是连结人与人之间的一个良好的纽带，更是连结大到国与国、地区与地区，小到家庭与家庭、人与人，进而支撑起一个社会”。[②]

感恩并非人类与生俱来的天性，它需要教育的点拨与指导，通过教育使人们真切地感受到生活中感恩的美好与幸福，从而形成一种感恩的心态与品德，再外化为实际行为。我们认为，一般来讲，感恩是指教育者遵循人们思想品德形成发展规律，用一定的思想观念、道德观点，对受教育者施加有目的、有计划、有组织的影响，培养他们识恩、知恩、感恩、报恩以至于施恩的社会实践活动。感恩的宗旨就是培养人的感恩意识，陶冶人的感恩情怀，培养高尚的人格！感恩教育应以活动为载体，让人们通过实践体验感恩，并回归到生活中来，从自我点滴做起，在生活中实践感恩，在感恩中学会生活。同时，它还要求教师在教育过程中，应做到“以理服人，以情感人，情理交融，感人心灵”，使其知、情、意、行在情理交融中实现自我完善，最终回报生活、回报社会！

1. 感恩精神的认知层面。感恩精神的认知层次是指认识和了解自身所获得的恩惠和方便，并在内心产生认可，即我们讲的识恩与知恩。心理学研究表明，任何人的任何心理认同都是从认识开始的。传统单向度的知识灌输只能产生缺乏创造的盲从和对权威绝对服从的“冷血正

---

① 《马克思恩格斯选集》（第 46 卷），人民出版社 1971 年版。
② 同上。

确”。[①] 认同是从个人心理认识的有限性与孤独感出发，寻求共同体的依托，实现群体内的交流与合作，形成一定的精神氛围，追求一般价值的肯定，达到一种普遍向往的归宿。因而感恩精神首先要注重建设恩情的共同性认识，让感恩情感在一定的群体内找到依托和共鸣，学会发现他人之恩、善于理解他人之恩，即认识到他人给予的恩情并且报以心理的认同。只有认识了恩情，才能有后续的情感激发。

2. 感恩精神的情感层面。感恩教育的情感层面是在认知层面基础上发展而来的，是恩情认知衍生出来的一种愉悦、美好、幸福的情感体验，从而转化为一种自觉的感恩意识和情感冲动。詹姆斯曾指出：“人性最深的期盼就是受人感激。”充分重视感恩情感的渗透和移入，感恩意识才能外化为行为，从而取得感恩教育成效。当一个人由于爱给予他人以恩惠，受惠者体验到感恩之情时，可以提高其内心的幸福感，从而来进行施恩活动。感恩是一个恩情的互动，是情感的交流，在此过程中参与主体会体会到愉悦、幸福的美好情感。也只有内心具有真切的感恩情怀才能自觉地将感恩外化为实际行为。

3. 感恩精神的实践层面。感恩精神的实践层面即指将感恩的意识和回报的情感冲动转化成为报恩乃至施恩的行为，并形成习惯，即回报恩情、乐善好施、甘于奉献等。“道德行为是在一定道德意识支配下表现出来的具有道德意义并能进行道德评价的利他行为或者亲社会行为。”[②] 感恩精神的实践层面是感恩的重点，只有将感恩外化为行为，才能促进个体内部以及社会感恩文化和活动的良性循环与健康发展。人作为社会的人只不过是整个人类社会的一部分，个人的生存与发展离不开他人、社会与自然，在个体的实践生活中，必然要接受他人的帮助、社会的支持和自然的恩典。一个人只有学会感谢他人，感激生活、感恩一切曾给予过自己的帮助，并且怀着宽容、慈悲的心态去帮助需要帮助的人，才不会迷失自我，进而构建和谐的人际关系，促进社会社会和谐

① ［英］罗素著，靳建国译：《教育论》，东方出版社 1990 年版。
② 袁振国：《当代教育学》，教育科学出版社 2004 年版。

文化的发展，让人间充满恩泽的美好。

（四）感恩精神的特点

加强企业员工感恩意识的根本目的是让员工大怀有一颗关爱他人、关心社会之心。如果能够使员工学会感恩、学会回报，那企业的思想政治工作也就变得容易开展，也一定能够取得理想的效果。一个知道感恩、知道回报的人，一定是思想道德品质高尚的人，一定是对社会有益的人。感恩精神的特点主要表现为：

1. 复杂性。复杂性是混沌性的局部与整体之间的非线形形式，由于局部与整体之间的这个非线性关系，使得我们不能通过局部来认识整体。复杂性是那种环境条件改变的时候，不同行为模式之间的转换能力较弱的动态表现。市场经济条件下，人的需要、价值、尊严得到正视、肯定和尊重，人的自主性、能动性和创造性受到推崇。在高扬人的主体性的同时，对主体认识的偏差往往引发个人本位观念，产生以个人为中心的个人主义。有些员工片面夸大个人在市场经济中的作用，认为“市场经济就是个人奋斗”，“我是一切的出发点和归宿”，只顾个人利益，不顾社会的整体利益，集体主义观念淡化。有的员工表现出认知上的集体主义倾向与行为上的个人主义倾向并存，“知行不一”，处理个人与集体、个人与国家的关系失当，以个人要求为先，缺乏无私奉献精神和责任感。在社会主义条件下搞市场经济，是一场深刻的社会变革，一些新情况、新问题将不断出现。市场经济所倡导的等价交换原则对“知恩图报”、“施恩不图报”、无私奉献等思想观念造成强烈的冲击，加上近年来，国内外各种社会思潮的冲击，在意识形态领域内形成了多种价值观念，导致企业员工的价值观念的复杂性，因此，加强企业员工感恩精神的培养也比较复杂。

2. 薄弱性。现代汉语词典对薄弱性的解释是：思想意志不坚定；单薄脆弱；单弱无力，容易反弹和动摇。在家庭教育方面，中国传统自古以来，父母最大的希望就是自己的孩子能成龙成风，因此，对孩子学习成绩要求很高。他们片面的认为，只要孩子学习成绩好，其他的仿佛都不重要。很多父母对孩子的关爱更多地停留在物质层面，很少涉足精神领域，而对子女感恩意识的培养和教育更是少之甚少。父母的溺爱使他们成为不懂感谢、不愿感激、不会感动的“冷漠一代”。在学校教育方面，一直以来，升学率和就业率是教育关注得最多地方，教学成绩成了主宰着学校的生存和发展标尺。在这一标尺的要求下，学校的育人功能显然被弱化，因此，感恩教育也很难实质性地进入中学教育教学范围。学生在进入大学后，又将教育重心放在专业技能的培养上，关心更多的则是就业问题。在进入企业工作后，员工只注重个人价值的实现，缺乏感恩意识，因此，就当前的情形来看，感恩教育在中学、大学校园、社会中被有意无意地忽略，甚至被遗忘，也就导致了当前企业员工感恩意识的薄弱。

3. 艰巨性。感恩意识培养的艰巨性是指为了完成某一任务而需要付出的努力比正常情况要困难而繁重得多。当下，随着市场经济的不断发展，很多优良的传统道德受到了强烈的撞击，而与市场经济相适应的新道德价值体系却又尚未完全确立。在这样一个交替时期，很多企业员工开始迷茫起来。同时，随着信息化的不断加强和推进，网络在成为一个重要信息宝库的同时，也变成一个垃圾场，血腥暴力的网络游戏、低级庸俗的网聊等较为普遍，一些员工通过网络学会的不是与人为善、乐善好施，而是如何去追逐私利、满足私欲。因此，在这种环境下对当前企业员工进行感恩精神培养，有相当大的难度，并且涉及的内容和形式也较为繁多，是一项艰巨的系统性工作。

二、对企业员工进行感恩教育的价值

党的十六大把社会更加和谐作为全面建设小康社会的目标之一，党的十六届四中全会又把提高构建社会主义和谐社会的能力作为党的执政能力的一个重要方面明确提出来。感恩教育是一种情感教育，同时也是一种道德教育和生命教育。针对目前企业员工感恩精神缺乏的现象，对员工加强和实施感恩教育，对于改进他们的思想道德修养水平、促进个体的自身全面发展、增强社会的信誉度等具有十分重要的意义；对他们进行感恩教育，有利于全社会各方面和谐目标的实现，利于全社会的可持续发展，具有重要的理论价值和现实意义。具体表现在以下方面：

（一）有利于提高企业员工的道德修养

感恩是每个人都应该具有的基本道德素质要求，是做人起码的道德修养所在，更应是每位企业员工必备的基本素质。企业员工所经历和感悟到的大多是社会经济生活中关于个人的存在价值，而对中国的传统文化中的“知恩图报”等美德缺乏相应的认识和领悟，因此，在现实生活中就表现为自我中心主义的道德行为倾向，把社会和他人对自身的关心和恩惠看成是理所应当的事情。所以，通过向员工进行传统的感恩观念的教育来引导和改善企业员工的感恩意识，让他们以感恩的心态回报社会和他人对自己的呵护和帮助，并使感恩成为其做人的基本准则。

（二）利于提高企业员工的人文素质

人文综合素质水平的高低直接影响企业员工适应社会的能力的程度，也是决定企业员工综合素质的重要因素所在。感恩是传统美德的重要内容，是真善美的行为，也是人文素质的关键内容。胸怀感恩意识的人是讲道德、讲诚信的人，他们在为人处事方面肯定会赢得社会的信任和尊重，而成为受社会欢迎的人，容易获得承担一定责任的工作和岗位，获得迅速的提升和发展，从而得到相应的锻炼，社会适应能力大大增强。

（三）有利于培养企业员工健全的人格

感恩教育为企业员工健康成长提供了一个人本生态的教育环境。从终极目的来说，人的全面发展是人类的最高利益和最高任务。人在走向理想境界的过程中，都有一个寻求全面的可以在很大程度上矫正传统教育重科学知识传授、轻人文精神培养，重理论灌输、轻情感培育的单向教育的弊端，契合了新时期以人为本的科学发展观对教育的需求，即教育必须建立一个人与自然环境、社会环境高度协调和谐的生态系统，以促进中学生的健康、全面、和谐发展。感恩教育可以健全企业员工的人格，提升其生命质量。人格是一个人的整个精神面貌，是其具有一定倾向性的全部心理特征的总和，它既决定了一个人如何体验外部世界和对待外部世界，而且决定了一个人怎样体验自己和对待自己。斯金纳认为，人格的发展与形成，由环境中强化因素的影响塑造而成的。班杜拉也认为，个体任何人格都是在现实生活的社会环境中，经过耳濡目染，向别人模仿学习而形成的。人的生命质量常常通过人对生命意义的理解和追求来表现。感恩教育具有多方面的功能，但其本质功能只有一个就是对于人的生存质量的提升。这是因为：首先，感恩教育可以增进企业员工对生命意义的理解。企业员工如果需要拥有一颗感恩的心，学会从生活中发现自己是受恩惠的，由此产生报恩情的一种冲动。他们一旦学会了感恩，其自私自利的欲望就不会无限制地膨胀了学会感恩，就会踏踏实实地生活，不会被一些虚幻目标所迷惑，微笑面对每一个帮助他的人就会体谅父母的辛苦和他人的善意，体会社会的恩惠。其次，可以激发企业员工对生命意义的追求。通过感恩引导，企业员工对自然心存感恩，懂得人与自然息息相关，可以培养员工积极的环保意识、懂得与大自然和谐相处，对社会心存感恩，了解人与社会紧密相连，可以培养员工的集体主义意识。增强对社会的责任感对他人的帮助与关心心存感恩，领悟人与人之间关爱的真谛，可以培养员工良好的人际交往素质，与他人和谐相处。

（四）有利于提高企业员工感恩意识

感恩教育有利于提升企业员工感恩社会的意识，增强其报答社会责任感。近年来，有不少贫困毕业生依靠社会爱心人士的友情帮助和国家助学贷款完成而顺利完成了大学学业，但是，其中部分毕业生毕业工作后对助学贷款不予按时的偿还；有些对学校催交学费和贷款的行为表示强烈的不满；有些毕业后在工作单位上获得继续出国深造的机会，学成后却毁约不回原来单位工作和服务；有些企业为到本单位工作的毕业生垫付了学费，然而工作一段时间后，学生跳槽时却义无返顾。这些社会

现象充分表明了感恩教育对增强企业员工认识社会和回报社会起着十分重要的作用。

（五）促进社会主义和谐社会的构建

目前，构建社会主义和谐社会是摆在我们面前的一个重要课题，而新形势下要加快构建社会主义和谐社会的步伐，需要庞大的专门人才和一大批拔尖创新人才，需要人的全面发展。我们认为，构建和谐社会从本质上是为了人的自由全面发展。“和谐”作为伦理概念，代表了公正有序、协调完善的关系与秩序状态。以人为本，完善人的德性，始终是社会和谐存在的逻辑起点和价值归宿。如果我们把“和谐社会”理解为社会诸要素的融洽整合与协调发展，那么，构建社会主义和谐社会的关键在于，合理有序地规范和协调社会诸要素的关系，尤其要合理、有效地化解各种社会矛盾和冲突。这里就需要各种社会物质条件和文化精神资源的供应，其中道德资源和伦理规范就是构建和谐社会的主要支撑点之一。“一个人活着不只是在为自己而活着，由于一些千丝万缕的情愫，使得人在某种程度上乐意为别人而活着，不得不为别人而活着”[①]。这其中之一便是恩情，由于恩情的存在，你不能只为自己考虑，“恩情是连结人与人之间的一个良好的纽带，更是连结大到国与国、地区与地区，家庭与家庭、人与人，进而支撑起一个社会”。[②]

构建社会主义和谐社会不仅仅是人与自然的和谐，更是人与人之间的和谐。生活在社会大家庭里的每一个员工，受到了社会的许多恩泽，有国家的培养，大自然的赋予，有父母的养育，师长的培养，亲友的帮助，他人的关怀等等。员工只有学会感恩，懂得感恩，才会多一份宽厚、友善和快乐之心：才会对生活寄予满腔的希望和热情，对他人施以爱心和宽容，对工作报以责任感，对社会予以回报；才能在社会中与人和谐相处。所以，企业中的每一个人，都应该心存感恩。感恩作为和谐

① 《马克思恩格斯全集》（第 46 卷），人民出版社，1971 年版。
② 同上。

社会的基本道德价值取向，是道德价值的源泉，家庭、社会和谐的根基。所以开展员工“感恩教育”，加强企业员工感恩精神的培养也是构建社会主义和谐社会，培养现代公民的关键环节。

第二节 雷锋的感恩精神

雷锋经历了新旧社会的鲜明对比，在旧社会体验到的是私有制社会的残酷和冷淡，他的父母和其他亲人相继在旧社会去世，这个孤儿体验到了旧社会的黑暗和专制。在新社会他得到了党和政府的关心和哺育，到处充满了他不曾想象到的关爱和真诚，雷锋对新社会充满了希望，他觉得自己无论怎么奉献都无法报答新社会带给他的关爱，于是他忘我的奉献、高度的道德责任感，都是从这里涌流出来的。人民对他的爱，唤起了他对人民的无限热爱。这种对人民无限的热爱，又转化为他为人民服务的高尚精神。在雷锋的言行和事迹中，都反映出他对共产党、社会主义，对人民深深的挚爱之情。他怀着一颗感恩的心把自己的一生都无私地奉献给了党和人民，他以自己一颗真诚与火热的赤子之心回报社会，把有限的生命投入到无限的为人民服务之中去，谱写了他平凡而伟大、短暂而辉煌的人生乐章，给后人留下了无限的怀念和人生思索。在社会主义市场经济条件下，针对企业员工感恩意识缺乏，如何在市场经济条件下更好地用雷锋的感恩精神对企业员工系统进行感恩教育呢，这就要求我们必须考察雷锋的感恩精神，以期提高企业员工感恩教育的实效性。

一、雷锋“感恩反哺”思想的渊源

感恩是人性最美好一面的呈现，是人的良知的流露。一个具有健全人格的人，一定是一个懂得感恩的人，而一个不懂得感恩的人必定拥有一颗冷酷无情的心。在我们的工作和生活中，随时随地都会有令我们感动、值得我们感恩的人和事。对于亲人、朋友、上司、同事乃至于一个陌生人所给予我们的关怀和帮助，存一份真挚的感恩之心，是做人的本分。雷锋就是一个带着一颗自然、真挚的感恩之心走向成功巅峰的人。他的感恩之心来自于他曲折的生活经历，来自于童年和青少年时代——新中国成立前后的巨大反差。童年的雷锋本来可以有一个幸福的5口之家，但在兵荒马乱的岁月里，先是父亲在贫病中去世，接着与他感情深厚的哥哥在工厂做工时被机器轧断手臂，沿路乞讨回家，但终因无钱医治而在一天天加重的伤势中闭上了双眼。不久，雷锋不满两岁的弟弟也连病带饿地跟着哥哥去了。雷锋和母亲相依为命，但母亲最终也悬梁自尽。雷锋成了孤儿，虽然蒙亲戚收留，但为了给亲人减轻负担，不得不时常出去乞讨，小小的年纪就备尝人间的辛酸。

新中国成立后，雷锋在当地政府的帮助下，上了学、参加了工作，不仅过上了饱暖的生活，而且得到人们的关爱、尊重，体味着温暖的人间真情，直到最后成为时代的宠儿、共和国的长子。雷锋对新社会和它的缔造者充满了感激之情，这是自然的、真诚的、合情合理的。在给战友的一封信里，雷锋由衷地表达了这份感激之情，“我是一个孤儿，在旧社会受尽了折磨和痛苦……今天连我脚上穿着一双普通的鞋子也感到是一种莫大的幸福。现在我们还有皮鞋哩。”而且，正是因为懂得感恩，才改变了雷锋的命运，让他走出了成功的第一步。这还得从雷锋写过的一本小册子说起。

那是一本用红纸折叠成的共8页的夹页，长6寸，宽3寸，封面上用毛笔写着“苦难的家史，我的理想”。在“苦难的家史”中，雷锋回忆了旧社会如何把他的家人一个接一个逼上绝路，诉说他童年刻骨铭心的苦难。“我的理想”描述了新中国成立后给予他的关怀，让他上了学，过上了好日子。字里行间流露着雷锋对给予他幸福生活的新中国的感恩之心。当时雷锋正在乡政府担任通讯员。一个偶然的机会，下乡来为县委物色通讯员人选的组织部干事黄菊芳看到了这本小册子。雷锋自然的、真挚的感恩之心打动了她。而待人热情、活泼开朗、机灵勤快的雷锋无疑是一个出色的通讯员人选。

经过黄菊芳的推荐，雷锋成为县委机关的一名公务员。这是一个非常宝贵的机会，公务员的经历对于雷锋日后的成长有着不可磨灭的影响。虽然他在县委机关里做的都是打水、扫地、送文件之类的琐碎工作，但却让雷锋明白了认认真真把小事做好，同样可以做出成绩；在这个岗位上，他接触到了上级领导和更多的群众，阅历更加丰富，积累了更多的工作经验，处理问题也更加成熟；雷锋还阅读了包括《毛泽东文选》在内的书籍（当时的《毛泽东文选》不像后来发行的那么广泛，一个县里也就一两套，通常由县委书记保管），因此，雷锋比他的同龄人更加见多识广、视野开阔，还具备了一定的政治理论水平。

在这个岗位上，雷锋还结识了当地的“名人”——劳动模范冯健，与她结下了深厚的姐弟情谊。另外，根据他的表现，县里的领导让他学习开拖拉机，成为全县第一个拖拉机手，这是一个当时令人羡慕的职业，也为他当工人之后开推土机，参军之后成为汽车兵打下了基础。所以，表达雷锋感恩之心的小册子确实起到了改变雷锋命运的作用。通过这本小册子，人们了解了雷锋的家庭出身和政治立场，这像今天的学历一样，都是人才选拔中的硬杠杠。

感恩的心就是雷锋事业成功的引擎。不仅仅是雷锋，在这个世界上，很多优秀的人就是从一份感恩之情里获得了改变自己命运的力量。在一座金碧辉煌的大厅里，当代科学大师霍金的学术报告刚刚结束，听众们还沉浸在那闪烁着思想火花的精彩绝伦的报告当中，一位年轻的女记者便急切地走到这位科学大师面前，提出了一个十分不解的困惑：“霍金先生，颅伽雷病已将您永远地固定在轮椅上了。您难道没有为自己已失去了太多而悲伤过吗?”霍金脸上挂着微笑，缓缓地抬起手臂，用不大灵便的手指，艰难地敲击着胸前的键盘，随着合成器发出的标准的伦敦音，在宽大的投影屏上，缓慢而醒目地显示出了下列几行文字——我的手指还能够活动。

我的大脑还能思维，

我有终生追求的理想，

有我爱和爱我的亲人和朋友，

最重要的是我还有一颗感恩的心……

骤然间，肃穆的会场上再次响起如潮的掌声，人们纷纷拥到台前，向这位坦然面对磨难、挑战人类智慧极限并不断铸就辉煌的人生斗士，表示深深的敬意。年轻的女记者的心灵被震撼了，望着霍金先生那并不高大的身躯，她恍然读懂了一个十分重要的人生课题——做人，要常怀感恩之心。

二、懂得表达感恩的雷锋

雷锋平凡而又伟大。虽然 50 年过去了，雷锋精神却丝毫未褪色，而且以其短暂一生构筑的思想道德高地仰之弥高，尤显魅力。他勤奋好学，有钉子一样的“钻劲”和“挤劲”；他爱岗敬业，甘为建设事业的一颗“螺丝钉”；他助人为乐，走到哪里好事就做到哪里；他心中无我，从不计较个人得失。

雷锋为什么这么好？许多人都在寻找这个答案。我们以为，答案其实很简单，就是四个字：懂得感恩。雷锋出生在战乱年代，童年在苦难中度过，7 岁成了孤儿。新中国成立后，雷锋得以上学学文化，16 岁参加工作，18 岁当上工人，19 岁参军入伍，走进了部队的“熔炉”。经历由苦到甜的生活，雷锋把党看做自己的再生母亲，把人民看做自己的亲人。他在日记中写道：“唱支山歌给党听，我把党来比母亲，母亲只生我的身，党的光辉照我心。”因为有报答、感恩的思想根基，他才会践行“我要把有限的生命，投入到无限的为人民服务之中去”的远大志向，才会在 22 年的短暂人生中谱写全心全意为人民服务的壮丽诗篇。

感恩，是做人的优秀品质，也是一种美好的情感，它能升华一个人的生活境界和美好人生。“谁知盘中餐，粒粒皆辛苦”，懂得感恩，就会体恤农民的劳作，体现关爱的情怀；“吃水不忘挖井人”、“前人栽树后人乘凉”，懂得感恩，就会仰慕前人的善行，并以自己的善举惠及后人。

感恩，是做人的基本准则。“羊有跪乳之恩，鸦有反哺之义。”“鱼知水恩，乃幸福之源也。”法国思想家卢梭也说过：“没有感恩就没有真正的美德。”养育，感恩父母；学习，感恩老师；致富，感恩社会；受助，感恩善人；遇到困难，感恩援手之人。我们现在社会上存在的大量道德失范、诚信缺失、文明风气下降乃至腐败现象，说到底是人的思想问题，缺乏一根精神支柱。如果大家少些自我，多些他人；少些物欲，多些信仰，若人人都存感恩之心，这社会就是爱的社会、和的社会，这人也就高尚了。懂得感恩，你就知道什么样的人是雷锋；懂得感恩，你就向雷锋靠近了一步；懂得感恩，雷锋就在你心中；懂得感恩，你就是雷锋！

“无论你是何等的尊贵，或是怎样的卑微，无论你生活在何地何处，或是你有着怎样特别的生活经历，只要你常常怀着一颗感恩的心，就必然会不断地涌动着诸如温暖、自信、坚定、善良等等这些美好的感觉。”

雷锋懂得感恩，同时也懂得表达自己的感恩之心。他所写的改变了他命运的小册子，就是他的感恩之心的由衷表达。不仅如此，只要有适当的机会，雷锋就会向人们诉说他的身世和他对新中国及其缔造者的感激之情。特别是被树立为典型之后，出去做报告的时候，雷锋更加热烈地向人们表达这份感激之情。对于这个经历了苦难又懂得感恩的小伙子，人们由同情到喜欢再到信任，进而扶持他、培养他，使他成为那个时代的“天之骄子”。

与那些受了恩惠，一旦事过境迁就忘至脑后的人不同，对于帮助过他的人，雷锋总是在心里惦念着，找机会去探望他们，表达自己的感激。在雷锋 1960 年 11 月 6 日的日记里，记录了他的一次感恩之旅。此时的雷锋已经是一名解放军战士，离开了原来的工厂。

“昨天我向于助理员请好了假，去辽阳化工厂看我原来的厂领导和工人。今天早上从沈阳乘火车到了辽阳市。因没赶上火车，我到了辽阳市武装部，见到了于政委。他像父亲一样，左手握着我的手，右手抚摸着我的头，微笑地说：‘小雷锋，我昨天在日记本子里还看到了你以前给我的那张相片，我还想起了你，真想不到你今天来这里。’他带我到办公室，亲切地问我在部队的情况，我激动地向首长汇报了自己的工作和学习情况。于政委听了说：‘好，应当好好干，把自己的力量献给党的事业。’八点钟了，他送我到车站。下午七点钟，我乘火车到了安平，七点半钟就到了我原来的工厂——焦化厂。”

“我走进党总支办公室，熊书记、李书记、吴厂长看见是我回来了，真是高兴。我也非常兴奋，好像见到了自己的亲人一样。他们真是热情的招待，给我倒茶，还给我做了饺子和鱼吃，把我安置在一间很温暖的房子里睡觉；还带我到厂内参观了现代化的机器生产。我见到了许多以前和我在一起工作的同志，感到高兴万分。他们有的还介绍了生产情况。我看到新建的焦炉都出焦了，想起自己为这焦炉的建筑贡献过一滴汗水，从心眼里感到十分骄傲和自豪。”

遗憾的是，今天的人们似乎失去了表达感恩的热情和能力。2007年夏天的时候，作者偶然间看到这样一则新闻：在湖北襄樊市总工会、市女企业家协会联合举行的第九次“金秋助学”活动中，主办方宣布：5名贫困大学生被取消继续受助的资格。1年前，在“金秋助学”活动中19位女企业家与22名贫困大学生结成帮扶对子，承诺4年内每人每年资助1000元至3000元不等。入学前，该市总工会给每名受助大学生及其家长发了一封信，希望他们抽空给资助者写封信，汇报一下学习生活情况。

但一年多来，部分受助大学生的表现令人失望，其中三分之二的人未给资助者写信，有一名男生倒是给资助者写过一封短信，但信中只是一个劲地强调其家庭如何困难，希望资助者再次慷慨解囊，通篇连个“谢谢”都没说，让资助者心里很不是滋味。该市总工会再次组织女企业家们捐赠时，部分女企业家表示“不愿再资助无情贫困生”，结果22名贫困大学生中只有17人再度获得资助。

之所以造成这样尴尬的局面，与部分贫困生心理上“极度自尊又极度自卑”，缺乏一种正确对待他人和社会的“阳光心态”有关，同时也是因为当事人缺乏起码的感恩之心。有的学生竟自以为“成绩好，获资助是理所当然的”。那些取消了资助的企业家做得过分吗？应该说这是人之常情。没有一颗感恩的心，也就没有资格接受别人的帮助。

同时，我们也相信其中部分学生并非心中没有一份感激之情，只是他们不懂得如何去表达。没有感恩之心和虽然有感恩的心却不能表达出来，结果是一样的。人们不会读心术，如果当事人不自己把那份深切的感激之情表达出来，施以恩惠的人只能这样想：自己虽然付出了，却连一句感激的话都得不到，这是一个冷漠的、不值得帮助的人。

说到这里，我们就想起现在的老板与员工的关系。一些人把这种关系看成是一种冷冰冰的交易关系。在我们身边，也总有一些人喜欢去恶意地谈论和揣测自己的上司、老板，不停地抱怨公司的环境不好、老板的水平太低、同事的素质太差、给的工资太少等。但大家是否想过，正是老板用自己的出资组建了这家企业，为员工们提供了一个发挥自己才能的平台，也使大家有了一份生存的保障。

为什么我们能够大度地原谅一个陌生人的冒犯，却对和自己朝夕相处的老板一句批评的话或者一个失误耿耿于怀呢？为什么我们可以为一个陌路人所给予自己的点滴帮助而感激不尽，却漠视为自己发薪水的老板的恩惠，将自己在公司里所得到的一切都视之为理所当然，还犹嫌不足呢？

雷锋说过这样的话：”同志，你是否意识到您的一切生活在幸福之中？可能意识不到，也可能意识到了。当您能吃一顿饱饭，穿上一套衣服，能当家做主，自由地生活，你有如何感觉呢？有一种说不出的幸福感。”这就是雷锋对生活的感受，也是他感恩之心的来源。我们不时也应该这样问问自己，对那些给了我们生活保障的人表达一下自己的感激之情。

三、以实际行动践行感恩的雷锋

翻开《雷锋的故事》和《雷锋日记》，我们可以看到，雷锋短暂一生的光辉思想和感人事迹，无处不饱含着对党的感激之情，无处不饱含着爱党、爱国、爱人民的炙热情感。他把党比作“大救星”、“温暖的太阳”、“慈祥的母亲”。他甚至在梦中梦见了党的领袖毛主席像慈父一样抚摸他的头，鼓励他好好学习。

雷锋参加工作之后，时刻提醒着自己，“回顾十多年前，我还是一个穷苦的孤儿，吃不饱，穿不暖，过着饥寒交迫的苦日子。”雷锋在其日记里面也认真地写道：“唱支山歌给党听，我把党来比母亲；母亲只生了我的身，党的光辉照我心。旧社会鞭子抽我身，母亲只会泪涟涟。共产党领我们闹革命，夺过鞭子揍敌人。”“亲爱的党，我慈祥的母亲，我要永远做您的忠实儿子……为建设社会主义和实现共产主义而献出自己的全部力量，直至生命。”“党像慈母一样，哺育着我长大成人。是党给了我生命；是党给了我幸福；是党给了我无产阶级的思想；是党给我指出了前进的方向；是党给我开辟了前进的道路；是党给了我前进的力量；是党给了我一切。”“我渴望已久的参加中国人民解放军的理想实现了，怎么叫我不高兴呢！我恨不得把我的心掏出来献给党才好。晚上我怎么也睡不着，我的心就像大海的浪涛一样，好久不能平静。我，一个在旧社会受苦受罪的穷苦孤儿，居然成为一个国防军战士，得到党和首长的信任，受到战友们的热爱，我真不知说什么好。在这个革命的大家庭里，首长胜过父母，战友亲过兄弟，这一切，只有在党领导下的人民军队里才能得到。”“我出生在一个很贫穷的农民家庭，在旧社会里受尽了折磨和痛苦。参军以后，我在党的培养教育下，深深懂得了社会主义的今天是由无数革命先烈和战友的艰苦奋斗、英勇牺牲得来的。从我参加革命那天起，就时刻准备着为了党和阶级的最高利益牺牲个人的一切，直至最宝贵的生命。”因此，他无比珍惜眼前的美好生活，带着一颗感恩的心忘我地工作，“以实际行动来感恩。”雷锋就是这样一心向着党，他把党比作自己的母亲，把自己的一切乃至生命都看成是属于党和人民的。无论遇到什么样的艰难困苦，都“坚决听党的话，一辈子跟党走”，“为了党，愿洒尽鲜血，永不变心”。

在雷锋的日记里，记录了这样一件事：“今天是春节假期的第四天，吃早饭的时候，连值班说：‘上午九点集合到和平俱乐部看电影。’有一个同志问了一句：‘是什么片子？’他说：‘是《昆仑铁骑》。’大家都说：‘好极了，可不要错过这个机会。’我一边吃饭，一边想：春节五天假期过完了，19 号就要开始冬训。为了响应党的号召，支援农业第一线，争取今年农业大丰收，我还是去多积点肥，支援人民公社，这样做有两个好处。第一，以实际行动支援农业，对社员们是一个鼓舞，同时也更密切了军民关系。第二，替居民搞了卫生。因小孩在屋前屋后拉了很多大粪，看起来脏得很，我去把大粪捡起来，给居民把地扫干净，这真是一件一举两得的好事，既搞了卫生又积了肥。”

“说干就干，我推着手推车，拿着铁锹和粪筐，走到望花区北后屯，看见了工人住宅的屋前屋后有很多一小堆一小堆的粪便，我便立刻捡了起来。一位老大爷从宿舍里出来，很惊奇地问我：‘军人同志，你们过节还不休息么?’我回答说：‘响应党的号召，捡点大粪，支援农业，争取今年大丰收嘛。’那位老大爷点点头，笑着说：‘好啊好啊，你真想得周到，过年也不歇着，捡大粪送给公社，这得好好地表扬啦，这种精神也值得大伙儿学习呀。’我对老大爷说：‘支援人民公社，这是我应尽的义务。’那位老大爷很热情地叫我到他家里去休息一会儿，我谢了谢他老人家的好意，推着车子走了。到了下午 2 点钟，我捡了满满一车粪，送给望花区工农人民公社。人民公社的负责同志们都很受感动……”

雷锋对党的感激和热爱，已经化为了他忠贞不渝的人生信仰和坚定信念。表现在行动上，则是一生交给党安排，完全服从党的利益；全心全意地为人民服务。“人的生命是有限的，可是，为人民服务是无限的，我要把有限的生命，投入到无限的为人民服务之中去。”“我活着是为了全心全意为人民服务，是为人类的解放事业——共产主义而斗争。”

雷锋服务人民回报社会，并非只停留在口头上、日记里，而是体现在具体行动上。用实际行动向人们表明：“为建设社会主义和实现共产主义而献出自己的全部力量，直至生命。”

雷锋工作初期是在县委机关工作。党号召大办农业，雷锋就主动申请从县委机关下到农业生产第一线，当一名新式农民；党需要加强工业建设，他就离开可爱的家乡，从湖南来到东北当一名好工人；党号召青年应征服役，他又经过多次申请和恳求，参军到部队。土改时期斗争地主，他义正词严血泪控诉；东南沿海形势紧张，他满怀豪情要求到福建前线参加战斗。

雷锋服务人民回报社会，是全心全意、真心真意的，是无条件的，而不是半心半意、三心二意、有条件的；雷锋服务人民回报社会是坚定不移、始终一贯的，而不是忽冷忽热、半途而废的。雷锋不愧是一个“完全”、“彻底”为人民服务的共产主义战士。从1961年开始，雷锋经常应邀去外地作报告，他出差机会多了，为人民服务的机会就多了，人们流传着这样一句话：“雷锋出差一千里，好事做了一火车。”

一次雷锋外出在沈阳站换车的时候，一出检票口，发现一群人围看一个背着小孩的中年妇女，原来这位妇女从山东去吉林看丈夫，车票和钱丢了。雷锋用自己的津贴费买了一张去吉林的火车票塞到大嫂手里，大嫂含着眼泪说：“大兄弟，你叫什么名字，是哪个单位的？”雷锋说：“我叫解放军，就住在中国。”

五月的一天，雷锋冒雨要去沈阳，他为了赶早车，早晨5点多就起来，带了几个馒头就披上雨衣上路了，路上，看见一位妇女背着一个小孩，手还领着一个小女孩也正艰难地向车站走去。雷锋脱下身上的雨衣披在大嫂身上，又抱起小女孩陪他们一起来到车站，上车后，雷锋见小女孩冷得发颤，又把自己的贴身线衣脱下来给她穿上，雷锋估计她早上也没吃饭，就把自己带的馒头给她们吃。火车到了沈阳，天还在下雨，雷锋又一直把她们送到家里。那位妇女感激地说：“同志，我可怎么感谢你呀！”

过年的时候，战友们愉快地在一起搞些各种文娱活动。雷锋和大家在俱乐部打了一阵乒乓球，就想到每逢年节，服务和运输部门是最忙的时候，这些地方是多么需要人帮忙啊。他放下球拍，叫上同班的几个同志，一起请假后直奔附近的瓢儿屯车站，这个帮着打扫候车室，那个给旅客倒水，雷锋把全班都带动起来了。

雷锋还在他的日记中记录了自己为人民服务的实践：

“我拿着扫帚扫候车室的时候，车站的主任对我说：‘你辛苦了，休息休息吧。’我没有休息。我觉得这是自己应尽的义务。我给旅客们倒开水的时候，他们说：‘解放军真好，处处关心人。’我这样做，能使人民群众更加热爱党，热爱毛主席，热爱解放军，这就是我感到最幸福的。”

“火车上的人很多，我让座给一位老太太坐下，并给她老倒了一杯开水。因她老人家没吃午饭，我又拿出自己没舍得吃的面包送给她吃。我除了照顾这位老太太，还帮助服务员扫车厢、擦车厢，给旅客们倒开水，帮炊事员卖饭……很多人都要我休息一会儿。我想：为人民服务嘛……自己累一点算不了什么，只要大家多些方便，就是我最大的快乐。”

雷锋就是这样怀着一颗对党对社会对人民的感恩的心，助人为乐。只要他的付出能换来人民群众更加热爱党，热爱毛主席，热爱解放军，他就感到最大的幸福。雷锋随时随地在每一件小事上都在表达着自己的感恩之心，注意用每一件小事唤起人们对党对社会主义的热爱。可见，雷锋爱党爱国爱人民的这颗心是多么忠贞和诚挚。

雷锋就是这样从身边的点点滴滴做起，让自己的感恩之心化为润物细无声的春雨，滋润着世界。在生活中，我们当中很多人都明白感恩的道理，对生育自己的父母、对朝夕相伴的丈夫（妻子）、对雪中送炭的朋友、对谆谆教诲的师长，我们通常都怀有一颗自然、真挚的感恩之心。但如果是在工作中，我们的感恩之心有时就会不自觉地蒙尘，变得晦暗不明。一些人工作失去了热情，感到厌倦，提起自己的上级和同事就不由得牢骚满腹，谈起工作岗位就觉得是大材小用，说到工作报酬更是 100 个不满意。这似乎已经成了一种不自觉的习惯，一种司空见惯的风气。

第三节　培育企业感恩文化，增强员工对企业的忠诚度

目前，在加强思想道德建设，构建社会主义和谐社会的社会环境新形势下，随着社会的发展和社会文明程度的提高，以感恩为基础的企业文化越来越受到企业的高度重视。感恩文化是企业文化的重要组成部分，是企业实现本身发展成果共享最大化和企业价值的最大化的基础文

化，是在企业遵循“取之于社会，奉献于社会”的原则，立足于自己的社会责任感，在打造企业、社会、合作伙伴、员工之间的和谐关系过程中形成一种文化。在市场竞争日益激烈的环境下，引导员工树立“感恩反哺”意识，增强对企业的忠诚度，对企业的健康发展具有特殊的意义。

一、员工的忠诚度及影响因素

员工的忠诚度在企业发展过程中起着重要的作用，有利于发挥员工的主观能动性，增强其使命感和责任感，因此，要积极发挥员工的忠诚度在企业发展中的作用，有必要明确员工的忠诚度及其影响因素。

（一）员工的忠诚度及其作用

什么是员工忠诚度？所谓忠诚，意为尽心竭力，赤诚无私。企业员工的忠诚度是指员工对于企业所表现出来的行为指向和心理归属，即员工对所服务的企业尽心竭力的奉献程度。员工忠诚度是员工对企业的忠诚程度，它是一个量化的概念。忠诚度是员工行为忠诚与态度忠诚的有机统一。行为忠诚是态度忠诚的基础和前提，态度忠诚是行为忠诚的深化和延伸。员工的忠诚可分为主动忠诚和被动忠诚。前者是指员工主观上具有忠诚于企业的愿望，这种愿望往往是由于组织与员工目标的高度一致，组织帮助员工自我发展和自我实现等因素造成的。被动忠诚是指员工本身不愿意长期留在组织里，只是由于一些约束因素，如高工资、高福利、交通条件等，而不得不留在组织里，一旦这些条件消失，员工就可能不再对组织忠诚了。

员工忠诚度的作用主要表现在以下方面：

1. 员工忠诚决定了员工的工作绩效。员工是企业的基本成分，他们的热情代表企业的士气，影响员工忠诚度的自觉性在潜移默化中体现企业的实力。员工忠诚将大大激发员工的主观能动性和创造力，使员工潜在能力得到充分发挥。忠诚是效率，员工的忠诚度提高与客户满意度的提高存在着促进的作用。企业每名员工的忠诚度提高了，企业竞争实力也就得到了提升。

2. 员工忠诚维系了员工与组织之间的稳定关系。在现代经济发展中，员工会根据自身的个人的判断不断寻找适合自己发展的空间，人才流动成为一个普遍现象。企业作为经济组织始终处于动态发展中，员工与企业之间的文字契约。并不能保证员工与企业之间稳定关系。要想维持这种长期稳定关系，就需要构建依赖和真诚的雇佣关系，培育并提高员工的忠诚度。

3. 员工忠诚有助于增强企业的核心竞争力。在所有的的资源中，人力资源是最具活力的资源，科学地使用人力资源能帮助组织赢得竞争优势。企业员工的创造性思维和劳动是企业发展的根本驱动力。组织的创新能力最终体现在员工的创新能力。但是这种能力的发挥还取决于员工的忠诚度。

4. 员工忠诚能减少企业的人员置换成本。当员工的忠诚度降低时，就会对其为之服务的企业不满，甚至选择离开，从而引起员工流失。而企业为了填补员工离职的空白，又将重新招募、培训新的员工，这期间还要冒着可能的生产率降低、新进员工无法胜任工作的风险，这样就会形成置换成本和交替成本。

（二）员工忠诚度的影响因素

员工忠诚度的影响因素是提高员工忠诚度的前提和基础，员工忠诚度的主要影响因素有：

1. 工资福利制度。薪酬和福利在员工的心目中是影响其忠诚度的一大重要因素。“金钱决不是最重要的，但无疑是很重要的”，无论是企业忠诚度还是职业忠诚度都是建立在物质基础上的，良好的薪酬制度，保证了员工基本的物质需要，才会有良好的职业忠诚度、企业忠诚度。

2. 企业的发展潜力。据专家调查，企业发展潜力作为影响员工忠诚度的因素之一获得了最高认可率，回收的有效问卷中有76%认为企业的发展潜力是影响员工忠诚度的因素。马斯洛需要层次理论指出，人

的低层次需要满足以后，就不再是一种激励力量。员工基本的物质生活需要满足以后，他们就会更加注重自己发展性需要的满足。故其对企业的发展尤为看重，并渴望自己能与企业共同发展，实现双赢。

3. 企业的人力资源管理制度。人力资源管理是每个企业必修的一门重要课程，如何安排员工在合适的岗位上工作，激励员工，培训和考察员工等，都会在一定程度上影响员工忠诚度。目前，很多企业仍然没有把对人力资源管理的制度建设提上议事日程，忽略了这项制度的重要性。即使是认识到重要性，但制定上的不科学造成企业不公平、流于形式的现象时常发生。而这种不良现象影响到员工的工作表现，甚至导致员工消极怠工、抱怨增多、小道消息弥漫，人心涣散。

4. 培训机会和晋升空间。毋庸置疑，绝大多数员工都渴望在现有的基础上得到更好的发展，提升自己的工作水平和技能，更好地实现自己的价值。如果培训机会少并且晋升空间小，容易使人失去工作的激情。若企业能提供有效培训和设计良好的晋升通道，会让员工始终感觉到自己在企业有发展空间，从而愿意长期留在企业并积极为企业发展做贡献，从而有效促进忠诚度增强。

5. 领导的个人魅力。企业领导者的个人魅力和对企业具有忠诚度将会在很大程度上影响着员工的忠诚度。调查发现，100%的员工愿意在这种魅力型领导的指挥下带领下积极而努力地工作。

二、企业发展感恩文化的必要性

企业是一种营利性组织，利润是一个企业追逐的最终目的，通过利润的最大化来实现企业价值，但企业在追逐为人类服务的过程中获得利润回报同时，特别是作为国有企业来说，还有更多的为工人和社会服务的责任。只有承担自己应有的社会责任，企业才会得到社会的认可。感恩文化是企业提升社会责任的有效途径，通过感恩文化可以建立企业与工人、社会之间反哺的良性互动，促进企业安全、高效的发展，在让职工的利益最大化的同时员工会以实际行动来回报企业。

（一）国内企业感恩文化的发展

目前，随着行业之间的竞争越来越激烈，企业文化发展显得尤为重要，企业文化建设越来越受到企业的重视，是否有好的企业文化，决定了企业内部是否上下一致和团结稳定，决定企业是否能立于行业前茅，外国企业先进管理模式的引入给国内外企业文化建设提供了经验，结合企业本身实际情况的发展需要，运用考察学习、职工培训等手段对职工进行企业文化教育，这就为感恩文化在企业中的建立、发展提供了机会，同时随着社会的发展进步，国家提出的建立“社会主义和谐社会”为以感恩与和谐为主的企业文化的发展提供了良好的社会环境与平台，感恩文化作为现代企业文化的重要组成部分和企业提升社会责任的有效途径，能促进企业的协调稳定可持续发展，会被广泛普及。

（二）感恩文化在企业发展中的作用

感恩文化是企业文化建设的重要组成部分，企业感恩文化的培育在职工与企业等方面对企业的快速发展起着重要作用。

1. 感恩文化在职工方面的作用。以感恩为中心的企业文化能提高广大职工的工作热情。职工是企业又快又好的发展的基础力量，只有企业职工不惧风险，满怀热情的投入到工作学习中去，才能从根本上提高工作效率和安全质量，把企业的非自然事故降到最低，多出产品，把产量搞上去。企业制定的奖惩制度是被动的，与职工的自律精神相比，无法有效的带动职工的工作积极性。只有把感恩文化深入到每位职工的心里，提高职工的归属感，让职工以企业为家，满怀一个对企业感恩的心投入到工作中去，将自己的工作和企业的经济效益结合起来考虑，坚定职工与企业发展荣辱与共的决心，不断的提高自己的业务水平。

企业是一个团体单位，感恩文化能提高职工的团队合作精神。企业质量和产量的提高是全体职工共同协作、相互配合的劳动成果。感恩文化氛围让每个职工对彼此，对企业都心怀理解与感激，可以提高职工之间配合的默契性，降低磨合成本，提高了工作效率。调查发现，企业的感恩文化建设的越好，企业的号召力越强，企业在行业中的竞争力也就会日益越强。

2. 感恩文化在企业发展中的作用。品牌效应对于企业的发展有不可估量的作用，品牌就相当于企业的名片，其价值主要体现在企业提供的服务和企业的社会效应两个方面。企业感恩文化的发展有助于企业的品牌价值的提升，感恩文化增强了职工之间的团队精神，提高了职工在工作当中的积极主动性，在感恩文化的氛围的感召中，真正地把自己当做企业的一分子，怀着作为企业一分子的使命感、责任感投入到工作当中去，从而保证了企业的生产质量和社会效应。企业内部的“双向感恩”与企业外部的“社会感恩”相结合，在社会当中树立起良好的形象，有助于企业品牌的提升，形成企业巨大的无形资产。核心竞争力是衡量现代化企业的一个重要指标，产品质量是否过关、企业是否具备科技创新能力是企业的核心竞争力的重要体现，企业内部“双向感恩”的机制提高了员工对于企业的忠诚度，让职工在工作当中形成严谨、自律的作风，提高职工在科技上的创新能力，企业领导对职工的感恩和鼓励，是对职工最大的认可，起到激励职工的工作热情和在科学技术上的创新积极性，这样就保证了企业的产品质量和科技创新能力，提高了企业的核心竞争力。

三、企业感恩文化的特性

感恩是一个外来词，感恩节源自美国。词典上对感恩一词的注解是：感恩，对别人所给的帮助表示感激。所谓感恩文化，就是指企业立足于责任，并通过实际行动来融合企业、社会、合作伙伴、员工之间的和谐关系从而形成一种文化，实现企业发展成果共享最大化和企业价值的最大化的精神价值观。感恩文化与和谐文化相辅相成。培育企业的感恩文化，是整合企业各种竞争优势及赢得未来竞争的关键所在。

（一）制度化

感恩文化需要一个公平公正的制度体系来支撑，完整的制度体系是感恩的前提和保障。因此，企业感恩文化应该是一种基于员工自身需要的文化自觉和行动自觉，意味着平等与尊重、付出与福利回馈。企业要对员工怀有感恩之心，通过有效的途径和制度保障对员工进行人文关怀。企业在营造感恩文化的氛围中，必须要进一步梳理企业与员工之间、员工与社会之间、企业与社会之间的和谐相处反哺文化。制定制度的关键是简单明了、容易操作，体现效率与公平的。因此，企业为了营造感恩文化，应重点研究企业的机制和制度是否完全公正。

（二）合理性

合理的核心是公平，公平合理是员工工作自主性的原动力。如果员工认为自己的努力和付出与得到回报的价值不合理、不公平的时候，员工的积极性和创造性就会降低，员工的努力付出程度和努力所得到的回馈将是企业内部约定俗成的正比关系，一旦员工觉得自己的付出与所得之比不及别人时，其积极性同样会有所降低。

（三）和谐均衡

企业感恩文化是提倡以感恩反哺处理好企业、社会、客户、合作伙伴、员工之间关系的文化，和谐文化是“制度、人情、合理”三个方面关系的运用问题。有人提出：中国人讲求“理”，“理”讲不通了，就用“情”来打动，直到“理”、“情”都讲不通了，才会动用“法”来解决，这也是中国发展的特色之路。中国和谐文化博大精深，感恩文化与和谐文化是相辅相成的。企业应针对政府、客户、员工、同业者、媒体等利益相关者，积极的推进信息产业发展，构建公平和谐的信息社会。

（四）留住员工

员工是企业的主体和企业效益的创造者，也是企业最大的财富。企业员工流失是企业感恩文化负面效应的集中反映，营造企业感恩文化氛围也是留住员工和使已流失的员工再主动回来的有效途径。一个优秀的企业除了用事业和待遇留人外，还要用文化留人，使人才在企业感恩文

化氛围中得到尊重，心理上也要得到满足。企业员工流失存在着几种情况：一是优秀的员工被其他企业挖走，给出了更多的机会和好的待遇，好的企业在优秀员工离职时会开一个欢送会，希望有机会再回来合作；另一种是员工做了一段时间以后，发现自己不认同这个企业的价值观念，出于各种各样的考虑，决定离开，这也是导致企业短期内员工流失的主要原因；第三种是被企业淘汰的，其工作态度和职业道德都不适合当前的岗位，只能劝他离开。

四、积极培育企业感恩文化，增强员工的忠诚度

在贯彻落实党的十八大精神，加强思想道德建设，提高全社会文明程度，构建社会主义和谐社会的新形势下，坚持以科学发展观为指导，打造感恩文化，对于构建和谐企业，调动员工的积极性和创造性，促进企业又好又快发展具有重要的意义。同时，为了突出企业的责任感，企业更应该是为在为人类服务的过程中获得利润回报的社会组织。那么，如何培育企业感恩文化？我们认为，企业营造感恩文化的前提是企业本身要有凝聚力，企业的领导层和管理层首先应该忠诚，然后就是教会员工热爱本企业和事业，这样的企业才能有活力，才能不断地发展、壮大。

（一）培育企业感恩文化使企业与员工发展相依

感恩一旦在全员中形成共识，员工对企业的忠诚度将会达到最高点，并呈现出高度的责任感，从而将这种责任感转化为战胜各种困难的精神动力。感恩教育活动是全员性的活动，重点在基层，成功在于全员的积极支持和参与。

1. 牢固树立“企业的发展靠的是员工的奉献，员工的奉献又离不开利益的激励”的思想观念，不断完善“按技术晋级、凭贡献拿钱”的分配机制。企业应该重奖那些为企业发展做出突出贡献的人和为企业的发展创造出业绩的人，这样才能体现出企业对员工价值的认可，让员工觉得工作中要奔头、有发展，从而为企业创造出更多的利润，促进企业

的快速发展。

2. 营造浓厚的宣传教育氛围。让企业广大干部职工积极参与到感恩教育活动中来。从公司管理层到车间、班组，纷纷组织观看专家感恩电视讲座以及相关的电教片．利用报刊、电视开辟“感恩之心”专栏，征集职工“感恩心语”、“感恩故事”。举办“职工感恩摄影展”、“职工感恩漫画展”、“感恩专题黑板报”等，大力倡导、传播感恩文化，使广大职工形成感恩共识。

3. 充分利用“感恩报告会”、“感恩论坛”、“感恩座谈会”、“感恩演讲”等说教方式，以感恩父母为出发点，以从我做起为着力点，通过职工经历和感受，倾吐感恩之情，使感恩触及每个职工的心灵。经过倡导、宣传、教育和灌输，在全体职工中树立起几个方面的感恩意识：在中国共产党的领导下，祖国的繁荣富强赐予全国各族人民和平、安康、幸福的生活环境，这是在几千年历史上从未有过的业绩，应予感恩；自己的职业生涯选择了企业，企业在不断为自己提供物质文化生活条件的同时，为自己提供成长、实现自身价值的平台，应予感恩；父母把自己带到人间，并不惜代价为了我们，应予感恩；事业的成功与同事在平常工作中的支持与配合密不可分，应予感恩。

（二）培育企业感恩文化使企业与职工命运相连

感恩是互动的，企业关爱职工，职工感恩企业，企业与职工之间的感恩凝结就是无穷的力量。感恩是一种美德，是一种态度，是一种信念，是一种情怀，同时也是人生的一种使命。德国工业品之所以在国际上成为“精良”的代名词，来源于日耳曼民众严谨、忠诚的工作作风，来源于他们对职业神圣的感恩情怀。一个企业的发展和兴衰，靠的是每一位员工高度的执行力、忠诚度和真诚的感恩情怀。因此，将“员工满意不满意、员工拥护不拥护、员工支持不支持”作为评判工作的标准，有针对性的把职工心理特点和生活的实际需要结合起来，加强物质文化建设，改善员工的生活条件和工作环境，缓解员工工作压力，培养员工积极的心态。英国作家萨克雷说过，生活是一面镜子，你笑他也笑，你哭它也哭。何不让我们我们播种感动收获希望呢？一个懂得感恩的人，才能成就他生命和事业的高度。不要只认为员工的感恩对企业来说非常重要。其实，员工对企业的忠诚受益的并不仅仅是企业，最大的受益者就是员工自己。因为，一种职业的责任感和对事业的忠诚一旦养成，就会让你成为一个值得别人信赖的人，可以被委以重任的人。对于我们来说，感恩首先意味着与公司同舟共济。如果企业是一条船，那么我们一双手就是一支桨，只有我们共同伸出双手，让千千万万支桨一起使劲，我们的航船才能劈波斩浪，勇往直前。

第四节 用雷锋“感恩反哺”精神增强企业员工感恩精神的培养

感恩，就是对世间所有人和事物给予自己的关爱、帮助表示感激，铭记在心，并通过自己的付出，用实际行动予以报答。通过考察雷锋的感恩事迹，我们发现在雷锋的言行和事迹中，都反映出他对共产党、社会主义，对人民深深的挚爱之情。他怀着一颗感恩的心把自己的一生都无私地奉献给了党和人民，他以自己一颗真诚与火热的赤子之心回报社会，把有限的生命投入到无限的为人民服务之中去。今天，我们提倡学习雷锋不仅是一个口号、一条标语，更需要用实际行动来表达雷锋精神，更要将“学会感恩，学会珍惜”融于学雷锋行动中，赋予它新的时代意义。因此，在社会主义市场经济条件下，积极探索用雷锋精神增强企业员工感恩教育的途径，以期提高企业员工感恩教育的实效性。

一、以雷锋为榜样，注重员工感恩意识的培养，营造感恩文化氛围

雷锋精神是中华民族传统美德与时代精神的完美结合。雷锋随时随地在每一件小事上都在表达着自己的感恩之心，注意用每一件小事唤

起人们对党对社会主义的热爱。因此，对企业员工进行感恩教育，就要以雷锋为榜样，注重大学生的感恩培养，营造感恩氛围。

（一）认识感恩传统，树立感恩意识

中华传统文化是中华民族几千年文明的结晶，它根植于我们民族的血脉中，世代传承，为民族的发展和复兴提供了精神与智力支撑。感恩文化是中华优秀传统文化的一朵奇葩，为古代社会的进步与和谐发展设定了伦理标准，给现代社会感恩意识的发展提供了文化的根源。毛泽东同志曾指出“从孔夫子到孙中山，我们应当给以总结，承继这一份珍贵的遗产。”① 雷锋精神是中华民族传统美德与时代精神的完美结合，雷锋精神中丰富的感恩内容是对中华优秀传统感恩文化的继承。雷锋，不是伟人，没有轰轰烈烈的丰功伟绩，也非明星，没有绚丽多彩的传奇人生，一名普普通通的士兵，为什么他的名字家喻户晓，他的事迹妇孺皆知，他的精神代代相传？因为他全心全意为人民服务，舍己为人，无私奉献。心中有爱才会无私，爱党，爱人民，爱集体，爱新中国，爱新社会。为什么会爱得如此自然，如此热烈，如此深沉？因为有一颗感恩的心。

目前，对企业员工进行感恩教育过程中，加强企业员工对于中华传统感恩文化的认识，有利于激发其对于感恩文化的好奇心与学习欲望，增强感恩行为的主动性，积极树立感恩意识。心理学研究表明，人的主动性源于对新事物的所产生的巨大的好奇心，而好奇心则直接导致两个结果：一是对于其好奇事物的探究和问询，通常表现为向他人的请教，若遭遇他人拒绝或不知所以然的情况下便宣告结束，转而出现第二个后果，即模仿。模仿是个无言的过程，是在没有外界直接干涉条件下的一种自觉行为，他极力追求的目的是使自己的行为活动和被模仿者的行为活动相一致，而模仿的对象则通常是感人又高大的形象。而雷锋就是这样一个感人又高大的形象，因此，对企业员工进行感恩教育，就要以雷

① 《毛泽东选集》（第 2 卷），人民出版社 1991 年版。

锋为榜样，注重企业员工感恩意识的培养，有意识地将感恩文化渗透到工作的方方面面以及整个过程中去，形成认识感恩传统的浓厚文化氛围。

（二）形成感恩情感，内化感恩文化

情感是人类主体对于客观事物的价值关系的一种主观反映，能激发个体的心理活动和行为动机，具有长期性和稳定性，对个体的人格生成和文化修养具有重要作用。客观事物的价值关系是情感形成的基础，个体在现实生活中有怎样的价值体验就会相应形成怎样的情感状态。雷锋经过新旧社会生活的对比，感觉到新社会的美好，形成了丰富的感恩情感。人都是有感情的，也是有理性的，感情决定着思想的方向，理性决定着思考的结果。只有通过情感沟通与交流，才能使感恩教育达到润物无声、潜移默化效果。情感的产生来自个体的情感体验，而情感体验离不开实践活动。因此，在对企业员工感恩教育的过程中，应注重感恩价值的宣传和切身体验，要为企业员工感恩情感的形成创造价值基础。例如，在感恩事例宣传中将雷锋人物的思想发展和价值选择为切入点，让员工感同身受，切实地体会到感恩行为的价值所在，在实践活动中注重切入员工个体心理世界，激发他们心灵的共鸣，促使他们产生深刻的情感体验，强化他们的感恩心理，增强他们的责任意识，培养他们健康高尚的道德情操，从而发展和升华他们道德情感。通过各种活动的开展，使员工将感恩情感内化为自己的感恩文化，参与组建学员工的内心存在，从而给员工以深厚的文化教养。

（三）扩大感恩文化传播，营造感恩氛围

文化传播，简单地讲就是人类文化由文化源地向外辐射传递或由一个社会群体向另一群体的散布影响过程。文化传播反映了人与人之间共存、发展、影响的相互关系，具有社会性、目的性、创造性、互动性以及永恒性。人类有意识地文化传播，有利于社会优秀文化的传承和发展，有利于社会良好文化氛围的形成。马克思曾指出：“人可以改变环

境，而环境也可能改变人”。因此，文化环境的营造对个体自身文化素质的养成具有重要作用，而企业感恩文化氛围的营造离不开有效的载体，因此，在企业员工中开展感恩教育，营造感恩氛围不仅是企业提高德育实效性的重要抓手，也是促进企业感恩文化形成和发展的重要载体，企业要通过各种方式和途径，积极有效地开展感恩教育，努力扩大感恩文化传播，积极开展诸如“感恩报告会”、“感恩论坛”“感恩座谈会”、“感恩演讲”等活动，使员工内心深处产生共鸣，感恩教育也才能更富有成效。在活动中让员工在亲身传播过程中深化感恩意识，让文化在传播过程中得到发展，让社会在传播作用下得到“净化”，形成企业感恩教育与社会文化氛围的良性发展。

二、发挥工会作用，不断深化感恩文化建设

企业的最终目的是获得发展，企业文化建设也要服从、服务于这一工作大局。先进的企业文化，代表了企业的良性发展方向，是企业发展的精神动力。以感恩文化为核心的企业文化是增强企业的团结力、向心力、凝聚力、号召力、战斗力的文化，也是促进企业健康、快速发展的文化。工会作为企业中的群众组织，参与感恩文化建设，深化感恩文化内涵，具有不可替代的作用，这是由工会组织的性质及其基本职责决定的。

（一）教育引导，做好职工思想政治工作

胡锦涛总书记在党的十七大报告中指出：“加强和改进思想政治工作，注重人文关怀和心理疏导，用正确的方式处理人际关系。”这一指示精神为做好新形势下工会思想政治工作指明了方向。工会思想政治工作是党的思想政治工作的重要组成部分。做好职工的思想政治工作就是要服从、服务于党政工作大局，发挥工会对职工的引导、凝聚作用，学习践行社会主义核心价值体系，开展职工思想主题教育，推动经济健康持续发展。

（二）扎实开展社会主义核心价值体系教育和国情形势政策教育

工会要扎实开展社会主义核心价值体系教育和国情形势政策教育，提高职工的思想政治素质。要把深入开展感恩教育作为推进社会主义核心价值体系建设的切入点和载体，引导职工从感恩父母向感恩企业、感恩社会、感恩人民、感恩祖国延伸，使社会主义核心价值体系建设具体化、有形化。要帮助职工正确分析当前形势，正确理解党和国家的方针政策，正确对待前进中的困难和问题，正确处理个人利益和集体利益、局部利益和整体利益、当前利益和长远利益的关系，不断增强职工的工人阶级主人翁意识，增强全面建设小康社会和构建社会主义和谐社会的信念和信心。要引导职工感恩企业，企业为职工提供了施展才华的舞台，提供了建功立业的岗位，提供了生存发展的物质基础和精神家园，是职工赖以生存和发展的基础平台。没有企业的发展壮大，职工生存发展、权益维护就成了无源之水、无本之木。工会要引导职工感恩企业，把自身理想与企业发展愿景相结合，为企业发展多做贡献。

三、努力完善健全企业制度，激发感恩行为

邓小平同志曾强调：“制度问题，关系到党和国家是否改颜色，必须引起全党的高度重视。”① “无规矩不成方圆”，制度是一个集体内，规范共事人行为的各种规则，是按一定程序办事的规则的总和，制度是社会有序、健康运行的保障，因此，要增强企业员工的感恩教育效果，完善、健全的企业制度是重要保障。感恩文化只有进入制度层面才能做实，从自发到自觉需要规范过程，在约束中培养习惯，通过习惯实现内化。感恩教育的常态化需要制度保证，将道德要素渗透到企业规章中去，将活动制度化。

---

① 《邓小平文选》（第 2 卷），人民出版社 1983 年版。

(一) 完善制度建设，促进感恩活动

企业制度建设是和谐企业朝着科学化、规范化、健康化的轨道阔步前行的根本保证，是和谐企业建设实现健康、有序发展的重要基础。目前，企业感恩教育缺乏制度的系统协调和保证。

1. 建立感恩行为形成制度。感恩意识并非人天生所具有的，它是人通过后天的培养而不断习得的。要将感恩意识内化到员工的头脑中，维持其存在的长久性和稳定性，就需要制度的保障作用。心理学家研究表明，一个人若在 30 天内连续地重复同一种行为，那么此种行为将形成这个人的个人习惯。感恩行为形成制度就是要将普通的日常的感恩行为规范到制度中，通过外力约束使员工形成感恩的习惯。

2. 构建感恩信仰强化制度。在道德领域，人们实现道德行为的强制力一方面来源于人们内心的道德自觉；另一方面来自于制度、利益等外在力量的约束。当前的我国正处于社会转型期，伴随着市场经济的发展以及相关制度的滞后，社会财富分配不公及贫富差距过大等问题相继出现，道德主体的多样性和利益关系的直接性逐步凸显出来。社会上见利忘义、忘恩负义的事情屡见不鲜，感恩文化逐渐被人们所淡忘、忽略，道德评价模糊。针对此现实，企业员工感恩信仰强化制度的建立迫在眉睫，人们的感恩信仰、感恩行为需要社会的肯定，需要制度的保护和鼓励。因而，企业在感恩教育中应明确道德评价标准，给感恩行为以精神和适当的物质奖励，而对于忘恩行为则要予以道德的谴责和思想的教育，通过制度明确道德导向，强化感恩信仰。

(二) 规范制度运行，增强感恩效果

再完美的制度只有实践了才能发挥它应有的作用，制度的价值体现在运行的过程之中。企业感恩教育制度的运行应注意以下方面：

1. 责任到人，灵活应对。感恩教育相关制度的运行，活动的开展必须落实到具体的企业员工身上，形成实施者的个人责任，保证制度运行。然而感恩教育制度，规范的是人的行为，引导的是人的情感，因此

在运行过程中必须考虑到个人的实际情况，灵活应对，体现制度的规范性和灵活性。

2. 奖惩要落到实处。设定奖惩的目的并不在于奖惩的具体内容，而是价值观和情感的导向，是对于感恩意识和行为的鼓励。亚当·斯密在他的《道德情操论》一书中曾明确提出：“对我们来说，一个行为，如果它是感激的恰当的和被人认可的对象，那么，该行为一定应受奖赏；而另一方面，一个行为，如果它当代是怨恨的恰当的和被人认可的对象，那么，该行为一定该受惩罚。”[①] 企业可以通过感恩教育制度建立一种权责利相对清晰的契约，即用对一定个体的行为或品质施加奖励或惩罚的手段来完善感恩道德的强化机制。让员工明白哪些是社会所倡导和肯定的，哪些是社会所否定的，通过奖惩方式使尽义务的人得到公正的评价和回报，使忘恩负义者受到谴责和惩处，从而强化企业员工的感恩情怀。

（三）改进工作方式，体现人文关怀

在全党深入学习“科学发展观”的背景下，“以人为本”的观念深入人心，企业也即时地提出了“以员工为本”的发展理念，以期最大限度地激发企业员工的积极性、主动性和创造性，提升企业的竞争力。党在十七大报告中明确提出我们应积极“加强思想政治工作，注重人文关怀和心理疏导”。企业德育工作方式的改进，应注意如下方面：

1. 树立“以员工为本”的服务理念。德育工作说到底，就是做“人的工作”，应该体现对人的情感的关怀和对人的发展的服务。“以员工为本”主要体现三层内容：一是明确了员工与企业的关系；二是更加关注员工的权利，员工应具有休息休假、获取报酬和安全保障等权利；三是它提出了企业改革的目的要考虑员工发展的需求。[②]

2. 建立柔性管理模式。柔性管理是“以人为本”的管理，以非线

---

① 亚当·斯密：《道德情操论》，中国社会科学出版社 2003 年版。

② 国褚平：《“以学生为本”：21 世纪中国高等教育理念》，《中国青年政治学院学报》2000 年第 1 期。

性思维的共时性、同步性为管理理念，强调管理的“人性化”。柔性管理从本质上说是一种对“稳定和变化”进行管理的新方略，注重平等和尊重、创造和直觉、远见和价值掌控，它依据信息共享、价值整合、差异性互补等，实现管理知识由隐性到显性的转化，从而创造竞争优势。感恩教育的柔性管理在研究员工的心理和行为规律的基础上，重视员工的内心感受、注重言传身教、激励导向，以平等、温暖的方式实施管理。

四、以人本理念为指导，把感恩意识纳入企业核心价值观

从社会关系角度看，感恩意识体现着人类社会“我为人人，人人为我”的人际交往需要和社会道德诉求，因此，企业要真正树立感恩意识，切实做到感恩社会，还需要坚持以人本理念为指导，切实为社会大众着想，而不是仅从企业经济利益角度作自私的考量。要把感恩理念明确纳入到人本价值观之中，成为人本理念得以贯彻的重要环节。其实，感恩是人本理念的必然要求和重要内容，人本理念主张管理者要一切以人为中心、为出发点和归宿，以尊重人、关心人、理解人为原则，但若没有对员工、顾客等社会角色的感恩之心，就没有善待他人的意向或动机，也就谈不上什么尊重、关心和理解，而有了感恩之心，才会以礼相待、恭敬有加，才会真诚关心、替人着想，才会有责任感和担当精神。

具体来说，以人本理念来感恩顾客，就是要设身处地想顾客之所想、急顾客之所急，一切以顾客利益为中心，如此才能真正以实际行动感动顾客，才能赢得顾客的满意、信任乃至忠诚，才能在感恩顾客的同时也使得顾客感恩企业，建立起企业与顾客双向感恩的和谐人际关系，实现施恩与感恩的良性互动循环。对员工、投资者、合作者乃至一切利益相关者，企业都应保持如待顾客那样的感恩意识，以感恩报恩的精神来感动对方，为他们提供最好的服务。甚至对同行竞争对手也要感恩，感恩他们教会我们如何更好地开展创新、服务顾客，并警醒我们发现自己的缺点和不足。孟子说过：“爱人者，人恒爱之；敬人者，人恒敬之。”其意思是说，爱人敬人能带来同样性质的反作用力。我们也可以

说：感恩人者，人恒感恩之。基于人本理念的感恩，能释放出一种感人向善向上的正能量，若能到处传播这种正能量，必然会在全社会营造起一种人人知恩感恩、个个施恩图报、彼此关系和谐的感恩文化氛围。

[企业“感恩反哺”经典事例]

一腔热血铸大爱——当代雷锋郭明义

郭明义，1977 年参军，1980 年入党，1982 年复员到齐大山铁矿工作。历任鞍山钢铁集团矿山公司齐大山铁矿生产技术室采场公路管理员。先后任矿用大型生产汽车驾驶员、车间团支部书记、矿党委宣传部干事、车间统计员兼人事员、英文翻译等。郭明义曾先后获部队学雷锋标兵、鞍钢劳动模范、鞍山市特等劳动模范、全国无偿献血奉献奖金奖、中央企业优秀共产党员、全国“五一劳动奖章”等荣誉称号，是鞍山市无偿献血形象代言人。中共十八届中央候补委员、中共十八大代表。

从“郭大哥”、“郭师傅”，到“郭大爷”，人们对他的称呼有很多种；从“郭大傻”、“郭大侠”，到“郭大使”，他被越来越多的人铭记；从“铁山楷模”、“爱心使者”，到“雷锋传人”，他的事迹在一代一代人中传递。郭明义，这名鞍钢集团矿业公司齐大山铁矿生产技术室的普通采场公路管理员，入党 30 年来，在自己平凡的岗位上创造出了不平凡的人生传奇。

矿山人有句俗话：“不修车，先修路”，这条 43 公里长的公路承担着每年 5000 多万吨矿石、岩石的输出和转运任务，郭明义负责这些公路的建设和管护已有 15 个春秋。矿山的作业平台是边形成、边生产、边消失，不建固定休息室，工作条件非常恶劣。冬天时这里的温度比外面低五度，夏天时又比外面高 10 度，遇到雨雪天气，大风刮得人睁不开眼睛。然而越是恶劣天气，采场道路维修就越不能停。

就是在这样寒风刺骨或热如桑拿的环境中，郭明义每天早上 4 点多起床，步行40多分钟到达采场，安排值班的职工并对生产的关键道路进行抢修。8点钟，白班职工到岗后，他集中指导整修全采场的道路。矿山生产设备耗电量大，为了躲峰限电，下午才是生产的高峰期。为了保证生产，郭明义几乎每天都是和职工抢在下午1点钟之前，把道路修好后才能吃午饭。之后，他还要在采场主要道路上，再步行检查一遍，仔细观测每一处道路的平整度、坡度和宽度，然后赶回办公室制定下一步修路计划。齐矿生产压力大，采场道路调整特别频繁。会战时，郭明义常常要在采场里工作到天黑，才能回到办公室，回家就更晚了。

每到夏天，脸上都要多次晒爆皮；冬天时，耳朵经常被冻伤。可谁也没有见他叫过一声苦，说过一句疼！15年中，无论双休日、节假日，还是个人家中有事；无论是漫天飞雪，还是大雨滂沱；无论是烈日当头，还是冰天雪地，都从未阻挡过他坚定而匆忙的步履。他仅义务奉献的工作日，就将近1900个，相当于多干了5年的工作量。

仅每天靠步行提前2小时到达采场并坚持15年这一点，齐矿的职工们没有一个不佩服的。走近郭明义，你会感受到他助人为乐的强烈渴望；熟悉郭明义的人，会看到伟大的人格在熠熠闪光。1995年的一天，郭明义要到市希望办为失学儿童捐款，来自澳大利亚的艾伦问他去干什么，郭明义就把自己为希望工程捐款的事情以及目的和意义说给他听，艾伦听后被郭明义的行为所感动，当即和他一同来到了市希望办，向两名岫岩的孩子捐了款。

可是合作归合作，在原则问题上他却一点也不让步。虽然电动轮的进口备件质量检验不归郭明义负责，但每次对着备件做中文翻译时，他都认真检查，先后发现了5台电动轮有质量问题并拍照取证写出中英文说明，为企业获得10万美元的赔偿。

1996年，电动轮汽车投入使用后，齐矿决定配备一名专业技术干部，主管采场公路的设计、建设和管护工作。领导们不约而同地选择了郭明义。从此，他在这个异常艰苦的岗位上，一干就是15年。

由于铁矿石价格大幅上涨，许多不法分子都把盗抢矿石作为生财之道。而齐矿采场又与鞍山、辽阳的多个村子接壤，守护任务非常艰巨。2007 年，齐矿成立了两个护矿队，开展了声势浩大的矿产资源保卫战。郭明义主动报名参加，每天晚上在采场巡逻。一日 5 时，郭明义在采场沟底发现两个不法分子在偷盗柴油。他大喝一声，一边喊一边往前冲，两个歹徒吓得想开车逃跑，他一个箭步冲上去挡住了去路，并大声说：“要跑，除非从我的身上压过去”。两个歹徒一看真是遇到了不怕死的人，丢下车辆和柴油后，慌忙逃跑。

为了维护企业和他人利益，郭明义不惜牺牲一切。2007 年夏季的一天凌晨，郭明义巡逻时，发现一伙人开着车正在盗取矿石，他立即上前制止。这伙人拎着刀恐吓郭明义：“赶紧让开，不然废了你！”郭明义毫不退却，他甩掉上衣，拍着胸口说：“看你废我哪！”盗贼的嚣张气焰被郭明义的凛然正气压倒了。

工作中，他是一个跟工友最贴心的老大哥。只要看到身边的同志有困难、有问题，郭明义都倾尽全力去帮助，少的一、二百元，多的上千元，先后资助过 40 多名工友。看到一名困难职工家没有电视，他就把自家仅有的一台电视送了过去；听说工友的孩子患了重病，他马上去捐款。

一次，职工反映午餐有质量问题，他一看情况属实，拿起职工的饭盒就去找矿领导；职工反映上班途中通勤车出现险情，他听到后意识到问题的严重，马上向有关领导作了汇报，及时改善了交通条件；凡是职工对工资分配、劳保品发放等热点问题有误解、有牢骚，他都耐心的解释，自己说不清楚的，就会将信息及时地向有关部门反馈，多次化解了职工的思想波动。齐矿的几任领导都说，郭明义经常向他们反映职工遇到的困难和问题，而他自己的事，却一件都没有提过。

20 世纪 90 年代中后期，齐矿先后几次福利分房，每次按照条件他都有分到房子、改善居住环境的机会，可他一次要房申请都没有交过。身边的同志问他为什么不写申请，他说：“看到还有许多同志还没有房子住，机会就让给他们吧。”而今，郭明义一家三口还住在 20 世纪 80 年代、地处齐大山矿区的老房子里，不到 40 平方米的家里连一件像样的家具都没有，20 多岁的女儿一直住在不到 4 平方米的餐厅里。

郭明义经常被人问起：老郭，你这么做到底图什么？郭明义笑呵呵地说："每个人都有不同的人生追求、人生选择。从入党那天起，我就选择了跟党走、多为别人奉献的人生道路。所以说，我所做的一切，都是一名党员最基本的责任和义务，都是我应该做的事。"

第五章

与企业员工谈雷锋的“团结协作”精神

雷锋

列夫·托尔斯泰曾说过：“个人离开社会不可能得到幸福，正如植物离开土地而被抛弃到荒漠里不可能生存一样。”叔本华也曾说过：“单个的人是软弱无力的，就像漂流的鲁滨逊一样，只有同别人在一起，他才能完成许多事业”。这充分说明了团结协作的重要性。胡锦涛同志在中共十八大报告中指出：“一定要加强团结、顾全大局，自觉维护全党的团结统一。”团结是一个国家、一个民族的重要基础和力量源泉。“二人同心，其利断金”、“人心齐，泰山移”、“天时不如地利，地利不如人和”。团结是力量，是党的生命。本章节在系统阐述团结协作基本理论的基础上，针对目前企业员工团结协作的现状及存在的问题，提出用雷锋精神加强企业员工团结协作精神培养的途径。

第一节　团结协作精神的基本理论

随着知识经济时代的到来和社会主义现代化建设事业的加快发展，当代社会对人际交往与合作的要求越来越高，许多企事业单位都期望大学毕业生具有团结协作精神。微软公司前副总裁李开复博士所提出的招聘人才的三大素质其中就包括团结协作精神。然而，我们常常在用人单位得到这样的信息：不少的毕业生专业上是合格的，在敬业精神和团队协作能力上，却往往表现得不尽如人意。这一问题的出现值得我们教育工作者认真的反思，培养受社会欢迎的具有良好团结协作精神的大学毕业生，是我们的职责和神圣使命。因此，要培养出符合用人单位需求的具有团结协作精神的毕业生，就必须着手研究团结协作精神的基本理论。

一、团结协作精神的内涵及特征

国际 21 世纪教育委员会于 1996 年 4 月向联合国教科文组织提交了报告《教育——财富蕴藏其中》。报告认为，为了实现人的全面发展，教育必须围绕四种基本的学习过程来重新设计、组织，即：学会求知、学会做事、学会共处和学会做人。学会共处就是指培养在人类活动中的参与和合作精神，就是要培养学生的团结协作精神。

（一）团结协作精神的内涵及特征

团结协作精神，在论著中又被称为“团队精神”或“团队意识”，如《高科技管理与人文》[①] 一书的作者在讲团队精神时，就同时使用了“团结协作精神”与“团队协作精神”。这种理解主要是针对人们相互之

① 曾晓营、姚慧华：《高科技管理与人文》，天津科学技术出版社 2000 年版。

间的关系来讲的。在英文中，团队精神（team spirit）最初是指一个群体为了实现某一特定目标，通过主动调节群体内部的矛盾和行为，而呈现出通力合作、一致对外的精神面貌[1]。随着近几年人们对团队精神的重视，对它的认识也逐步加深。但由于研究方法和角度不同，人们对团队精神的定义往往只是侧重于团队精神某一方面的内涵，概括得并不全面，因此，现在人们还没有对团队精神形成一个统一的定义。

《知识经济与“团队精神”》[2] 一文的作者认为：所谓“团队精神”，是指个人在实现自身利益和目标的过程中，认识到自身利益对集体或他人利益的从属性和不可分割性，从而自觉地以集体的共同利益和目标为重的一种心态和行为方式，这种心态和行为方式表现在群体人际关系上，就是求同存异、积极合作的协调行为。这一定义既包含了组织成员对待组织的态度，又表明了成员对待组织目标及利益的态度，同时还指出了组织成员之间的相互关系。然而与其他定义相比，这一定义没有准确描述出团队成员对待工作的态度。还有一种引用得比较多的是，“团队精神是团队成员为了团队的利益与目标而相互协作、尽心尽力的意愿与作风。”[3] 这一定义描绘出了团队成员对待团队目标和利益的态度，以及成员相互之间和成员对待工作的态度，但没有概括出团队成员对待组织的态度。

从以上几种理解和定义来看，人们对团队精神的理解主要包括以下几方面的态度：团队成员对待团队的态度、对待团队目标与利益的态度、对待团队事务与工作的态度、团队成员相互之间的态度。但是却忽略了团队精神内涵里很重要的一个方面，那就是对待自身个性的发展与个人创造性与创新性的态度。结合以上几个方面，我们可以将团队精神定义为：所谓团队精神，是指团队成员认同和满意自己的团队，自觉地以团队的利益和目标为重，充分的发挥个人的创造性与创新性，在张扬自己个性的同时主动与其他成员团结协作，尽职尽责为实现团队目的和

---

① 唐伟．杜秀娟等：《现代管理与人》，北京师范大学出版社 1998 年版。

② 刘瑛、黎民：《知识经济与团队精神》，《青年研究》1998 年第 10 期。

③ 贾砚林：《团队精神》，上海财经大学出版社 1999 年版。

利益而努力奋斗的意愿和作风。

根据团队精神的定义，以及团队与群体，团队精神与群体凝聚力、群体士气等的区别，我们进一步探讨团队精神的具体内涵。

1. 团队精神的基础：张扬个性。团队管理看重的是团队的宗旨、价值，认为掌握了团队价值观和信念宗旨的人能够完全主动地推出无数具体的规则和目标。团队管理的价值性体现出关注人的精神的满足，尊重人的个性展示和发展。树立个性意识，鼓励个性发展是形成团队理念，塑造团队精神的前提和基础。树立个性意识，就是注意到个人是自由的，能够自主地支配自己。

从领导学的角度讲，美国 Service master 公司董事长比尔·波拉德曾在《尽职的领导者》一文中对组织的领导提出了 8 个方面的要求，其中关于鼓励个性发展的就有 7 点。他提出“尊重个性人格，相信所有的人”是获得组织管理的前提。因此，团队管理的首要条件就是要求拥有一种人性化的管理机制，给予个人以合理的授权，从而为每个人的发展提供一个良好的空间。美国 GE 公司业务主管鲁本·加托夫认为在管理中要贯彻非趋同性原则，力争把人看做是主观的，要善于打破组织内部的平衡性，鼓励个性发展。团队管理就是要认真分析，区别对待每一个组织成员，通过考察成员的个性，委以任用。使个体潜力、兴趣与组织目标得到有效的结合，使其特长得到完善的发挥。我们来看看韦尔奇提到的典型团队——运动团队，不难发现：第一，团队最基本的成分一团队成员，是经过选拔组合的，是特意配备好的；第二，团队的每一个成员都干着与别的成员不同的事情；第三，团队管理是要区别对待每一个成员，通过精心设计和相应的培训使每一个成员的个性特长能够不断地得到发展并发挥出来①。团队精神的基础就是在团队中树立一种个性意识，尊重独立性、主动性、创造性。要塑造团队精神，就必须尊重个人的兴趣与成就，选拔不同的人才，给予不同的培养，让每一个个体都拥有特长，表现出特长。从这一层面上讲，团队精神是以人的充分解放和

① 洪海：《走出团队精神的误区》，《市场周刊》2004 年第 3 期。

全面发展为基础的。

2. 团队精神的核心：协同合作，优势互补。“通常人们在与其他人一起工作时，或周围有其他人的时候，人们会比自己单独工作时更卖力”[1]。这是特里普利特在20世纪发现的协作原则。同样的思想，马克思在《资本论》里早已论述过，他指出，通过协作劳动，不仅提高了个人生产力，而且创造了一种生产力，这种生产力本身必然是集体力。

今天，协同合作、优势互补已然成为团队精神的核心。因为，团队的根本功能或作用，在于提高组织整体的业务表现。强化个人的工作标准也好，帮助每一个成员更好地实现成就也好，目的就是为了使团队的工作业绩超过成员个人的业绩，让团队业绩由各部分组成而又大于各部分之和。为了使团队成员能更好地协作就必须在团队内形成良好的人际关系，因为良好的人际关系有助于加强团队成员之间的团结，团结是团队赖以生存和发展的重要条件。没有团结，团队就缺乏凝聚力。甚至当成员之间的矛盾和冲突超过一定“度”的时候，团队就会破裂。

为了团队的生存与发展，就必须协调好团队的人际关系。良好的人际关系还可以增强团队成员的正义感、责任感和集体荣誉感，可以激发团队成员的工作热情，形成和谐的团队氛围，使人心情舒畅、精神振奋，更好地发挥各自的聪明才智和吃苦耐劳的精神，积极工作。从而提高团队成员工作的积极性、主动性、创造性，实现团队成员的整体效应，提高工作的效率。在处理团队的人际关系上，彼此间要相互合作，和睦相处，营造一种积极向上的人际氛围。客观地说，团队基础上的合作是以人格的平等为基础的，合作者之间没有彼此身份上的等级与差异，合作的结果使得整体合力得到最大化的凸显。

除了良好的人际关系外，团队成员在才能上的互补也是必不可少的。曾在电视上看到这样一个生动的例子[2]：联想运动队和惠普运动队进行攀岩比赛。惠普队强调的是齐心协力，注意安全，共同完成任务。

---

① Nick Hayes, Successful Team Management [M], International Thomson Business Press. 1997.

② 王立罐：《说团队精神就是集体主义？》，《中外管理》2002年第4期。

联想队在一旁，没有做太多的士气鼓动，而是一直在合计着什么．比赛开始了，惠普队在全过程中几处碰到险情，尽管大家齐心协力，排除险情，完成了任务，但因时间拉长最后输给了联想队．那么联想队在比赛前合计什么呢？原来他们把队员个人的优势和劣势进行了精心组合：第一个是动作机灵的小个子队员，第二个是一位高个子队员，女士和身体庞大的队员放在中间，殿后的当然是具有独立攀岩实力的队员．于是，他们几乎没有险情地迅速地完成了任务。

可见，团队精神的一大特色表现在团队成员在才能上是互补的、程序上是协调的。共同完成目标任务的保证就在于发挥每个人的特长，并注重流程，使之产生协同效应。

3. 团队精神的动力：共同目标。成员们有共同的目标，为完成共同的目标，成员之间彼此合作，这是构成和维持团队的基本条件，团队的目标赋予团队一种高于团队成员个人总和的认同感。这种认同感为如何解决个人利益和团队的碰撞提供了有意义的标准，使得一些威胁性的冲突有可能顺利地转变为建设性的冲突①。这种由共同目标所赋予团队的认同感也正是产生团队精神的根本的动力。

英国某教堂墙上有一块碑文，上面写道：“干活如果没有远景就会枯燥；有远景没有实干只是一个空想；有远景再加实干就成了世界的希望”②。美国著名的管理学家彼得·圣吉在其著作《第五修炼》中也提出企业“共同的远景”，意思是说一个企业必须有一个共同的目标。这个目标能够引导大家共同去追求、去努力。

我们认为这种提法是合理的，它的合理性在于明确了企业的共同目标是企业形成团队精神的动力。有效的团队必须具有一个大家共同追求的、有意义的目标，因为团队是一个人群组织，也是一个利益共同体。历史地看，任何一个组织的诞生与维系都是基于人类彼此之间存在着共同的需要，或者说是共同的利益目标。例如，原始社会，人们因为要共

---

① 尚水利：《团队精神》，时事出版社 2001 年版。

② Belbin，R. Tenns：《Why they succeed 01″fall》，Heiemann，1981.

同抵御野兽和袭击，因为只有共同狩猎才一会有所收获，所以说结成部落。又例如，封建社会，饥苦的农民因为想过好日子，所以就结伙起义。包括进入工业社会后，雇员因为要维护自身的利益，对抗资本家的过度榨取，所以要结成工会。从这样的分析判断，我们不难看出，相同的利益要求是一个组织产生的首要前提，没有这一点，任何组织都不可能产生。有了相同的利益要求，还要使人们乐于提供热情而积极的工作，使这些人形成一个有效的群体，形成我们所说的团队精神，它的第一任务就是要确立一个目标，这个目标既是对团队成员的一种利益吸引，也是对大家行为方向的一种界定。正如王小波、李顺起义的时候必须告诉参加起义者他们的目标就是“均贫富”，正如毛泽东主席当年告诉广东农民参加革命就是“打土豪分田地”。所以，组织是一个利益共同体，脱离共同的利益，组织将不复存在。

研究那些今天取得成功的优秀企业，他们的共同特征之一就是有明确的企业目标。如江浙地区是我们国家改革开放以来经济发展最快的地区，20 世纪 80 年代初期开始，由一批精明的农民创办出一批企业。他们的特点是从一个产品入手，从城里请来工程师，利用简陋的设备、厂房和农村廉价的劳动力，以低成本售价的策略把城市中的国有企业冲得岌岌可危。他们没有什么企业目标和理念，解决劳动力就业和赚钱在他们的企业里代替一切。这批企业到 20 世纪 90 年代的时候就基本踪影全无了，但他们中间有一些今天存活下来并且有很大的发展，譬如著名的上市公司浙江万向集团，其创始人鲁冠球先生从他一开始创业，与众多乡镇企业不同的就是他有一个十分明确从汽车配件入手最终进入汽车产业的目标。还有宁波的雅戈尔集团，它的总裁李如成先生从替上海的服装企业加工衬衫的那一刻开始就有借船出海、最终形成自己服装产业的目标。还有被称为中国硅谷的中关村，从 20 世纪 80 年代初诞生第一家企业开始，今天已有数千家企业，但是，能够活到今天并且依然保持着良好发展势头的，也只有联想、四通、北大方正这样一些有明确目标的企业。

所以，共同的目标是组织存在的先决条件，也是团队精神得以形成的动力。团队有目标，大家才会一起投入，为共同的目标的实现而奉献自己的才华，有了共同的目标，每个成员也都知道共同目标实现后对团队和组织的贡献。因此，“当目标真正产生后，人们将会不断地学习与超越。这并非由于别人叫他们这么做才会有如此的表现，而是因为他们自己真的想要这么做。一句话，共同目标孕育着无限的创造力和行动力”①。

4. 团队精神的实质：共同的价值观。团队精神是一个组织共同的价值观问题，如前所述，共同的价值观也正是团队区别于群体的本质之所在，也是团队精神的实质。

在个人对待组织的态度上，团队精神首先表现为组织成员对组织具有强烈的归属感即对组织的认同和忠诚。人总是希望自己在社会中有一个确定的位置，以获得物质上和精神上的满足，这就是归属感。组织行为学认为，群体凝聚力与归属感有关②。它首先表现为对组织的认同。组织成员把组织视为“家”，强烈地感受到自己是组织的一员，将自己在社会中的位置具体定位在所在的组织，具有强烈的主人翁意识。认识到自己的个人利益和组织利益是紧密的联系在一起的，自己的命运与组织是休戚相关的。其次对组织的忠诚表现为组织成员采取集体利益优先的原则，在个人利益与集体利益发生冲突时，能把集体的利益放在首位，愿意为集体的利益尽职尽责，做出贡献，同时反对本位主义与山头主义，维持公利与大利。由于团队成员的目标和团队目标的一致性，组织成员相信、支持组织的目标，实现组织的目标就是实现个人的目标，自觉地把组织的发展看作自己的发展。以组织目标为重，自觉的为了实现组织的目标而尽心尽力，努力工作。

另外，这种“归属感”还表现为组织成员具有强烈的自豪感，也就是为组织的成功而骄傲、为组织的困境而忧虑的集体荣誉感。自豪感是组织成员认为自己所在的组织有令人羡慕的对社会的贡献、良好的声

---

① 尚水利：《团队精神》，时事出版社 2001 年版。

② 卢盛忠：《组织行为学》，浙江教育出版社 1998 年版。

誉、美好的形象和可观的收入而产生的荣耀心理。这是一种积极的心态，能激发工作的欲望，使人在工作中处于较佳的精神状态。

在对待团队事务及工作的态度上，团队精神表现为组织成员具有强烈的责任感和奋发向上、积极创新的敬业精神。组织成员衷心地把组织事务视为自己的事，视工作为组织赋予的使命，不仅尽职尽责，而且积极主动、尽心尽力，充满活力和热情、全方位地投入、创造性地工作，表现出锲而不舍、孜孜以求的恒心和坚定、积极、向上的作风。

在对待个人价值实现与团队价值实现的态度上，组织成员都认为实现团队价值是对人的自我价值的彰显。团队精神作为团队的内在精神力量，包括了团队的价值观念。就价值而言，它是一个对象相对于另一对象而呈现出来的功用性。团队价值即是存在于团队内部的价值观念和理性标准。它是团队的灵魂，也是团队的个性化的表现，包括团队存在的意义，人的价值标准和价值实现方式。没有科学、明确、规范的价值导向，团队就会失去方向性，团队成员就会失去忠诚感、认同感。一个成功的团队是由个体人所组成的，而每个人都有自己的认知情愿、需要、信仰和价值取向，他的自我追求以及个性化都是他的自我价值的重要组成部分。如果个性得以伸张，潜能得以开发，就会产生莫大的成就感和归宿感，进而把自己的行动与团队的绩效紧密地联系起来，实现团队的最大价值。

在组织成员相互之间的关系上，团队精神表现为成员之间的团结协作及良好的沟通、共为一体的一种亲和意识。现代化大生产的特点决定了生产必须井然有序，人们在工作中互相依从、互相服务、密切配合．同时，为了实现共同的目标，还要求人们相互之间有理解、有信任。亲和意识就是在此基础上产生的一种自尊、互尊、相互承认个人价值、懂得人际关系和谐的重要性、互相关心、互相帮助的意识。例如，在日本的一些组织中，组织成员彼此把对方都视为“一家人”，都是组织的一分子，他们相互敬重，待人以诚，彼此关怀、信任，同时互相协作、彼此促进，共同提高，追求整体绩效与和谐。此外，团队成员把沟通视作是协同合作，树立共同目标的必然途径，是形成一个优秀团队不可或缺的重要条件，是团队精神的粘合剂。在现实的管理活动中，沟通比权力更重要，激励员工的积极性依赖的是良好的沟通而不是权力。正如沃尔玛总裁所说的，如果你必须将沃尔玛体制浓缩成一个思想，那可能就是沟通，因为它是我们成功的真正关键之一。“在思想上、精神上充分地把团体的价值目标在系统中得到合理有效的传播和建设，以坦白、开放、沟通作为团队的基本原则来实现团队管理，并使这些原则在思想观念上扎根、生长。在心理上实现一系列鼓励倾听，积极回应他人观点，对他人提供支持并尊重他人兴趣与成就的价值观念”[①]。要实现对团队的认知，就要在组织中进行不断交流与沟通，使个体感到彼此间都以真挚、诚恳、友善的态度对待对方，实现心理上的零距离，达成心理默契，这样方能利用集体智慧，同时也促成了团队精神的实现。

综上所述，团队精神表明了组织成员的一种态度，一种对真善美、对个人和组织之间以及组织成员之间的关系、对组织目标、利益与个人发展、对待团队价值与个人价值实现、对待团队事务与工作等的根本态度，这种态度与组织的要求相一致，并且逐渐内化为团队的价值观念和理性标准。因此，其实质就是组织与个人在长期的活动中形成的共同的价值观，是组织成员对客观事物意义总的看法和观点，这是一种持久的、稳固的、积极的群体心理，是综合群体成员的意向、信仰、情感、意志和品质后形成的一种新的“特殊的情感”。团队之所以能够“青出于蓝而胜于蓝”，在群体的基础上发展而来却又与群体有着本质的区别，就是因为团队成员与团队有着以共同的价值观为根本的团队精神。从这个意义上讲，组织建设的全部要旨就在于培养以共同价值观为根本的团队精神，用价值观、团队精神把人员组织起来。因此，要把一个组织建设成为一个团队，关键就在于把成员个人的价值观与组织的价值观协调统一，努力提高这个群体的群体凝聚力、协作意愿、士气。只有当群体成员间有共同的承诺感、力求协同行动并与组织目标和利益相一致的时

---

① 乔恩·R. 卡曾巴赫、道格拉斯·K. 史密斯：《团队的智慧》，经济科学出版社 1999 年版。

候，即具有浓郁的团队精神的时候，该群体才算是发展为团队。①

（二）团结协作精神特征

团结协作精神是人的社会属性在当今的企业和其他各社会团体内的重要体现。马克思说过，人首先是社会的。时代发展到经济高速发展的今天，可以说人的社会属性比以往任何时候都显得更为明显和重要。团结协作精神的特征主要表现在以下方面：

1. 观念一致。团队的成员与团队的思想和观念保持一致时，会形成一种合力；反之，就会形成一种阻力。当一只大雁掉队的时候，所有的成员都要寻找它，这就会影响到团队的整体进度，造成团队前进速度放慢。所以，要尽可能地使每个人都和团队保持高度一致。只有所有人员保持一致性，才能使团队发挥出最大的效能，取得最大的业绩。

2. 相互配合。在生活中，我们都会有这样的体会：假如你有一个苹果，我也有一个苹果，两人交换的结果是每个人仍然只有一个苹果。但是，假如你有一个设想、知识、经验，我有一个设想、知识、经验，两人交换的结果是每个人都有了两个设想、两个知识、两个经验。因此，团队的力量，并不是个人力量的简单相加，而要实现整体大于部分相加的总和。

3. 顾全大局。当团队出现问题时，敢于承担责任。好的团队在出现错误时的表现是，“没有他们，只有我们”。团队有了失误，成员都敢于站出来说，是我们的错，我们马上想办法改正。团队是一个有机的整体，有共同的愿景和目标。在个人尊严、个人利益与大局发生冲突时，要敢于牺牲个人的尊严，牺牲个人的利益，为实现组织目标而努力。

4. 懂得付出。美国的肯尼迪总统曾说：“不要只想这个国家能给予你什么，你要去想到底我能为这个国家做些什么。”作为团队中的成员，不要首先想团队应该给予我什么，而要去想自己到底能为团队做些什

① Katzenbaeh, J. R, Smith'D. k The discipline of teams ［J］. Harvard Business Review. 1993, (71): 111～120.

么。好的团队的成员都爱岗敬业，就像好的足球队一样。队员在各自的岗位上兢兢业业，积极跑动，到位不越位。

二、现代企业要重视培养员工的团队精神

列夫·托尔斯泰曾说过：“个人离开社会不可能得到幸福，正如植物离开土地而被抛弃到荒漠里不可能生存一样。”叔本华也曾说过：“单个人是软弱无力的，就像漂流的鲁滨逊一样，只有同别人在一起，他才能完成许多事业”。这充分说明了当今企业员工团结协作的重要性。我们不难看出，团结协作是一切事业成功的基础，个人和集体只有依靠团结的力量，才能把个人的愿望和团队的目标结合起来，产生1+1>2的效果。培养企业员工的团队精神，在我国现代企业发展中有着毋庸置疑的重要性和非常迫切的必要性；培养企业员工的团队精神，是建设和谐社会的迫切要求，是新世纪对企业员工成长的时代呼唤，更是培养创新型人才、实施素质教育的内在要求。

（一）培养团队精神是社会主义和谐社会建设的迫切需要

实现社会和谐，建设美好社会，始终是人类孜孜以求的一个社会理想，也是包括中国共产党在内的马克思主义政党不懈追求的一个社会理想。党的十六大明确提出了“建立和谐社会，达到全社会的和谐发展”这一伟大的建设目标。和谐社会最主要的一个关系是人与人、人与社会的和谐，就是要求人们之间团结互信，互助友爱，每一个人为了社会的发展贡献自己全部的力量，在社会发展的同时，促进个人全面的发展。

建设和谐社会要求人们具有更强烈的社会责任感。团队精神能够培养当代大学生的正确人生态度，激励他们的责任意识。个体对自我的责任意识，是个体对社会、对他人有责任感的内在基础。自我责任意识，意味着个体的自律，和对善的追求。团队中每个成员应该逐步培养自己作为一个团队成员的责任心，尽到自己的责任。人只有具有自我责任意识，启动了他的内力，才能进一步上升为社会责任意识。为和谐社会的发展作贡献团队精神要求人们把个人目标和团队目标结合在一起，要求

团队成员团结协作，忠诚于团队，通过实现团队利益来实现个人利益，并在此基础上将个人利益与团队利益、个人价值的实现与团队价值的实现紧紧地联系在一起，把团队的发展看作是个人的发展。因此，团队精神所具有的团结合作与忠诚的理念正是我们建设和谐社会所需要的。

（二）培养团队精神是时代对企业员工的深切期望

21世纪是知识经济的时代，人们相互间的依存关系更为密切，分工更为细致具体，因而对相互协作也就提出了更高的要求。在知识经济时代，衡量人才的标准，不仅包括智力因素即知识水平，更要看德育的种种表现。“德”的标准是很宽泛而实在的，如健全的人格，敬业奉献，公正诚信，团结友善，关心集体，艰苦奋斗等。无疑，团队精神是德育的重要内容。而且，随着经济的全球化，国家间的较量日益转向科技创新能力的竞争，一个国家的技术单凭模仿、引进已不能保证经济保持真正的优势，而需靠自身的科技创新能力。现代科技的发展又需要大批具有团队精神的创新人才。20世纪，日本等西方国家之所以在经济上取得了辉煌的成就，一个重要原因就是他们培养了大批的具有团队精神的人才。而我国是一个长期处于农业社会的国家，社会发展进入工业化时代也只是近几十年来的事。因此，从劳动生活习惯的角度来看，要求人们具备现代工业社会那种相互间高度依存和协作的习惯意识，显然是不现实的，也是不可能的。而且，我国工业化进程具有跳跃性特点，同时我国社会的发展所存在着的现实情况是：先进的工业与落后的农业并存，先进的都市与落后而又广袤的农村并存。要提高我们的国际竞争力，适应新的生产力发展的要求，就必须加大力气培养具有团队合作能力的新型人才。大学毕业生是祖国的未来，是社会主义建设的生力军，培养大学毕业生的团队精神对提高我国企业员工的综合素质和国际竞争力，对加快我国社会主义现代化建设具有重大的意义。

（三）培养团队精神是实施素质教育的内在要求

民为国之本，国民素质是决定国家盛衰强弱的根本性因素。邓小平指出：“我们国家国力的强弱，经济发展后劲的大小，越来越取决于劳动者素质的高低，取决于知识分子数量多寡和质量的优劣。”① 团队精神、团队合作能力已经成了当今社会考量人才的重要指标，目前国际、国内知名的大企业、公司都建立了自己的团队，这些企业、公司都要求自己的员工具有团队精神和团队合作能力。北京就业指导中心在2005年对150多家公司、企业、事业单位的一项调查表明，有八类大学生最受用人单位的欢迎，其中就包括了“具有团队精神和协作能力”以及“有团队归属感”这几项素质要求，因此，培养企业员工的团队精神具有提高企业员工的适应能力和竞争能力的意义。

团队精神的培养是落实素质教育的一个重要举措，有利于塑造大学生良好的个性人格。团队精神要求团队成员必须在张扬个性的基础上精诚团结、相互协作。大学生素质教育的重点是培养学生的创新精神和实践能力，而尊重每一个学生人格尊严，要把发掘人的潜在的创造力，并且使之转化为贡献，作为培养学生团队精神至高无上的目标来看待，团队精神也必须在团队的实践中才能逐渐养成。因此，团队精神的培育，更加有利于把全面推进大学生素质教育的要求落到实处。从我国的特殊情况来看，当今来自城市的在校大学生，基本上是独生子女。我们说培养大学生的团队精神，对于作为独生子女的这部分大学生显得尤为有意义，是因为父母和祖辈对于独生子女的溺爱和娇宠，使得学生从小就以自我为中心，凡事只考虑自己，不为别人着想。众多的独生子女没有兄弟姐妹为伴，也缺少与其他伙伴一起游戏的集体活动机会，不易养成与人协同合作的精神，这样就导致了学生过强的自我中心意识，较差的自我管理意识和责任意识，较弱的团队意识，明显缺乏团队精神。从这个特殊意义上说，培养大学生的团队精神具有现实的社会意义，同时，也是一项非常紧迫的任务。综上所述，大学生团队精神的培养对社会对大学生自身来说都具有重大的意义。

从社会意义来讲，能够培养企业员工的团队实践能力，提高他们的

---

① 邓小平著：《邓小平文选》（第3卷），人民出版社1993年版.

综合素质，增强企业员工的团队竞争能力和创新能力。大学生是社会主义建设的生力军，整个大学生群体竞争力和创新能力的提高对于国家加快建设社会主义伟大事业具有重大的意义。这实际上就是团队精神培养的显功能。从道德意义上来讲，对大学生进行团队精神的培养，有利于提高整个社会的社会主义道德水平，更好的推进社会主义精神文明建设，这可以看做是团队精神培养的潜功能。

对于企业员工个人而言，对其进行团队精神的培养，有利于提高企业员工的综合素质和道德素养，提高企业员工的竞争能力和社会适应能力，帮助其在社会主义建设中做出更大的贡献。

第二节　雷锋的“团结协作”精神

雷锋在日记中写到：“力量从团结来，智慧从劳动来，行动从思想来，荣誉从集体来。”“一滴水只有放进大海里才永远不会干涸，一个人只有当他把自己和集体事业融合在一起时才有力量。”“一个人的作用，对革命事业来说，就如一架机器上的一颗螺丝钉。机器由于有许许多多螺丝钉的联接和固定，才成了一个坚实的整体，才能够运转自如，发挥它巨大的工作能力。螺丝钉虽小，其作用是不可估计的”。雷锋的这种团结协作精神是雷锋精神的重要组成部分，可以说雷锋具有为祖国、集体践行着团结协作精神的美德。在雷锋精神的感召下，社会上涌现出千千万万个雷锋式团结协作精神的楷模。雷锋精神仍然是一个闪烁着光芒，值得企业员工认真学习、探讨、研究的具有时代意义的团结协作精神。

一、集体主义精神是雷锋精神的基石

集体主义，是主张个人从属于社会，个人利益应当服从集团、民族、阶级和国家利益的一种思想理论，是一种精神。它的最高标准是一

切言论和行动符合人民群众的集体利益，这是共产主义和无产阶级世界观的重要内容。其科学含义在于当个人利益和集体利益发生矛盾的时候要服从集体利益，一切行动和言论以集体为重个人为轻。当个人利益和集体利益发生矛盾的时候，雷锋把集体的、党和人民的利益永远放在个人利益之上，放在个人得失之前，能正确地把个人利益融合在集体利益之中。我们在学习和研究雷锋精神的过程中发现，雷锋的日记和事迹充满了集体主义精神，雷锋在短暂的 22 年人生中闪烁着集体主义思想的光芒。

（一）雷锋正确认识到集体力量的重要性

雷锋正确看待集体力量的重要性是建立在对集体力量作用科学认识的基础上。雷锋在他的日记中曾经多次谈到集体力量的作用。

在 1959 年 10 月×日的日记中雷锋这样写道：“1958 年入厂时候，我只是一个抱着感恩的思想埋头苦干的工人，在生产上只能做到完成自己的任务和达到每天的定额。后来，在党的教育下，特别是受到党的社会主义建设总路线和全国人民冲天干劲的鼓舞，才使我的思想和眼界变得更加开朗和远大，才使我的干劲越来越高涨。由于党的教育，我懂得了这个道理：一朵鲜花打扮不出美丽的春天，一个人先进总是单枪匹马，众人先进才能移山填海。”

雷锋在生活和工作中领悟到了集体力量的重要性，“一朵鲜花打扮不出美丽的春天，一个人先进总是单枪匹马，众人先进才能移山填海”。一个人的力量的确是很有限的，就像一朵花不能打扮出美丽的春天那样，我们要发挥个人的作用，就必须看到集体力量的重要性。

雷锋在 1960 年 3 月×日的日记中，再次强调个人只有在集体中才有力量。“我学习了毛主席著作以后，懂得了不少道理，脑子里一豁亮，越干越有劲，总觉得这股劲儿永远也使不败。我为群众尽了一点自己应尽的义务，党却给了我极大的荣誉，去年被评为先进生产者，并出席了鞍山市青年建设积极分子大会。这完全是由于党的培养，是由于毛主席思想给了我无穷的力量，是由于广大群众支持的结果。我要永远地记住：‘一滴水只有放进大海里才能永远不干，一个人只有当他把自己和集体事业融合一起的时候才能有力量。’”雷锋把个人比作“一滴水”，把集体比作“大海”，用“一滴水”和“大海”的关系比喻“个人”和“集体”的关系，如此形象的比喻反映出雷锋对集体主义和团结互助合作精神的深刻理解。

雷锋通过自己的亲身经历中领悟到集体力量的重要性，他反复强调集体力量的强大。在 1961 年 4 月 16 日的日记中这样写道：“……拿着铁锹跑到了抚顺李石寨人民公社万众生产大队，和社员们一起翻地。他们的革命干劲深深地教育和鼓舞了我，他们建设新农村的革命热情是万分高涨的。我真正懂得了群众的力量能移山填海，只有群众的力量是无穷无尽的，一个人的力量总是沧海一粟。我决心永远和群众牢牢地站在一起，为人类最美好幸福的生活而斗争。”“一个人的力量总是沧海一粟”！雷锋把自己看做“沧海一粟”，这是一种高尚的情怀，深刻理解集体力量的重要性是雷锋集体主义思想的基础。

（二）雷锋正确认识到集体力量离不开个人力量

雷锋在认识集体力量的基础上，对集体和个人的辩证关系得到深刻的理解，雷锋不仅认识到集体力量的强大，还认识到集体力量是靠个人在集体中发挥的作用。

雷锋在 1960 年 1 月 12 日日记中这样写道：“……虽然是细小的螺丝钉，是个微细的小齿轮，然而如果缺了它，那整个的机器就无法运转了，慢说是缺了它，即便是一枚小螺丝钉没拧紧，一个小齿轮略有破损，也要使机器的运转发生故障的。”“尽管如此，但是再好的螺丝钉，再精密的齿轮，它若离开了机器这个整体，也不免要当作废料扔到废铁料仓库里去的。”

在这里雷锋首先强调了个体力量的意义：“虽然是细小的螺丝钉，是个微细的小齿轮，然而如果缺了它，那整个的机器就无法运转了，慢说是缺了它，即便是一枚小螺丝钉没拧紧，一个小齿轮略有破损，也要使机器的运转发生故障的。”雷锋用螺丝钉比作个人，把机器比作集体，

机器缺少螺丝钉不行；同样螺丝钉缺少机器也不行。这是雷锋对个人与集体的辩证关系深刻理解。我们认为，雷锋的集体主义精神正是源于对个体和整体力量的这种科学认识的基础上的。当然，集体主义不是单个力量的简单的组合，不是对个人的埋没和压制，不是对个性的否定，而是充分发挥每一个人智慧和聪明才智的、全体成员有效率的有机组合。

二、团队至上的雷锋

“团队”就是“团结的队伍”，团队精神的真谛就是“团结”，而团结就是力量，就是竞争力、战斗力。那么，怎样才能凝聚一个团队，发扬团队精神呢？从雷锋的身上，我们可以有所启迪。

释迦牟尼曾问他的弟子，“给你一滴水，怎样才能让它不干？”弟子们无言以对，释迦牟尼说：“融入大海。”雷锋写过一篇日记，其中说：“我要永远地记住：一滴水只有放进大海里才能永远不干，一个人只有当他把自己和集体融合一起的时候才能有力量。”对于个人与团队的关系，雷锋还打过很多形象的比喻，像“一朵鲜花打扮不出美丽的春天，一个人先进总是单枪匹马，众人先进才能移山填海”；“大河涨水，小河满；大河无水，小河干”；“个人和集体的关系，正像细胞和人的整个身体的关系一样。当人的身体受到损害的时候，身上的细胞就不可避免也要受到损害”。

雷锋具有表演天分，唱歌、说快板、吹口琴，多才多艺。刚入伍不久，他就被抽到了战士业余演出队。雷锋的积极性非常高，在报节目时，他一个人就报了诗朗诵、快板两个单人节目和三四个说唱节目，起早贪黑地背台词。但等到大家一起排练的时候，问题就出现了。雷锋的湖南口音显得非常“另类”，别人念“风”，他念“哼”；别人念“吴”，他念“湖”，雷锋一张口，其他人就止不住地哈哈大笑。雷锋连忙找人帮自己纠正发音，可口音并不是一时半会儿就能改过来的啊！正当大家感到为难的时候，雷锋主动提出把自己换下来。雷锋诚恳地说：我光凭一股子热情，事先没考虑自己的口音问题，给大家添了麻烦。为了不影响排练进度，请换其他同志上。

雷锋虽然退出了演出，但并没有从此轻松起来。他把自己的角色从台上转到台下，从幕前转到幕后。雷锋做的一件事就是去机关食堂帮厨。演出队员们都在机关食堂吃饭，一下挤进几十个人来，再加上伙食标准、开饭时间等一系列问题，搞得机关干部和炊事员都有意见。冷言冷语不说，战士们来得晚了，连口热饭都没有。有的战士气不过，就发牢骚、踢板凳，双方关系十分紧张。雷锋看到这种情况，就主动提出让自己去厨房帮厨，一来战士们吃不好饭会影响排练，二来厨房也有难处。果不其然，雷锋一去帮厨，炊事员的脸色好看多了。演出队员不管什么时候来吃饭，都有热饭热菜。雷锋的沟通能力又一次得到了验证。

雷锋做的另一件事是烧水。由于演出队只有一个暖壶，开水不够喝。演节目又说又唱，喝不上水可受不了。雷锋拣来一些碎砖头，在墙根下搭了个灶，又从厨房借了把水壶，弄点干树枝，为演员们烧起开水。水开了，他拎着水壶挨个为大家添水。大家一致感谢雷锋，雷锋开着玩笑说：我不想在演出队“失业”啊！把点点滴滴的小事做好，扮演好自己的角色，发挥自己的作用，这就是雷锋最大的优势。

从这件事可以看出，雷锋能够把团队的利益、集体的目标放在第一位，不斤斤计较个人得失。他不因自己失去了在台上表现才华的机会而闹情绪、消极怠工、袖手旁观，而是自觉地调整自己的岗位，从台上到台下，从幕前到幕后，用心做好帮厨、烧水这类不是小事的“小事”，为整个团队服务，为演出成功贡献自己的一份力量。这不就是团队精神的生动写照吗？什么是团队精神？每个人都能自觉地扮演好自己的角色，团队第一，个人第二，必要的时候个人退一步，不当团队的绊脚石，甘做幕后英雄。如果每个人都只想着表现自己，自己当英雄，或者只顾自己的得失，无视集体的利益，团队就无法保持和谐，就不能形成合力。

英国科学家曾经做过一个实验：把一盘点燃的蚊香放进一个蚁巢，开始，巢中的蚂蚁惊恐万状，约 20 秒钟后，许多蚂蚁冒死而上，纷纷向火冲去，并喷射出蚁酸，可蚂蚁喷射出的蚁酸量毕竟有限。因此，一些“勇士”葬身火海，但它们前仆后继，不到一分钟，就将火扑灭。存活者立即将“战友”的尸体移送到附近的一块“墓地”，盖上一层薄土，以示安葬。

一个月后，这位科学家又把一支点燃的蜡烛放到原来的那个蚁巢进行观察。尽管这次“火灾”更大，但蚂蚁却有了经验，调兵遣将迅速，协同作战有条不紊。不到一分钟，烛火即被扑灭，而蚂蚁无一遇难。科学家认为蚂蚁创造了灭火的奇迹，而蚂蚁面临灭顶之灾时的非凡表现，尤其令人震惊。

这提醒我们：团队中的每一个成员千万不要自行其是，因为个人好比大海里面的一滴水一样，离开大海很快就会干涸消失了。你只是团队的一员，即使再受重视，再有才华，也不能以自我为中心。只有依靠团队的力量，才能创造奇迹。就像张瑞敏在《海尔是海》中描写的那样：“海尔应像海，唯有海能以博大的胸怀纳百川而不嫌其细流；容污浊且能净化为碧水。正如此，才有滚滚长江、浊浊黄河、涓涓细流，不惜百折千回，争先恐后，投奔而来。汇成碧波浩渺、万世不竭、无与伦比的壮观！一旦汇入海的大家庭中，每一分子便紧紧地凝聚在一起，不分彼此形成一个团结的整体，随着海的号令执著而又坚定不移地冲向同一个目标，即使粉身碎骨也在所不辞。因此，才有了大海摧枯拉朽的神奇。”

三、助人为乐、团结协作的雷锋

实际上，雷锋在部队里并不是一帆风顺。雷锋当了班长之后，在继续培养和提拔雷锋的问题上就存在分歧。直到上级重新调整了团领导班子，才在培养和提拔雷锋的问题上统一了认识（可见部队在提拔雷锋的问题是多么的重视），但还没等正式的任命下来，雷锋就牺牲了。

尽管受了这样那样的委屈，雷锋并没有因此而走向反面，用阴暗的眼光来看待周围的人和事，他的心里仍然充满了阳光，仍然满怀热情地对待工作、生活和自己的战友。他帮炊事班做饭，给战友理发；有人的被褥脏了，他给洗，衣服破了，他给补；照顾生病的战友，战友家里有困难，他慷慨解囊。担任班长之后，他把班里每个战士的思想情况、工作表现以及特长爱好等都烂熟于心。副班长周述明家庭困难，父亲又得了病，急得愁眉不展。雷锋知道之后，就以周述明的名义给他家里寄了钱，解了燃眉之急。战士乔安山没念过书，学习上有困难，雷锋耐心地辅导、真诚地鼓励。成为典型之后，他把自己外出做报告时获赠的钢笔、笔记本都送给了战友，还把自己的书拿出来供战友们借阅。

熟悉雷锋的人这样评价他：你渴了，他就是一滴水；你饿了，他就是一粒粮；你心里暗了，冷了，他就是一团火，一线阳光。他很平凡，但他把自己仅有的一点光和热，全部献给了同志，献给了集体。雷锋以自己的实际行动践行着“对待同志要像春天般的温暖”的誓言。一个团队，就应该是成员之间相互理解、相互支持、同心协力、互助共赢的组合。如果团队成员离心离德、相互拆台、以邻为壑，同事有了麻烦冷眼旁观、幸灾乐祸，这样的团队还谈得上什么凝聚力呢？团队的成员都在一条船上，如果大家不步调一致、劲往一起使，这条船还能前进吗？等待它的只有在风浪中倾覆的命运。

“人”字一撇一捺，意味着相互依靠，相互帮助。就像雷锋所说：“个人主义好比大海中的孤舟，遇到风浪，一碰就翻。集体主义好比北冰洋上的原子破冰船，任凭什么坚冰都可以摧毁。我认为坐在小舟里摇摇晃晃不好，还是坐在原子破冰船上乘风破浪一往无前为好。”雷锋对战友的帮助就是一面镜子，让我们可以不时地照一照。

雷锋对这个问题的认识也达到一定的高度。1961 年雷锋提升为副班长，如何在发挥这个班集体的作用，雷锋遵照毛主席的教导，“我们的干部要关心每一个战士，一切革命队伍的人都要互相关心、互相爱护、互相帮助”，决心带领这个班集体做好工作。雷锋在 1961 年 5 月 14 日的日记中这样写道：“今天是星期天，我出了一天公差，帮炊事班做饭。一方面给大家改善生活，做点好吃的；另一方面让炊事员很好地休息一下，以处理一些个人的琐事。晚饭后，指导员集合全连的同志开了一个会，布置下礼拜的工作，同时还宣布了上级的一个命令，提升我当副班长……今天首长提升我当副班长，完全是党对我的高度信任和大力的培养。我决心不辜负党和首长对我的期望。从今天起，我要更好地听党和首长的话，并牢记毛主席的教导：“我们都是来自五湖四海，为了一个共同的革命目标，走到一起来了。”“我们的干部要关心每一个战士，一切革命队伍里的人都要互相关心，互相爱护，互相帮助。”坚决按毛主席指示办事，努力学习马克思列宁主义和毛泽东思想，事事以身作则，关心每个同志。以自己的实际行动，去影响和帮助同志，时时严格要求自己，全心全意为党工作，为战友们服务。耐心帮助同志们提高共产主义觉悟，组织大家更好地学习毛主席著作，用毛主席的思想指导一切行动……“副班长”，多么小的一个“官”！“班”又是一个多么小的集体！就是这么小的集体中也需要领导的。在这个集体之中，这个班长该如何发挥好自己的作用？雷锋是这样做的：“干部关心每一个战士”；“以自己的行动，去影响和帮助同志，实施严格要求自己，全心全意为党工作，为战友服务”；“组织大家……”这也是值得我们去认真学习、探讨和发扬的。

四、讲究工作方法的雷锋

在工作过程中，雷锋特别注重工作方法。因为人在社会交往中，经常的和别人打交道，每个人都各有所长、也各有所短。人与人的交往是彼此之间相互学习的极好机会。集体中的每一个成员素质的提高，将使集体力量更加强大。雷锋深切的了解这一点，他在集体中不忘不断向别人、向群众学习；他不放弃任何一个向别人学习的机会。在1960年6月某一天的日记中雷锋这样写道：“单丝不成线，独木不成林。一个人是办不了大事的，群众的事一定要发动群众、依靠群众自己来办……我一定虚心向群众学习，永远做群众的小学生。只有这样，才能做好工作，才能不断进步。我深切地感到：当你和群众交上了知心朋友，受到群众的拥护，这样会给你带来无穷的力量，再大的困难也能克服，无论在什么艰苦的环境中，都会使你感到温暖和幸福。”向他人学习、向群众学习、不断向别人学习的思想在前面引用的日记中我们同样可以看到。

经过部队的锻炼，雷锋逐渐地成熟起来，做工作不再是直来直去，不讲策略，不顾及他人感受。雷锋认为，不讲究工作方法，就会影响团结、妨碍进步，即便动机是好的，也起不到好的作用。一次，在站队列的时候，一个战士漫不经心、松松垮垮，九班长火冒三丈，狠狠地批评了这个战士，但战士面子上挂不住，就是不买账，和班长对着干。事后，这个战士说："九班长态度粗暴，我懒得听他的。"

这件事引起了很多人的议论。有人说："九班长的脾气不好，有事爱发火，他的心可是好的。"但雷锋不这么看，他引用了毛泽东的一句话，"真正的好心，必须顾及效果"。只有好心，没有好的态度和方法，就不会有好的效果，对团结、对工作也起不到好的作用。所以，雷锋主张对团队中存在问题的成员要耐心地说服教育，不能简单粗暴。"我们都是阶级兄弟，应该互相帮助，共同进步。"

从这件事可以看出，雷锋在思想上已经很成熟了。从下面这件事上，我们可以看到雷锋自己是怎么做工作的。雷锋的班里来了个新战士。这个战士来自农村，文化程度低，思想有些落后。其他战士有想法，对新战士不满意。但雷锋根据自己的观察发现，新战士虽然思想有些落后，但工作热情高、吃苦耐劳，也乐于改正缺点。雷锋一方面做其他战士的工作，让其他战士转变了态度；另一方面，雷锋主动地关心、照顾新战士。

新战士刚来就生了病，雷锋请卫生员给他看了病，并给他打开水吃药，打洗脸水给他洗脸，做病号饭送给他吃，把自己的棉大衣给他盖在身上，安慰他好好休息。新战士被雷锋感动了，对他说："班长，你对我太关心了，人心都是肉长的，我再不好好干，也说不过去了。"第二天，这个战士一早就出去打豆子，等大家吃早饭的时候，他已经打了一麻袋豆子背了回来。

不管是团队的领导者，还是一般成员，在工作中都必须讲究方法，一相情愿、简单粗暴的工作作风只会造成团队成员之间的矛盾与隔阂，不利于团结。我们讲团队精神，工作讲方法也是题中应有之义。

第三节 团结协作精神是企业制胜的法宝

中国有句古话：“千人同心，则得千人之力；万人异心，则无一人之用”。意思是说，如果一千个人同心同德，就可以发挥超过一千人的力量，可是，如果一万个人离心离德，恐怕连一个人的力量也比不上了！这，就是团结协作精神的力量！这，就是我们需要的团结协作精神！歌德也说：“不管努力的目标是什么，不管他干什么，他单枪匹马总是没有力量的。合群永远是一切善良思想的人的最高需要。”今天，随着市场规则的日益规范和市场竞争的日益激烈，任何企业要想在激烈的市场竞争中占据一席之地，靠什么？靠企业家的个人英雄主义？靠少数人的单打独斗？都不是，因为现在的市场竞争，是团队协作能力的综合竞争。翻看当代企业的荣辱兴衰，我们不难发现：一千个不成功的企业可能有一千个不成功的理由，但是一千个成功的企业，必然会有一个重要的成功因素，那就是上下同欲、精诚合作的团结协作精神！人的智慧和能力虽然有大有小，但却存在互补性，一个能打硬仗的具有团结协作精神的团队就在于其成员既各有所长，又能各展所长，能够有效发挥集体协作的优势，将会从根本上推动企业的进步。因此，可以说，团结协作精神是成功企业的必修课，是成功企业的制胜法宝！

一、团结协作精神在企业发展中的功能

团结协作精神是企业的创业之基，兴业之本。当前市场竞争日益激烈，随着改革的深入，不同利益群体的矛盾日益突出，广大企业职工的价值观念呈现多样化趋势，应对变化、破解难题、推动发展、构建和谐，都必须依靠艰苦奋斗、团结协作精神武装企业职工群众，使之成为企业职工的自觉追求，成为企业抓住机遇、促进发展，实现百年创新、百年胜利的巨大精神动力。

（一）团结协作精神是企业取得骄人成绩的重要法宝

一个民族没有团结协作的精神，不可能自立于世界民族之林，一个企业没有团结协作的精神，不可能在激烈的市场竞争中生存。社会主义是干出来的而不是等出来的。我们党的团结协作的优良传统，是战胜困难、争取胜利的法宝之一。企业的广大干部职工，就要发扬这一优良传统，才能战胜企业发展过程中出现的异常险恶的自然条件，为祖国的社会主义事业作出巨大的贡献。在企业过去艰苦卓绝的创业阶段，我们需要发扬团结协作精神，在实现科学发展和谐发展的新时期，还要不要继续团结协作的精神？答案无疑是肯定的。企业的科学发展仍需要发扬团结协作精神，唯有将团结协作精神作为推动科学发展、和谐发展的强大精神动力，作为克服困难、战胜挑战的重要思想武器，作为凝聚人心、团结员工的共同文化基础，牢固树立团结协作思想，我们的事业才能从胜利走向新的胜利。市场经济需要发扬团结协作精神。竞争是市场经济最基本的属性，有市场就会有竞争。要在强手如林的竞争中发展壮大，立于不败之地，要求我们必须坚持团结协作精神，以良好的精神状态直面竞争、参与竞争、赢得竞争，真正成为市场经济的“弄潮儿”。正如胡锦涛总书记所说：“越是改革开放和发展社会主义市场经济，越要弘扬团结协作的精神。”知识经济时代更需要发扬团结协作精神。21 世纪是以智力资源为基础、以高新技术为支柱的知识经济时代，综合实力和竞争力在很大程度上取决于创造知识和应用知识的能力与效率。可以说，团结协作精神是知识经济时代的基础保证。

（二）团结协作精神是企业形象的品牌

一个企业的形象直接与企业的兴衰、优劣相联系，企业的知名度与美誉度有机结合构成了企业在公众中的形象。良好的知名度与美誉度，是企业一笔巨大的无形资产，如果声誉卓著，企业就能招揽到更多的优秀人才和顾客，能吸引到更多的投资。能得到周围邻里的支持和帮助。经济全球化使得竞争更为激烈，企业要脱颖而出。形象战略尤为重要，它是企业在市场经济中运作的实力、地位的体现。21世纪，企业竞争除了人才与科技的竞争以外，还有比较重要的一点就是，谁最先发现消费空档，并以良好的形象占据消费者的心，谁就能占据市场，不断扩大经营效益。

（三）团结协作精神是企业文化的核心

人们总说价值观是企业文化的核心。企业要努力培育"生死与共"的价值观．使企业全体员工增强主人翁意识，能与企业同呼吸、同成长、同发展、共生死，做到企业精神与企业价值观的人格化，实现"人企合一"。商业化管理的本质特征是以物为中心，以全面追求利润最大化为目标，忽视人的因素，在管理上着迷于铁的纪律、绝对服从和至高无上的权威，劳资之间变成了纯粹的雇佣与被雇佣关系。21世纪企业的竞争是人才与科技的竞争，很多新崛起的企业之所以取得成功，一个很重要的因素就是这些企业非常重视与经济相适应的团队精神和企业文化建设。例如，联想集团的企业文化建设包括：讲贡献、讲效益的价值观；跻身于国际市场的共同理想；同舟共济、协同作战的整体意识；求实进取、拼搏创业的公司精神；高技术企业的社会形象，这些都为联想集团更好地参与国际、国内竞争提供了良好的价值观基础，也为其未来发展创造了条件。海尔集团"以人为本、以德为本、以诚为本、君子之争、和气为本"的企业文化更是为企业的发展壮大提供了坚实的基础和前提。所以，企业不能再受商业化的束缚，新经济条件下，在企业文化建设中，要把精力投向人的统一，大力加强"团队"的建设。

（四）团结协作精神是企业宝贵的精神财富

"同心山成玉，协力土变金。"干事创业，离不开攻坚克难的精神，更需要团结协作的合力。"二战"之后的日本国富民强，日本企业具有强大竞争能力的根源，不在于其国民个人能力的卓越，而在于其员工整体团队的强大。其中起关键作用的是那种弥漫于日本企业间的无处不在的团队精神及员工对企业有强烈的归属感。

良好的合作意识是在共同的奋斗目标和共同的价值取向基础上形成的，是因为某一个项目或某一个共同的任务、目标把大家聚集起来的，因此在这样的团队里，每一个成员都会具有强烈的归属感和集体感。

在一个企业里，把企业的任务目标、企业的发展愿景，和个人的职业生涯、奋斗目标结合起来，在遇到困难的时候每个员工就能想办法、出主意，做到“三个臭皮匠，顶过诸葛亮”。只有懂得团结协作的人，才能明白团结协作对自己、对别人、对整个企业团队的意义，才会把团结协作当成自己的一份责任。

1. 团结协作精神是企业员工应当具备的基本品质。团结协作是现代人应具备的基本品质之一，也是成功的企业团队的重要经验。因此在现代职场中，不仅必须具有很强的团结协作精神，还要具有很强的团结协作能力。

团结协作是一切事业成功的基础，是立于不败之地的重要保证。团结协作不只是一种解决问题的方法，而是一种道德品质。它体现了人们的集体智慧，是现代社会生活中不可缺少的一环。

我们提倡团队的团结协作精神和互补精神，就是要在目标一致的前提下团结起来，同心协力，取长补短，群策群力，创一流 的企业团队。

“将相和”的佳话流传至今，不是廉颇的骁勇善战，也不是蔺相如的口若悬河，而是两人保江山为社稷为百姓，同仇敌忾，团结协作的胸怀。如果廉颇和蔺相如两人争权夺利，只顾自己利益，国家都有可能因此灭亡，更别提两人自己的一己私利了。这个典故和说明了个人和集体只有依靠团结协作的力量，才能把个人的愿望和团队的总体目标结合起来，讲团结协作，会团结协作，能团结协作。这就要求牢记企业团队宗旨，心往一处想，劲往一处使，工作中互相支持，生活上互相关心，每个人都能发挥特长、发挥优势，尤其能够利用自身的优势无私地支持他人、帮助他人；要善于团结那些与自己有不同意见的人，共同把事情办好，特别是在工作中遇到挫折时，更要相互理解和谅解而不是互相推诿，能够同舟共济，共渡难关，而不是树倒猢狲散。只有这样才能超越个体认知以及个体力量的局限性，发挥集体的通力协作作用，产生 1+

1>2的效果。

2. 推动团队有效的运行和发展。团队精神对团队成员的集体共同意志具有一种强化作用，形成强大的内在凝聚力。团队成员之间具有强烈的认同感；成员对团队具有强烈的归属感；每个团队成员对团队目标、团队决策持有肯定和支持的态度；团队成员认可和接受团队的共同价值观，并在实践中维护和发展团队的价值观。在团队精神的作用下，团队成员互相关心、互相帮助，显示出关心团队的主人翁责任感，并努力自觉地维护团队的集体荣誉，从而使团队精神成为团队生存的内在动力。

3. 培养团队成员之间的亲和力。在向市场经济转轨和参与国际竞争的大背景下，弘扬团结协作精神对于建设好一个组织、一个企业具有极其重要的意义。一个具有团队精神和集体意志的团体，成员之间往往显示出高涨的士气，有利于激发成员工作的主动性。一个团结友爱、思想品德高尚的团队，能使整个团队成员感受到温情和自豪，也会受到高尚品德的熏陶。

4. 为团队成员指引方向、提供推动力。一个团队中的不同成员，由于所处岗位和看问题的角度不同，人生观和价值观的差异也很大，如果没有共同的奋斗目标，团队成员就会迷失方向，很难达成一致。而团队精神能把人们凝聚在一起，能够为团队成员指引方向、为企业目标的完成提供推动力。团队成员在对目标认知与共识的基础上，鼓舞斗志，团结奋进，自觉为团队贡献力量，并把个体利益升华为团队利益，增强团队凝聚力。

二、团结协作精神在企业发展中的表现

团结协作精神在企业发展中表现为员工对企业的强烈归属感，员工把企业当成“家”，把自己的前途与企业的命运系在一起。愿意为企业的利益与目标奋斗。员工在处理个人利益与集体利益的关系时，员工能以集体的利益为重，个人服从集体。一个和尚挑水喝，两个和尚抬水喝，三个和尚没水喝。一只蚂蚁来搬米，搬来搬去搬不起，两只蚂蚁来

搬米，身体晃来又晃去，三只蚂蚁来搬米，轻轻抬着进洞里。这两首童谣，讲了两种截然不同的结果。“三个和尚”之所以“没水喝”，是因为互相推诿、不讲协作：“三只蚂蚁来搬米”之所以能“轻轻抬着进洞里”，正是团结协作的结果。从“人不如蚁”中能得到什么启示呢？我个人认为，团结协作是一切事业成功的基础，个人和集体只有依靠团结的力量，才能把个人的愿望和团队的目标结合起来，超越个体的局限，发挥集体的协作作用，产生 1＋1＞2 的效果。

（一）在团队与其成员之间的关系方面，表现为团队成员对团队的强烈归属感与一体感

团队成员强烈地感受到自己是团队的一员，并且由衷地把自己的前途与团队的命运系在一起，愿意为团队的利益与目标尽心尽力。团队成员对团队具有无限的忠诚，决不允许有损害团队利益的事情发生，并且极具团队荣誉感，为团队的成功而骄傲，为团队的困境而忧虑。在处理个人利益与团队利益的关系时，团队成员会义无反顾地采取团队利益优先的原则，个人服从团队，宁愿牺牲私利。归属感与一体感主要来源于团队利益目标与其成员利益目标的高度一致，团队通过一系列的制度安排使他与其成员组成一个高度牢固的命运共同体，无论物质上还是精神上，团队与其成员都是息息相关的。

（二）在团队成员之间的关系上，表现为成员间的相互协作及共为一体

团队成员彼此把对方视作“一家人”，都是团队的一分子，他们相互依存、荣辱与共。一是互敬互重，待人礼貌谦逊；二是相互宽容，容纳各自的差异，在发生冲突时，求同存异；三是彼此信任，待人以诚，相互深信不疑，委以重任；四是相互帮助，在工作上互相协作共同提高，在生活上彼此关怀。一方面，他们和谐相处，充满凝聚力；另一方面，他们又彼此促进，为了团队的成功指出对方的缺点，终极目标是为了促成更好的合作，追求团队整体的和谐。

（三）在团队成员对团队事务的态度上，表现为团队成员对团队事务的尽心尽力

团队在发展过程中努力争取对成员的全方位投入，培养成员的责任感，让成员参与管理、共同决策。不但让成员发挥其体力，还运用其脑力和心力，以充分调动其积极性、主动性。团队成员把团队的事视为自己的事，干事积极主动，不仅尽职尽责，而且尽心尽力，认真勤勉，充满活力热情。

三、团结协作精神在企业发展中发扬的方式

企业生存的外部环境和内部经营随着市场经济深入发展，都发生了巨大的变化，聪明的企业强调团队协作精神。没有员工在企业运行过程中的相互协作，就没有企业的团队精神，企业就不可能高效益发展，也就不会有企业员工的自我价值的实现。那么，团结协作精神在企业发展中具体如何发扬呢？探究团结协作精神在企业发展中的发扬方式有助于培育企业文化和发挥团队的积极作用。

（一）关怀团队成员

关心团队、爱护团队、珍惜人才是团队建设、管理和激励过程中不可缺少的重要部分。这要求从小事入手，关心和体贴团队成员，用行动、语言去称赞成员，使团队富有人情味，更能打动人。昌图西站项目部团队成员来自五湖四海，只有项目经理一个人是中铁建设的老员工，在每天业务缠身的情况下，他能够挤出时间，大多是靠晚上时间组织大家学习，锻炼自己，让我们新员工很快地融入团队，使员工们感觉到作为一名中铁建设者很自豪。

对团队成员的关怀和体贴，会使成员内心深处升起“知恩图报”的使命感和奉献精神，愿意尽心尽力地工作，激发团队成员强烈的责任心。受到关怀的成员会觉得这样的团队是一个温暖的有吸引力、凝聚力的团队，成员内心产生的归属感是成员愿意充分发挥

自己能力的重要源泉。小事往往是成就大事的基石，团队领导必须在许多看似平凡的时刻，勤于在细小的事情上关怀成员，用心去领导和影响。

（二）尊重团队成员

在团队中，领导与成员之间的区别不在于职务而在于职责。在团队中，应把每一个成员当作一位重要的大人物来看待，使每一个渴望被重视的心理得到满足，从而成为一种积极工作的推动力。

对成员个人优点的认定是他自立于社会或团队的基础，是创造的动力，也是引以为自豪的资本。每一个人都希望得到别人的尊重和承认，所以领导要努力去发现团队成员身上的优点而不是缺点，绝不可以说出伤害他人自尊的话。一个团队的成绩取决于成员的工作态度，是团队里每个成员努力的结果。赋予成员主要的角色，利用所有机会，运用重视"主角"中心人物的做法，领导只需做好从旁支援、协助的工作，便可使团队成员的潜力发挥到极点。

对团队成员的尊重必须是发自内心和始终如一的。它应该使所有员工都感到他们独特的贡献得到承认，这对团队的成功是至关重要的。这种尊重不能由空谈表现出来，而应由看得见的行为表现出来。表现方式之一就是鼓励员工表达自己的想法，耐心倾听，并将这些想法融进团队的管理中去。

（三）塑造优秀的企业团队文化

团队文化是团队在发展过程中形成的，为团队成员所共有的价值观、信念和行为准则及其相应的行为方式的总称。高效团队的文化特征有三个方面：一是团队精神强，团队成员对团队有强烈的归属感、一体感，对团队忠诚，以团队利益为重，团队成员之间相互协作、相互依存，对团队任务全心投入；团队中的每一个人都要团结协作，互爱互助，成分发挥团队的能力，才能成就非凡；二是充满活力，团队成员不畏艰难，始终保持高昂的斗志；三是团队成员不断进取，在工作中充分发挥自己的主动性、积极性，不断提高自己的能力。

从脍炙人口的《三国演义》中可以看出，袁绍的团队文化很不健康，谋士之间互相陷害，最终走向灭亡。刘备的团队屡败屡战、万众一心、积极向上，有明确的团队目标，终成三足鼎立之势。

团队文化建设就是在团队中培植积极向上的意志和风气。它的塑造和建设是长期的，它是一定环境下团队生存、发展的反映。它发端于少数人的倡导和示范，同时也是坚持宣传、不断实践和管理规范的结果。领导者通过制定管理制度和行为规范，并将其进行灌输、宣传和引导，使倡导的团队文化得到员工的接受与认同，一旦新的思想观念和行为方式转化为全体员工的自觉行动时，新的文化就建立起来了。

团队精神代表了一个企业的基本素质，是企业发展繁荣的基本条件。企业要进行现代企业制度的改造，就需要提高自身的基本素质，特别是要在企业内部培养员工的团队精神。大凡成功的企业或组织都特别强调团队精神，昌图西站项目部也是如此：在项目经理的带领下，在一个外聘人员最多、员工能力水平参差不齐的情况下，积极响应集团董事长提出的“打造学习型团队，培养塑造人格、勇气、能力三位一体的全方位人才”，充分发挥团队精神，勤学习，多培训，采取纵向学习，不间断学习，回来开会总结学习心得，使个人能力得到了充分的提高，给团队建设奠定了基础，团队精神得到了很好的发扬，工程的建设成功得到了充分的保障。可以说，昌图西站项目部团队以自己的实践诠释了中铁建设集团的团队精神，取得了不俗的成就。

四、培养企业团结协作精神的途径

企业团结协作精神的宗旨就是要求团队中每个成员最大限度发挥积极性和创造力，进而提高企业的劳动生产率和市场竞争力。在竞争日益加剧的今天。企业想要对外部环境的变化及时做出灵敏反应，就必须改变传统的管理方式，改变个人单打独斗的模式，加强企业团结协作的精神，形成强大的企业合力。

（一）营造积极向上、良好和谐的工作环境和人际关系

人性化的管理模式，积极宽松的工作环境，有助于员工的个人成长和团队建设，在相互交流中协调问题，在共同探讨中提高认识，把工作的主动性与前瞻性结合起来，把解决问题的针对性和实效性统一起来。这样不仅能够形成良好的工作氛围，也有利于提高工作效率。

我们经常讲，能在一起共事是缘分，应该珍惜机缘，搞好团结。同事之间、上下级之间彼此间应该多一些理解和宽容。在日常工作中既要有团结协作的意识，也要有克己容人的处世态度，对他人一味地求全责备，就没有人能和你共事，让良好的人际关系渗透在日常工作和管理的每一个环节里，使人人都坦诚相见、彼此理解、相互信任，这样才能增强凝聚力。

（二）建立畅通、和谐的沟通渠道和信息反馈平台

信息资源的共享和情报的及时反馈与回应，有助于不同意见、不同观点在最终认识上达成一致和共识，有利于发现问题、解决问题，在实际工作中求大同存小异，也有利于个人互补性格和团队更好配合意识的形成。

所以，我们必须广开言路，集思广益，增加信息共享，这样才能更加深入了解自己企业团队的能力，发展潜质，发展愿景，了解自己个体可以达到什么样的程度和位置，个人可以从哪些方面去发展。发挥各自的才能特长和优势，只要每个人尽自己的力气，就可以让企业团队更加优秀，让企业团队更好发展。

（三）领导的率先垂范以及中高层管理人员的上行下效作用

团结，是一个领导班子的凝聚力和战斗力的象征，是一个领导班子良好的整体形象的标志。“兵熊熊一个，将熊熊一窝”，只有落后的领导，没有落后的员工。榜样的力量是无穷的，中高层的表率作用胜于耳提面命式的说教。因此各级管理人员应该进一步提高领导艺术，做到

“大事有原则，小事显风格”。

原则、感情与共同的利益和目标，是维系一个企业团队的纽带，少了哪一条都不行。放弃原则，迁就个别，虽然满足了个别人的利益需要，但却起到误导作用，由此必然导致人心涣散，从而失去了凝聚力。

（四）建立和谐关系，创设良好的人际氛围

心理学认为，如果我们能与同事、领导之间形成和谐的信赖的关系，那么我们和同事、领导相处的气氛就会更融洽，更有助于形成相互尊重、理解的工作气氛和友好宽松的工作环境，有利于最大限度地发挥我们的聪明才智和工作热情。对我们部门负责人来讲，就是要领悟好领导的工作思路和工作要求，主动请示和汇报工作；虚心向相关部门学习，搞好与其他部门的协作配合，多交流、多协调、互相帮助、共同提高；搞好部门内部团结，不盛气凌人，不欺上瞒下，外求支持协作，内求团结向上；协调好内外关系，把工作的主动性与针对性、实效性统一起来，秉承“团结协作，积极进取，共同进步”的宗旨，做到精诚团结，同舟共济，努力完成领导交办的各项任务。

（五）积极开展集体活动，增强团结协作精神

参加集体活动、可以增强我们的团结协作意识，进而产生协同效应。在遇到困难的时候就能集体想办法、出主意，做到“三个臭皮匠，顶过诸葛亮”，积聚集体的智慧和力量。马克思在《德意志意识形态》中说“人的能力的充分发挥是最大的劳动生产力和社会财富，是生产力发展的最有效的方式”。我们想一下，当我们在工作遇到困难，内心感到忧惧和无助、犹豫不决的时候，我们需要的是什么呢？是团队内部成员之间发自内心的鼓励，它可以使我们战胜自我，可以使我们跨出决定人生的重要一步，这时我们会强烈地感受到来自团队的巨大力量。

（六）营造你追我赶、力争上游的工作氛围

必要的竞赛活动是保持团队锐气的必要条件，它能促使我们在学习

上更努力、工作上更用心、作风上更顽强，从而加快前进的步伐。我们提倡团队的协作精神和互补精神，就是要在目标一致的前提下团结起来，携手协作，力争出一流的成绩。同时，我们要避免恶性竞争，力戒同贵相害，同美相妒，同行成冤家。

（七）充分信任同事和周围的人

信任别人是一种良好的美德。在与同事相处时，一定要给予充分的信任，同时自己要谦虚一点、微笑一点、宽容一点、主动一点。当前，要克服单位人员少任务重的困难，圆满完成既定的各项任务，就是要搞好团结协作，把工作做得更好。

（八）充分发挥单位的主导作用

一要强化集中学习。共同学习能够在成员之间实现信息和资源共享；在学习中直接交流，可以加大信息交流量，拓展每个成员思维的深度与广度，同时也有利于培养团结互助的协作精神。二要领导班子成员进一步提高领导艺术，在内部建立起良好的激励机制，做到奖罚分明。这样，团结协作的凝聚力就会得到巩固，潜在的创造力就能发挥出来。

同心山成玉，协力土变金。成功，需要克难攻坚的精神，更需要团结协作的合力。一个单位，如果组织涣散，人心浮动，人人自行其是，甚至搞“窝里斗”，何来生机与活力？又何谈干事创业？在一个缺乏凝聚力的环境里，个人再有雄心壮志，再有聪明才智，也不可能得到充分发挥，只有懂得团结协作的人，才能明白团结协作对自己、对别人、对整个单位的意义，才会把团结协作当成自己的一份责任。

总而言之，企业在激烈的市场竞争中要想占领一席之地，必须发扬团队精神。作为企业的一员，让我们身体力行、义无返顾的践行团结协作，投身到团结协作的行动之中去，我们将不惜代价捍卫团结协作的硕果，更要为团结协作精神高唱赞歌！因为团结协作精神是企业团队生存的动力和灵魂，我们都是一只翅膀的天使，只有互相拥抱才能展翅高翔！

第四节　用雷锋精神打造一支精诚合作的现代企业团队

团队是在社会经济发展到一定水平时，作为一定组织体系中的人们根据自己的能力或技能有限度地实现人生价值的合伙组织，是企业发展到较高阶段的产物。雷锋精神是一种精神，一种思想，一种影响力，从它产生至今，对无数的中国人的行为产生了巨大的指导作用；雷锋的事迹和精神具有如此大的感染力和影响力，从根本上说，是因为它适应了时代发展的要求，代表了社会进步的方向。在市场经济条件下，时代显得尤为必要。要探索学雷锋活动的新形式。当前，我们已经进入全面建设小康社会、加快推进社会主义现代化的新的发展阶段，客观事物的变化越来越快，新情况新问题不断出现，更给学雷锋活动带来了新挑战。为此，近年来，我们在学雷锋活动的组织方式、方法上进行了一些探索和尝试。比如，我们把连续多年开展的“雷锋号”工程从机关、国有企事业单位向私营企业、民营企业拓展；在形式和内容上与群众的思想、生活实际贴得紧密，因而在实践中取得了较好的成效。要积极探索学雷锋活动的新形式，可以用雷锋精神指导企业团队建设。

一、用雷锋精神指导企业团队建设的重要意义

雷锋精神的内涵非常丰富，特别是雷锋的“团结协作”精神对现代企业的发展具有重要意义，用雷锋的“团结协作”精神指导企业团队建设，有助于培养企业员工的集体主义精神，有利于企业形成强大的合力，提高其市场竞争力。

（一）有利于弘扬雷锋精神

有一句话说得好，一个没有英雄的民族，是一个悲哀的民族；然而

一个有英雄却不知尊重、不知珍惜的民族，则是一个可怜的民族。雷锋是我们这片古老的土地孕育的一位平民英雄。1963 年，毛泽东同志发出了“向雷锋同志学习”的号召，从此，一个群众性学雷锋热潮在全国兴起。40 多年来，我们的国家走过曲折的道路，发生了巨大的变化，但群众性的学雷锋活动经久不衰。雷锋的事迹影响了一代又一代青少年奋发向上，雷锋的精神鼓舞和激励无数的人创造了可歌可泣的业绩。

（二）有利于社会经济的发展和社会主义精神文明建设的提高

企业学雷锋，用雷锋精神指导现代团队建设和正在开展的“讲文明，树新风”活动紧密结合起来，积极投身到改造社会环境，倡导移风易俗，创造更美好生活的实践中去。要从群众最关心、最需要解决的问题入手，像雷锋那样，满腔热忱地帮贫济困，助人为乐，热心公益，为人民群众办好事、办实事。努力创造一种新型的人际关系，为现代化建设提供一个更加祥和稳定的社会环境。

（三）有利于推进企业文化建设、提升企业核心竞争力

著名经济学家于光远说：“国家富强靠经济，经济繁荣靠企业，企业兴旺靠管理，管理的关键在于文化。”他还曾经说过：“三流的企业靠生产，二流的企业靠营销，一流的企业靠文化。”企业文化作为管理手段之一种，其重要性已经为越来越多的企业所认识，从国有到大型的民营企业，在建设中探索着实践着自己的企业文化。各国管理大师们关于企业文化的论著越来越多也越来越快地被翻译介绍到国内；国内那些先知先觉、走到了前面的企业——海尔、联想的企业文化被制作成案例，编写成手册，还出了不少书，被从各种角度分析着，被以各种形式通过各种渠道推广着。因此，我们以雷锋精神指导，建设优秀的企业文化，具有相当重要的现实意义。

二、目前我国企业团队建设的现状

在现代市场竞争条件下，企业都非常重视企业团队精神的培养，目

前我国企业团队建设的现状主要表现为：

（一）企业团队建设取得的成绩

多年来，我国企业，主要是国企，以集体主义精神为指导，在团队建设中做了许多有益的探索和努力，也取得了较大的成果，形成了各自的企业精神，也积累了宝贵的经验。主要工作如下：员工的引进、培训、培养、使用和激励过程中，开展企业传统教育，并通过上岗资格控制，引导员工创造学习、创新的良好氛围；组织职工开展劳动竞赛、合理化建议、技术比武活动；对职工进行思想教育，鼓励职工学习科学文化知识，组织开展形式多样丰富多彩的职工文体活动；服从和服务企业中心工作，努力提高企业两个文明建设水平等等。因此，我国的员工的主人翁意识比较强，他们大都可以把企业当作自己的家一样爱护、关心。各种形式的技术比武，又有利于员工技能的提高，形成一种积极向上的氛围，有利于公司的发展等等。

（二）企业团队建设过程中存在的问题

企业团队建设过程中存在的主要问题表现在以下方面：

1. 缺乏爱岗敬业精神。爱岗敬业是人类社会最为普遍的奉献精神，它看似平凡，实则伟大。一份职业，一个工作岗位，都是一个人赖以生存和发展的基础保障。同时，一个工作岗位的存在，往往也是人类社会存在和发展的需要。所以，爱岗敬业不仅是个人生存和发展的需要，也是社会存在和发展的需要。爱岗敬业应是一种普遍的奉献精神。而在我国的企业中，有些员工总是抱着一种“做一天和尚撞一天钟，得过且过”的态度，对自己的工作不积极主动，甚至漠不关心，只有爱岗敬业的人，才会在自己的工作岗位上勤勤恳恳，不断地钻研学习，一丝不苟，精益求精，才有可能为社会为国家做出崇高而伟大的奉献。焦裕禄、孔繁森、郑培民等一大批党和人民的好干部都是在本职工作岗位上呕心沥血，勤政为民；当非典疫情袭来，一大批平时并不引人注目的医生、护士和科研人员，挺身而出，冒着生命危险，冲上第一线，拯救了一个个在死亡线上挣扎的同胞的生命，有人还为此献出了自己宝贵的生命。

2. 团队建设缺乏持续学习精神。

（1）学风不振。主要原因：一是懒于学习。一些青年在进入大学后产生了“船到码头车到站”的想法，散失了求知压力。二是分配体制的影响。“专业好，学业精，不如家里靠山硬”的观念极大地挫伤了不少青年大学生学习的积极性。三是课程设置不尽合理。现在所学与工作所用的两张皮现象，使青年学生产生了“学了用不上，还不如不学”的错误观念，进而造成“学习无用论”的蔓延。四是缺乏正确的世界观、人生观、价值观，缺乏高尚的理想和长远的眼光，缺乏奋斗的精神和对知识的科学理解，缺乏自学能力等。

（2）学风不正。主要表现：一是对知识的实用主义心态。对目前社会上实用的就学，而对基础知识唯恐避之不及。二是对“学问”二字缺乏深刻而全面理解，“唯宽是荣，唯新是从”，对学问赶时髦，图新鲜。三是对成才的焦虑，对知识功能的曲解，因判断能力的缺陷而对社会需求缺乏全面理解和深刻认识。四是高学历消费——在社会上出现了用人单位对求职者学历要求越来越高的现象：许多高学历的研究生从事一般人能胜任的工作，这种低效益的人力资源配置方式不仅不利于经济的快速增长，而且还对人们的教育需求产生误导，迫使高等教育过分扩展，影响整体教育的发展，低学历者就业难的问题又使经济欠发达地区的人们缺乏学习的动力，使应该接受义务教育的学生流失，最终导致“知识失业”现象，进而影响社会的安定与发展。

3. 缺乏精诚合作精神。员工缺乏合作精神，做事主动性不够，独立从事研究的能力弱，对最新知识不够了解，遇事没有主见，有想法也不直接说，不善于与人交流，缺乏合作精神。不同部门、不同职级的员工间沟通交流机会少，尤其是部门之间对话的渠道不畅通，导致对本部门以外的其他岗位的劳动缺乏认同，工作配合中易产生误会。有的本位主义思想严重，部门间存在隐形壁垒，各理各的朝纲，工作难以协调。

4. 团队建设缺乏创新意识。“创新是一个民族进步的灵魂，是国家兴旺发达的不竭动力，一个没有创新能力的民族，难以屹立于世界先进民族之林，”从某种意义上讲，创新已经成为当今这个时代的标志和潮流。有些学生缺乏创新欲望，习惯于顺其自然，从来不多想，也从来不敢标新立异，只愿模仿，依葫芦画瓢，不会另辟蹊径。学生的这种心态是阻碍创新能力发展的重要因素，必须坚决克服。

三、用雷锋精神打造一支精诚合作的现代企业团队

如果将团队看作是一个复杂的社会系统，要使系统运转有效，则必然涉及团队中个人与组织间的协调问题。例如，个人目标与组织目标之间的协调，这也符合系统论的基本观点，即系统之间的协调。它不仅包括各个子系统之间的协调也包括各个子系统与大系统之间的协调。

（一）学习雷锋忠于职守的敬业精神，打造现代企业忠诚团队

不怕苦、不怕累、干一行、爱一行、钻一行的“螺丝钉”精神，是雷锋精神实质在事业上的具体体现。其核心是把个人溶于集体和人民的事业中，具有服从性、平凡性的特点，主要是表现服从国家分配，热爱本职工作、自觉忠于职守，甘居平凡岗位。从表现形式来看，“雷锋精神”同计划经济的人才配置相适应，反映了个人志愿与国家社会需要发展的一致性，成为计划体制下鼓舞人们热爱本职，尽职尽责，在平凡的岗位上埋头苦干、忘我劳动的精力量。同时他并不有悖于市场经济下的人才观，尽管市场经济在人才资源配置上相对计划经济来说具有较多的自主选择性，当个人选择与社会需要发生冲突时，恰恰需要服从性。因此，今天的“螺丝钉精神”体现着服从性和选择性的统一，他要求人们做到把个人的自主择业与服从社会和人民的需要有机结合起来，切实做到甘居平凡岗位而不能安于现状、甘于平庸，提倡岗位竞争而不能忘记勤勉敬业、忠于职守。

有一家知名银行，其管理者特别放权给自己的中层雇员，一个月尽管去花钱营销。有人担心那些人会乱花钱，可事实上，员工并没有乱花钱，反而维护了许多客户，其业绩成为业内的一面旗帜。相比之下，有

些管理者，把钱看得很严，生怕别人乱花钱，自己却大手大脚，结果员工在暗中也想尽一切办法谋一己私利。还有一家经营环保材料的合资企业，总经理的办公室跟普通员工的一样，都在一个开放的大厅中，每个普通雇员站起来都能看见总经理在做什么。员工出去购买日常办公用品时，除了正常报销之外，公司还额外付给一些辛苦费，这个举措杜绝了员工弄虚作假的心思。在这两个案例中，我们可以体会到相互信任的对于组织中每个成员的影响，尤其会增加雇员对组织的情感认可。而从情感上相互信任，是一个组织最坚实的合作基础，能给雇员一种安全感，雇员才可能真正认同公司，把公司当成自己的，并以之作为个人发展的舞台。

（二）学习雷锋刻苦钻研的学习精神，塑造现代企业学习型团队

用“挤”和“钻”的“钉子精神”，努力学习革命理论，刻苦钻研业务和技术，苦练为人民服务的本领，这是雷锋精神的所具有的优秀品质的突出写照。当今世界以经济为基础、以科技为先导的综合国力的竞争更为激烈。科技进步、经济繁荣和社会发展从根本上取决于劳动者素质的提高。因此，“钉子精神”所具有的时代内涵，则集中体现在勤奋学习马克思主义基本原理和当代中国的马克思主义的基本理论，努力掌握现代科学文化知识，刻苦钻研现代本职业务，大胆吸收和借鉴世界各国的一切优秀文化成果以及先进的经营方式和管理方法，尤其要把“挤”和“钻”的“钉子精神”用在理论和实践的不断创新上，自觉的提高自身的综合素质和创新能力。

在 1990 年彼得·圣吉出版的畅销书《第五项修炼》的时候，就引入了“学习型组织”的概念。他认为“学习型组织”必须要达到五点（五项修炼），即：第一，建立共识，这样才能就长远计划和长期目标建立起良好沟通，保证计划实施；第二，精神模式，它和对变化与未知事物的开明态度及充分准备一样，可以用来激发创造性；第三，团队学习是必须的，只有这样，知识才能从个人得以普及到整个团队；第四，个人的控制能力是激发个人学习、取得更大进步的动力；第五，系统性思

维让大家能够把组织作为其周围环境的一个组成部分，从而从整个系统来分析问题。

学习型组织所强调的是组织对外部环境变化的应变能力。如果外部环境不断变化，组织就必须了解这些变化带来的影响，并开发应对这些变化的有效方法。学习型组织理论认为，企业持续发展的源泉是提高企业的整体竞争优势、提高整体竞争能力。未来真正出色的企业是使全体员工全心投入并善于学习、持续学习的组织——学习型组织。通过营造学习型组织的工作氛围和企业文化，引领企业不断学习、不断进步、不断调整新观念，从而使组织更具有长盛不衰的生命力。

最近，在各地媒体炒得火热的一件事，就是青年工人邓建军的事迹。一个 36 岁的青年技术工人，参加工作 17 年，参与了 400 多个项目的技术改造，独立完成了 140 多个项目，仅其中一项就创造经济效益 3000 多万元，他带头创造发明的两项技术已经申请国家专利，填补了牛仔布制造业的国际空白，他用勤劳的双手，让外国专家发出“中国工人了不起”的赞叹，他就是常州黑牡丹股份有限公司的青年技术工人邓建军。

邓建军毕业于常州市技工学校，是不起眼的中专学历，相对于大专、本科和研究生学历者来说，他的知识水平处于较低的层次。但事在人为，文凭不等于水平。对于学历较低的人来说，起点低却较早参加工作，结合专业岗位在干中学、学中干，同样能丰富知识，增长才干，而且可取得事半功倍之效。另外，人与人之间的差异往往产生于业余时间，八小时以外刻苦自学，也同样可以提高学历与才干。邓建军 10 年学完了微机及应用自考大专，完成了计算机及应用本科的学业，通过自学掌握两门外语，精通纺织行业的电气、机械和计算机三门技术。由此，他弥补了学历低的缺陷，丝毫不逊色于高学历者。他非常自豪地在给母校学生的回信中说：希望你们能够与我一起，用实际行动向社会上的“唯学历论”大声说“不”！所以，现代团队都应该学习邓建军这种积极学习的精神，提倡终身学习制度。

（三）学习雷锋艰苦奋斗的创业精神，建立现代企业创业团队

勤俭节约、艰苦奋斗，这是雷锋精神极具特色的本质内容。他秉承了中华民族艰苦奋斗、发奋图强的民族精神，光大了艰苦创业、勤俭建国的革命传统，体现着强烈的主人翁意识。在“勒紧裤带搞建设”的20世纪60年代，在高积累低消费的计划经济时期，艰苦奋斗就是处处为国家着想，事事精打细算，生活向低标准看齐，平时省吃俭用，节约每一分钱，支援国家建设，为国家分忧，为人民解难，勤俭持家。勤俭建国。在发展社会主义市场经济的今天，随着改革开放和现代化建设的发展，生产力水平的不断提高社会财富的不断增加，我们鼓励科学的合理消费，对人们求富求美求乐的需求已不再简单否定，也不再套用过去的那种“新三年、旧三年、缝缝补补又三年”的消费观念，但这与艰苦奋斗精神并不矛盾。在市场经济越发展，消费水平越提高的条件下，越需要提倡厉行节约、艰苦创业。今天我们提倡的艰苦奋斗，是要反对那种过度的超前消费，那种大手大脚、铺张浪费、讲排场、摆阔气的不良风气，尤其是那种慷国家之慨、挥霍奢侈的腐败作风；是要在全社会大力提倡富国富民富家的科技创业、产业创业、服务创业等新时代的创业精神，自觉克服小富即安、不思进取的思想。

（四）学习雷锋精神助人为乐的合作精神，打造现代企业和谐团队

先人后己，助人为乐、诚实守信的，与人为善，这是雷锋精神高尚道德行为的具体体现。它既发扬了中华民族的传统美德，又体现着社会主义的道德规范。这种道德行为所表现出的做好人好事不留名、助人济困不图利、舍己救人不求回报互助合作不计报酬的革命“傻子”精神，对于当今全社会形成平等互助、团结和谐的新型人际关系和良好道德风尚起了极好的示范和引导作。在社会主义市场经济不断发展的今天，社会利益主题多元化，人们的竞争意识、自主意识不断增强，个性得到张扬，但是张扬个性不等于抛弃共性，个人价值的实现最终离不开

社会价值的实现。由于市场经济本身所具有的精细的社会分工和追求利益最优化、整体利益最大化的特点，客观上要求市场经济主体进行科学分工、精细合作、优势互补、公平交易。所以竞争不能取代相互合作，反而更需要互助合作的精神的提升。当前，助人为乐精神所倡导的主要是树立“人人为我，我为人人”的思维理念，关爱社会，关爱他人，诚实守信，团结协作，见义勇为，助人为乐，具有强烈的公共意识和高度的社会责任感。

当然，我们不能忘记团队的根本功能或作用，即在于提高组织整体的业务表现。强化个人的工作标准也好，帮助每一个成员更好地实现成就也好，目的就是为了使团队的工作业绩超过成员个人的业绩，让团队业绩由各部分组成而又大于各部分之和。于是，团队的所有工作成效最终会不由分说地在一个点上得到检验，这就是协作精神。如果没有鲁本对自己工作岗位的深切了解和认识，没有他执著的工作协作精神，韦尔奇还会是今天 GE 里的这个韦尔奇吗?

雷锋精神的社会作用，就在于它能够维持社会的和谐与推进社会的进步。从现实的意义上说，就是雷锋精神能够为社会主义的建设和发展提供强大的精神动力和智力支持。在发展社会主义市场经济和全面建设小康社会的今天，弘扬雷锋精神尤其具有现实意义。必须纠正那种把雷锋精神的价值仅仅局限在搞计划经济时期的片面认识。这些年学习雷锋精神的实践证明，在改革开放、发展市场经济新的时代同样需要雷锋精神，雷锋精神也完全能够同改革开放、发展市场经济，全面建设小康社会，加快社会主义现代化建设，开创中国特色社会主义事业新局面新的时代要求结合起来。从坚持社会主义与爱国主义的统一，大力倡导为振兴中华而献身，到在全社会引导人们正确处理奉献与索取的关系；从树立解放思想、勇于创新、开拓进取的风尚，到鼓励各行各业学现代化、钻现代化、干现代化；从广泛宣传勤劳致富、共同富裕，到推进廉洁守纪和建立各方面的职业道德，在这些社会生活的主流中，一大批弘扬雷锋精神的先进典型，使人们既处处感受到雷锋精神的存在，更感受到了雷锋精神同社会主义现代化建设的紧密联系。因此，雷锋精神不但今天要学，而且雷锋精神要与时俱进，永远的发扬光大下去。

（五）学习雷锋精神，建立现代企业创新型团队

一种精神的先进与落后，要看她能不能推动时代进步，能不能融进历史潮流。从这个意义上说，民族精神是个开放的体系，需要不断丰富和发展，而弘扬民族精神的一切形式也要与时俱进、不断创新。学雷锋活动作为培育和弘扬民族精神的重要载体，只有与时俱进，不断探索新途径，开拓新领域，寻求新发展，才能不断增添生机与活力，薪火相传，常学常新，才能不断开辟道德实践的新境界，满足历史发展进步对民族精神的新要求。创新就是发展，它是一个民族进步的灵魂，是国家兴旺发达的不竭动力。一个国家，一个民族，如果缺乏创新精神和创新能力，就不会有科技的进步与创新，也就不能获得持续稳定发展，就失去了生机和希望。综观这一切，都迫切地要求我们具有创新的精神。

1. 依据工作目标提出阶段性成果。管理者应制定合理的、具有挑战性的目标，并设定出一个时间表，提出阶段性的成果。这样能使组织务实而创新，并激发雇员的潜力。

2. 鼓励员工冒险。创新必定会有风险成本，管理者应该允许下属犯错误，使他们能从失败中汲取经验教训来重新进行实验与革新。当然，不能盲目地冒险。在任何一个计划实施之前都要充分评估，准备多种变通之道与替代方案，将成本控制在合理的范围内，使创新达到预期的目的。

3. 为员工提供富有挑战性的工作。研究发现，挑战性的工作能够激发工员潜在的创造性才能。雇员进入一个组织以后，承担的工作越富有挑战性，他们的工作也就越有效率、越成功，并且这种状况会持续存在下去。如英特尔公司，就会直接授予员工较高的位置，促使他们以更快的速度学习，并达到目标。

4. 营造一个开放的环境。创造一种相互信任与充满信心的气氛，让所有的建议或疑问，都能在真正开放环境里得到彻底讨论。另外还应以实际行动表明：上层管理部门重视雇员提供的信息，并愿意据此采取

行动。这样能使雇员自觉地把对自己的职业规划与组织的发展联系起来，自愿参与组织的计划，并积极提供富有建设性的设想。

5. 强调良好的组织纪律。对富有创造性特点人才的缺点，要以民主的管理风格，积极引导他们。任何时候，良好的组织纪律都是发挥创造性才能的基础。

四、打造精诚合作的现代企业团队需要注意的问题

斯蒂芬·罗宾斯（1994）认为，团队是指一种为了实现某一目标而由相互协作的个体所组成的正式群体。这一定义突出了团队与群体不同，所有的团队都是群体，但只有正式群体才能是团队。后来，他又对团队与普通群体的区别作了深入研究，得出四个结论：一是群体强度信息共享，团队则强调集体绩效；二是群体的作用是中性的（有时消极），而团队的作用往往是积极的；三是群体责任个体化，而团队的责任既可能是个体的，也可能是共同的；四是群体的技能是随机的或不同的，而团队的技能是相互补充的。因此，在团队建设中要注意一些问题。

（一）“团队利益高于一切”

团队首先是个集体。由“集体利益高于一切”这个被普遍认可的价值取向，自然而然地可以衍生出“团队利益高于一切”这个“论断”。但在团队里如果过分推崇和强调“团队利益高于一切”，一方面是极易滋生小团体主义。过分强调团队利益，处处从维护团队自身利益的角度出发常常会打破企业内部固有的利益均衡，侵害其他团队乃至企业整体的利益，从而造成团队与团队，团队与企业之间的价值目标错位，最终影响到企业战略目标的实现。另一方面，过分强调团队利益容易导致个体的应得利益被忽视和践踏。如果一味只强调团队利益，就会出现“假维护团队利益之名，行损害个体利益之实”的情况。作为团队的组成部分，如果个体的应得利益长期被漠视甚至侵害，那么他们的积极性和创造性无疑会遭受重创，从而影响到整个团队的竞争力和战斗力的发挥，团队的总体利益也会因此受损。

（二）团队内部不能有竞争

有人认为，讲团队精神，团队内部就不能搞竞争，这种观点肯定是错误的。

在团队内部引入竞争机制，有利于打破大锅饭。如果一个团队内部没有竞争，干多干少，干好干坏，结果都一样，那么员工的热情就会减退，在失望、消沉后最终也会选择“做一天和尚撞一天钟”的方式来混日子。这其实是一种披上团队外衣的大锅饭。通过引入竞争机制，实行赏勤罚懒，赏优罚劣，打破这种看似平等实为压制的利益格局，团队成员的主动性、创造性才会得到充分的发挥，团队才能长期保持活力。

（三）团队内部皆兄弟

不少企业在团队建设过程中，过于追求团队的亲和力和人情味，认为“团队之内皆兄弟”，而严明的团队纪律是有碍团结的。这就直接导致了管理制度的不完善，或虽有制度但执行不力，形同虚设。

纪律是胜利的保证，只有做到令行禁止，团队才会战无不胜。严明的纪律不仅是维护团队整体利益的需要，在保护团队成员的根本利益方面也有着积极意义。比如，某个成员没能按期保质地完成某项工作或者是违反了某项具体的规定，但他并没有受到相应的处罚，或是处罚根本无关痛痒，这就会使这个成员产生一种“其实也没有什么大不了”的错觉，久而久之，遗患无穷。如果他从一开始就受到严明纪律的约束，及时纠正错误的认识，那么对团队对他个人都是有益的。

（四）牺牲“小我”换“大我”

很多企业认为，培育团队精神，就是要求团队的每个成员都要牺牲小我，换取大我，放弃个性，追求趋同，否则就有违团队精神，就是个人主义在作祟。

诚然，团队精神的核心在于协同合作，强调团队合力，注重整体优势，远离个人英雄主义，但追求趋同的结果必然导致团队成员的个性创

造和个性发挥被扭曲和湮没。而没有个性，就意味着没有创造，这样的团队只有简单复制功能，而不具备持续创新能力。

其实，团队不仅仅是人的集合，更是能量的结合。团队精神的实质不是要团队成员牺牲自我去完成一项工作，而是要充分利用和发挥团队所有成员的个体优势去做好这项工作。

团队的综合竞争力来自于对团队成员专长的合理配置。只有营造一种适宜的氛围：不断地鼓励和刺激团队成员充分展现自我，最大程度发挥个体潜能，团队才会迸发出如原子裂变般的能量。

五、用雷锋精神打造现代企业团队要吸取传统思想文化及外国先进文化

胡平在《企业文化》一书的序言中指出：“中国的企业文化在与国际交流中最有生命力的还是受中国传统文化影响的那部分。要想发展、繁荣中国的企业文化，一方面要吸收国内外企业文化的优秀部分；另一方面要把我们好的传统继承下来，在融合的过程中创新，实现两种文化的对接和超越。”由于东西方文化背景不同，在企业的经营管理哲学方面，存在一些差别。比如，英美国家的企业比较强调“理性”管理，注重规章制度、管理组织结构、契约、个人奋斗、竞争等的作用。而东方的企业则更强调“人性”的管理，如强调人际关系、资历、群体意识、忠诚、合作等的作用。换句话说，在是以理性为本，还是以情感为本；以物为本，还是以人为本的问题上，英美企业管理和东亚企业管理形成了鲜明的对照，从而也形成了两种不同的企业管理模式。这两种管理模式虽然也互相借鉴，取长补短，但是由于母体文化不同，它们不可能完全趋同。这里需要特别强调的是，中国传统文化对东亚企业管理模式的影响越来越大。日本的企业正是在坚持其固有的文化的基础上，吸收了中国传统文化的合理内核，创造了一种崭新的企业管理模式，引起了全世界的关注。

然而现代工业化、信息化经济均源于西方，因此现代企业文化不能不带有西方开放式、技术或资本集约式生产方法的特色。有人或许会

说，西方生产方式产生于西方特有的自然环境条件，西方企业文化又来自于西方生产方式，西方企业文化怎么能在我国有效用呢？殊不知，工业经济、信息经济与农业经济的一大区别就在于：它们都具有无地域性的特点。因此，西方现代企业文化也具有很强的普遍性。此外，现代企业文化不囿于西方文化，事实上它已经是世界各国优秀企业文化的有机结合体。这当中既有西方文明的底蕴，也有东方文明的内核。可以说，使命感与经营大脑的背后正是对东方文化的觉悟与汲取，这有彼得·圣吉的《第五项修炼》为证。与经济全球化相伴随的必然是经济文化的全球化。毋庸置疑，西方企业文化中开放性等特性是重建我国企业文化必不可少的内容与特点。问题的关键是我们既应该有民族文化自信，也应当刻意于中西企业文化的整合。

[企业“团结协作”经典事例]

“全国职业道德建设百佳班组”
——中油集团抚顺石化公司“王海班”

“王海班”是全国班组的标杆，是中国石油天然气集团抚顺石化分公司石油三厂多年培养的先进典型，该班自1997年被抚顺石化公司评为抚顺市先进班组至今，一年一个台阶，先后荣获“全国职业道德建设百佳班组”、荣获集团公司“百面红旗单位”、“五一劳动奖状”、“中央企业学习型红旗班组标杆”、“全国工人先锋号”等称号，曾在国资委召开的表彰大会上做了经验介绍，并先后受到温家宝总理、曾庆红副主席和王兆国等国家领导人的接见。王海班又是集团公司和全国“五型班组”的典型代表。

班组是企业最基础的管理单元，它既是生产指令具体落实的最终端，又是企业管理理念直接体现的最前沿。最优秀的企业都具有最先进的企业文化。创建团结合作，互帮互助的“和谐型”班组是“王海班”的五大目标之一。在建设团结合作，互帮互助，建设“和谐型”班组过程中，坚持把和谐作为班组建设的保障，把以人为本的理念落到了实处，班组成了“情、理”交融的职工小家。“王海班”在日常管理?中就十分注意将以人为本的理念落到实处，通过“团结、和谐、互助、快乐”八字思想工作法，凝聚了人心，将班组变成了“情理交融”的职工之家。

“王海班”的每名员工谈起自己的集体时都充满了感情，他们认为虽然班组纪律严明，但因为实行亲情管理，所以都有一股强烈“家庭感”。一次班上的一名员工上班迟到，班上按制度对他进行了罚款，但班里并没有简单罚款了事，而是用罚款给这名员工买了一只闹钟，班长将闹钟交给这名员工时说：“罚款变闹钟，相信你不会再迟到了。”这名员工从此始终坚持早来晚走，再也没有迟到过。

友爱互助是“王海班”的又一亮点。在所有员工的心中，班组就是家，一人有难，大家相助，在“王海班”已经成为一种班风。员工亢勇患了癌症，全班同志轮流歇班去护理他，并将公司发的2000元先进班组奖金全部捐献给他。女职工夜间上下班，总有男同志护送到家。“王海班”真正做到了大家上了班是战友，齐心协力，共创佳绩，共享创造的成果；下了班是朋友，互相关心，互相帮助，共享生活的乐趣。

在班组成员团结合作下，“王海班”组创造的“四勤优化操作法”年创效益近80万元；调整生产装置的美国专利设计指标年增效2000多万元；实施“倒开车”法创下仅为38天的世界同类装置开工用时最短纪录，节约费用500多万元，一年就创造效益2000多万元。

第六章

与企业员工谈雷锋“艰苦奋斗、勤俭节约”的创业精神

艰苦奋斗主要是指在艰难困苦的条件下奋发努力，昂扬斗志。勤俭节约的意思是勤劳而节俭，形容工作勤劳，生活节俭。创业精神是指在创业者的主观世界中，那些具有开创性的思想、观念、个性、意志、作风和品质等。在雷锋精神丰富的内涵中，艰苦奋斗、勤俭节约精神是一个重要方面，企业员工需要发扬雷锋这种“在工作上，要向积极性最高的同志看齐；在生活上，要向水平最低的同志看齐”的创业精神。

第一节　勤俭节约精神的基本理论

勤劳节俭不仅是中华民族的传统美德，也是中国共产党的优良传统，是中国人民御敌图强的法宝。提倡节俭不仅仅关系到我们日常生活质量的好坏，它还是一种思想智慧，代表着一个国家的民族精神。当前国务院提出建设节约型社会，使对勤俭节约的研究不仅成为一个理论问题，也是一个现实问题，因而具有很强的现实意义。用雷锋精神对大学生进行勤俭节约精神的培养，我们认为必须从系统研究勤俭节约的基本理论着手。

一、节俭的界定及历史上有关勤俭节约的故事

中华民族自古以来就有勤俭节约的传统美德。《尚书·君陈》曰：“惟日孜孜，无敢逸豫。”《左传·宣公十二年》说：“民生在勤，勤则不匮。”《周易·否》提出。俭德辟难”之说，《墨子·辞过》有。俭节则昌，淫佚则亡”之论。古人认为能否做到勤俭。是关系到人之成败、家之兴衰、国之存亡的大事，不可轻视。翻开史册，历史上那些凡是有成就的政治家、科学家、文学家等无不倡导和身体力行俭朴的生活方式．但凡开明的君主，无一不重视节俭，乃至把其作为治理国家的一项重要政策加以贯彻实行．。静以修身，俭以养德”、。衣不求华，食不厌蔬”、“清白相承”，“以俭素为美”，这些崇尚勤俭的思想不仅表达了一种生活理念，也是我国古代有识之士的普遍追求和修身励志的精神力量，他们从不同角度认识和实践了崇俭抑奢的原则。古人如此重视节俭，原因何在呢？首先我们从节俭的字义追溯起。

（一）“节俭”字义

关于“节”：节首先具有制、止的含义。许慎《说文解字》曰：

"筒，竹约也。"《易·说卦》云："其于木也，为坚多节。"节，原本是竹子的一段一段连接的地方，是一段的极点。

经典借为约之义。段玉裁注："约，缠束也。竹节如缠束之状。"唐代孔颖达《周易正义》疏说："节者制度之名，节，止之义。"可见，"节"的本义指竹节，引申为制约、节制、克制等词义，如《周易》第六十卦的"节"卦，就是指节制、克制。《节卦序卦》说："物不可以终离，故受之以节"。世间万物不可能长久地涣之、离之，终归要受到节制。《荀子·正名》说："欲虽不可尽，可以近尽也；欲虽不可去，求可节也。"人的欲望虽然不可能完全满足，但可使它近于满足；人的欲望虽然不可以完全去掉，但可加以节制。其次，"节"还有"俭"、"约"的含义，表示生活上的减省、朴素。如《易·颐象》曰："君子以慎言语，节饮食。"《荀子·富国》说："节其流，开其源。"《左传·成公十八年》："节器用。"墨子提出国君要想治理好国家，就要在其"宫室"、"衣服"、"食饮"、"舟车"蓄私"等消费上"不可不节"[①]，就是说在这些东西的消费上不得不节俭、节约。《孝经·庶人章》说"谨身节用"，即修身饬行，节省其用。

此外，"节"经常和其他词搭配，共同表示人们在消费上的自我克制行为。如"节用而爱人"，[②]"足国之道，节用裕民"节用以礼，裕民以政"[③]的"节用"，就是节约费用"的意思。关于俭：俭"是"俭"的异体字，《说文解字》"偷，约也，从人众声，巨除切。"在《敦煌俗字谱·人部》中俭有作"俭"一形，段玉裁注：约者，缠束也；俭者，不敢放侈之意。"《注疏》："奢，汰侈也；俭，约省也。"由此可推论。"俭"的本义是"省"和"约"的意思，与"费"和"奢"相对，可以引申为自我约束，自我克制，使自己的行为不放肆。"俭"表示消费行为上的节省、节约，最早出现在《尚书·大禹谟》中，如"克勤于邦，

① 王焕镳：《墨子校译》，浙江文艺出版社 1984 年版，第 176 页、179 页、182 页、183 页、184 页。

② 杨伯峻：《论语译注》，中华书局 2004 年版，第 4 页。

③ 高长山：《荀子译注》，黑龙江人民出版社 2003 年版，第 171 页。

克俭于家”，大意就是说要勤劳治国，节俭持家。“俭”不仅表示日常消费上的节省、节约，还有克制、约束自己的思想和行为的意思，如《论语·学而》：子贡曰：“夫子温、良、恭、俭、让以得之”，这里“俭”“除了外在节省的含义外；还有内在的谦逊，低调的意思。”“俭”引申为简约（俭约）简单、俭思俭行，不繁复。

“节”和“俭”在某种程度上是一样的，即都有节制、节约的含义，彼此可以通用；但是二者也各有侧重：“节”更倾向于人们行为或思想上的节制、约束；而“俭”侧重于表示“消费或财物上的俭省、节约行为”。

“节俭”作为一个整体的名词早在先秦汉代的文献中就已出现，大体涵盖了节和俭的全部意义，通常表示人们在生活或消费上的克制、约束行为。如春秋时齐景公想穿上古代圣王那样的衣服，住上圣王那样的房子，以招来诸侯归服。晏予告诫他说：“法其节俭则可，法其服，居其室，无益也。”① 就是说，效法他们的节俭就可以了，效法他们的服装和住他们那样的宫室，没什么益处。在《史记·平津侯主父列传》中也出现过“节俭”字样。如“盖闻治国之道，富民为始；富民之要，在于节俭。”今天，在现代汉语中，我们通常把“节”和“俭”二字合起来作为一个词使用，表示节制、俭省的含义。

勤俭节约的意思是勤劳而节俭，形容工作勤劳，生活节俭。出自路遥《平凡的世界》第五卷第一章：“因而形成了既敢山吃海喝，又能勤俭节约的双重生活方式。”我们认为节俭是一个动态的概念，但是有一点是不变的，那就是节俭的目的。斯密在《国富论》中曾经写道：“勤劳的目的，如果不在于生产可供人们享用的东西，或可增进人类生活上的方便或舒适的东西，还在于什么呢？如果我们不把勤劳的果实拿来享有，如果勤劳不能使我们有力量养活更多的人和给人更美好的生活，勤劳究竟有什么意义呢？”从这段话中我们可以领悟到节俭就是为了满足人的需要、为了人的发展这一终极目的。

① 石磊：《晏子春秋译注》，黑龙江人民出版社 2003 年版，第 68 页。

（二）历史上有关勤俭节约的故事

新中国成立初期，有一首歌唱得好："勤俭是咱们的传家宝，社会主义离不了。不管是一寸钢、一粒米、一尺布、一分钱，咱们都要用得巧。好钢用在刀刃上，千日打柴不能一日烧"。当时，国人都把勤俭节约作为做人和干事业的行为准则。历史上有许多名人都有关于勤俭节约的感人小故事。

1. 鲁迅珍惜时间的故事。鲁迅的成功，有一个重要的秘诀，就是珍惜时间。鲁迅 12 岁在绍兴城读私塾的时候，父亲正患着重病，两个弟弟年纪尚幼，鲁迅不仅经常上当铺，跑药店，还得帮助母亲做家务；为免影响学业，他必须作好精确的时间安排。

此后，鲁迅几乎每天都在挤时间。他说过："时间，就像海绵里的水，只要你挤，总是有的。"鲁迅读书的兴趣十分广泛，又喜欢写作，他对于民间艺术，特别是传说、绘画，也深切爱好；正因为他广泛涉猎，多方面学习，所以时间对他来说，实在非常重要。他一生多病，工作条件和生活环境都不好，但他每天都要工作到深夜才肯罢休。

在鲁迅的眼中，时间就如同生命。"美国人说，时间就是金钱。但我想：时间就是性命。倘若无端的空耗别人的时间，其实是无异于谋财害命的。"因此，鲁迅最讨厌那些"成天东家跑跑，西家坐坐，说长道短"的人，在他忙于工作的时候，如果有人来找他聊天或闲扯，即使是很要好的朋友，他也会毫不客气地对人家说："唉，你又来了，就没有别的事好做吗？"

2. 聚萤读书。车胤，生于晋朝，本是富家子弟，后来家道中落，变得一贫如洗。可是，他在逆境中却能自强不息。

车胤年轻时就很懂事，也能吃苦耐劳。他因为白天要帮家人干活，就想利用漫漫长夜多读些书，好好充实自己；然而，他的家境清贫，根本没有闲钱买油点灯，有什么办法可以突破客观条件的限制呢？最初，他只得在夜间背诵书本内容，直到一个夏天的晚上，他看见几只萤火虫在飞舞，点点萤光在黑夜中闪动。于是，他想出了一个好法子：他捉来许多萤火虫，把它们放在一个用白夏布缝制的小袋子里，因为白夏布很薄，可以透出萤火虫的光，他把这个布袋子吊起来，就成了一盏“照明灯”。

车胤不断苦读，终于成为著名的学者，后来还成了一名深得人心的官员；那时候，每逢举行集会或庆祝活动，如果车胤没有到场，大家就觉得扫兴。

3. 爱迪生珍惜时间的故事。爱迪生 一生只上过三个月的小学，他的学问是靠母亲的教导和自修得来的。他的成功，应该归功于母亲自小对他的谅解与耐心的教导，才使原来被人认为是低能儿的爱迪生，长大后成为举世闻名的“发明大王”。

爱迪生从小就对很多事物感到好奇，而且喜欢亲自去试验一下，直到明白了其中的道理为止。长大以后，他就根据自己这方面的兴趣，一心一意做研究和发明的工作。他在新泽西州建立了一个实验室，一生共发明了电灯、电报机、留声机、电影机、磁力析矿机、压碎机等等总计两千余种东西。爱迪生的强烈研究精神，使他对改进人类的生活方式，作出了重大的贡献。

“浪费，最大的浪费莫过于浪费时间了。”爱迪生常对助手说。“人生太短暂了，要多想办法，用极少的时间办更多的事情。”

一天，爱迪生在实验室里工作，他递给助手一个没上灯口的空玻璃灯泡，说：“你量量灯泡的容量。”他又低头工作了。过了好半天，他问：“容量多少？”他没听见回答，转头看见助手拿着软尺在测量灯泡的周长、斜度，并拿了测得的数字伏在桌上计算。他说：“时间，时间，怎么费那么多的时间呢?”爱迪生走过来，拿起那个空灯泡，向里面斟满了水，交给助手，说：“里面的水倒在量杯里，马上告诉我它的容量。”助手立刻读出了数字。爱迪生 说：“这是多么容易的测量方法啊，它又准确，又节省时间，你怎么想不到呢？还去算，那岂不是白白地浪费时间吗?”助手的脸红了。

爱迪生喃喃地说：“人生太短暂了，太短暂了，要节省时间，多做事情啊!”

4. 勤俭节约的毛泽东。历史上，古今中外勤俭节约的故事不胜枚举。毛泽东要求别人的自己首先做到。他一生粗茶淡饭，睡硬板床，穿粗布衣，生活极为简朴，一件睡衣竟然补了73次、穿了20年。经济困难时期，他自己主动减薪、降低生活标准，不吃鱼肉、水果。20世纪60年代，有一次他召开会议到中午还没有结束，他留大家吃午饭，餐桌上一大盆肉丸熬白菜、几小碟咸菜，主食是烧饼。伟人在勤俭节约方面为国人做出了表率。

5. 伊莉莎白。英国女王伊丽莎白二世经常说的一句英国谚语是“节约便士，英镑自来”，每天深夜她都亲自熄灭白金汉宫小厅堂和走廊的灯，她坚持皇家用的牙膏要挤到一点不剩。号称“车到山前必有路，有路必有丰田车”的日本丰田公司，在成本管理上从一点一滴做起，劳保手套破了要一只一只的换，办公纸用了正面还要用反面，厕所的水箱里放一块砖用来节水。一个贵为一国之尊、一个是世界著名的跨国公司，节约意识竟如此强烈，令人赞叹。

二、勤俭节约的作用

古人云：“俭，德之共也；侈，恶之大也”、“历览前贤国与家，成由勤俭破由奢”。勤俭节约是中国人的一种传统美德，是中华民族的优良传统。小到一个人、一个家庭，大到一个国家、整个人类，要想生存，要想发展，都离不开勤俭节约这四个字。可以说修身、齐家、治国都离不开勤俭节约，诸葛亮把“静以修身，俭以养德”作为“修身”之道；朱子将“一粥一饭，当思来之不易；半丝半缕，恒念物力维艰”当作“齐家”的训言；毛泽东以“厉行节约，勤俭建国”为“治国”的经验。

（一）勤俭节约是构建节约型社会的需要

勤俭节约是中华民族的传统美德。这种美德。在战火纷飞的艰苦年代需要，在全面建设小康社会的今天仍然需要。随着社会经济的发展。勤俭节约已赋予了新的内涵。成为社会成员的一种责任。

从资源拥有量来看。虽然我国资源总量不少。但人均资源相对贫乏，资源紧缺状况将长期存在。人均能源量为世界平均水平的1/2，人均水资源量仅为1/4，森林覆盖率为世界平均水平的60%左右[①]。二十多年来．我国的经济始终保持高速增长。然而。经济的发展离不开资源的支撑。传统的粗放型发展模式使我国能源、淡水、土地等资源不足的矛盾进一步凸显，并呈现制约经济发展的趋势。为保持经济、社会的可持续发展，党中央提出了：“必须按照科学发展观的要求．坚持资源节约与开发并重，把节约放在首位，加快建设节约型社会”的重大决策。

对于节约，《人民日报》评论有个很好的提法：节约能源人人有责，人人有利，人人有为。“人人有责”的这个“责”，既是对自己负责，也是对他人负责，对社会负责，更是对后代负责。对自己负责，就是指自己节约，使个人有效地利用自己创造的财富，让自己及自己的家庭能够生活得更幸福、更安定；对他人、对社会负责，就是指节约保证不多占他人共有的资源，不增加社会的负担；对后代负责，就是指不占用或少占用后代的资源。责任和利益总是紧密联在一起的。

勤俭节约，保护环境，功在当代，利在千秋。人人在节约方面尽责，人人就会为此得利。节约资源尽管意义重大，是件大事，但能够人人有为，即人人可以为它贡献力量。有人做过预算，一度电可以用机器织布8.4米—10米。可以灌溉小麦0.14亩。可以生产啤酒15瓶，可以生产化肥22千克，可以加工面粉16千克。还可以供40瓦的电灯持续工作25个小时[②]……如果13亿人每人节约一度电，就可以节约5亿多元人民币，可以建成500多所希望小学，让千千万万无法上学的小朋友进入课堂。且不说生产力方面的事，就对每个人的日常生活来讲，拧紧滴水的龙头，用完最短的粉笔，捡起被风吹落的白纸，关上与太阳争辉的路灯，如此等等，就可以在节约方面大有作为。当前。物质日渐充足。能源日渐枯竭，这是一种近乎残酷的矛盾，那么，当务之急，节

---

① www.chinaeol.net/jieyue/cys.asp2006-4-30.

② 刘明学：《用电大有作为》，《解放军报》2006年4月24日。

约，唯有节约！勤俭节约就是对我们正在建设的全面小康社会负责，是对后世子孙负责，是对我们生存的空间负责。我国还是发展中国家，经济还比较落后。还有许多群众没有脱贫；要建设小康社会，实现现代化的宏伟目标就要发扬精卫填海、愚公移山的精神，就要大力倡导勤俭节约的风尚。

（二）勤俭节约是企业员工事业成功的重要基石

“俭，德之共也”[①]。“共”是“洪”的假借字，洪是大的意思，“德之共”就是“德之洪”，是德里面的大者。节俭是一种美德，在一定意义上，它还是一种母德，它还可以培养出许多优良品质，而这些优良品质是个人成功的重要因素．

1. 节俭可以培养人的坚强意志。厉行节俭，必定要节制欲望，节制欲望既是以理智、理性抑制和调节感性欲望冲动的过程，同时也是使理性、理智得到锻炼和发展的过程．在这个过程中，人的自我控制能力得到了培养，意志力得到了锻炼，克服困难的能力得到了提高，经受挫折的心理承受力也有所增强，可以促使人挖掘自身潜力，使生命中最有价值的东西得以释放出来。因而，有节俭习惯的人没有娇气，能吃苦耐劳，比起那些没有节俭习惯的人来说，有较强的自觉性和主动性，有志气、能专心持久地为正确的目标而奋斗。

2. 节俭可以滋养人的善良之心。“夫民劳则思，思则善心生；逸则淫，淫则忘善，忘善则恶心生。”[②] 有劳则思俭，思俭则生善；贪逸则思淫，思淫则生恶。勤劳的品德让人知道生活的不易，就会知道节俭和珍惜，知道节约和珍惜就会产生善心；而如果生活过分安逸了，就会产生放荡之心，有了放荡之心就会丢掉善心；丢掉善心，就会产生邪恶的念头。勤劳的人必定懂得节俭，懂得节俭的人对于他人的难处，容易理解、容易产生同情心和爱心，容易产生善心。

---

① 李梦生：《左传译注》，上海古籍出版社 2005 年版，第 152 页。
② 董立章：《国语译注辨析》，暨南大学出版社 1993 年版，第 243 页。

3. 节俭可以激发人的责任意识。一人节俭，是对自己一生负责；一家节俭，是对自己子孙后代负责；一国节俭，是对其千秋万代人民百姓负责。作为社会成员的一分子，每个人都有自己应当承担的责任和义务，但是，要认识到这一点，自觉地履行自己的责任，不仅要晓之以理，而且应当通过训练，使其养成自觉履行义务的习惯。贪图享乐的人往往是没有任何义务感和责任心的，他们在家不尽孝，在国不尽忠，做官不为民，究其原因，就是骄奢淫逸所致。过惯了奢侈的生活，必然只知索取，不愿付出。相反，有节俭习惯的家庭，对子女是不娇生惯养的，家长总是教育子女要为家庭着想，要求他们做有益于家庭、有益于父母的事，理解父母及家

人的难处，使这些孩子从小就分担责任，懂得尊重人、理解人、关心人、爱护人，知道要帮助父母做事，为家庭减轻负担，其责任意识便从“俭”中得到了激发。

4. 节俭可以凝聚人的远大志向。三国时期，诸葛亮在《诫子书》中说：“夫君子之行，静以修身，俭以养德，非淡泊无以明志，非宁静无以致远。”这里所说的“德”，就是指高尚的人格、远大的志向、崇高的精神境界。意思是说，品德高尚的人，是通过克己节俭，使内心宁静来实现的，否则，就不可能纯洁其志向，就不可能树立起远大的理想。

节俭是一个人不可缺少的美德，只有具备这种美德，才能忘怀得失，不慕虚荣；才能胸怀大志，处困境而不沮丧，受窘迫而泰然如常；才能摒弃奢欲，以事业为重，有所作为，有所成就。

“天将降大任于斯人也，必先苦其心志，劳其筋骨，饿其体肤，空乏其身，行拂乱其所为，所以动心忍性，曾益其所不能。”① 节俭，不仅是一种生活方式，更是一种价值取向、精神境界；它代表着一种克制与忍耐，它能使人获得强大的精神动力和坚忍不拔的意志品质，是一种锤炼意志的途径，这是获取成功所必不可少的条件。历史证明，凡是有远大志向，要成就一番事业的人，在人生物质生活追求上都是非常勤俭

① 《孟予·告天下》

节约的，而反过来，正是这种甘于淡泊名利的人生态度孕育了他们崇高的人生理想和远大志向，促进了其人生价值的实现。

（三）勤俭节约是国家富强、家庭富裕的保障

勤俭节约是国家富强，科学发展的内在诉求。“历览前贤国与家，成由勤俭败由奢”，这是晚唐诗人李商隐在《咏史》中对前朝历史非常精辟的概括和总结。勤俭会使国家殷实和富足，而奢侈则让国家走向毁灭的深渊。党的十六大根据我国国情提出建设节约型社会，这是构建和谐社会的一项重要内容。我国作为世界上人口第一大国，资源总量丰富但人均资源相对不足，因而，中国的崛起必然走的是一条资源节约型的可持续发展之路。从言称“地大物博”到强调“节约高效”，勤俭节约不仅是泽被后世的千秋功业，更关系着中华民族的前途和未来。

勤俭节约是家庭富裕，生活幸福的必要条件。“一粥一饭，当思来之不易；半丝半缕，恒念物力维艰”，这是朱子的“齐家”训言。现如今，随着人民生活水平的不断提高，家庭的盲目消费，铺张浪费等现象日渐突出。近几年，“低碳生活”在全球范围内悄然兴起，它提倡以尽可能低的能源消耗，过更健康、自然、返璞归真的生活。我们应将中国勤俭节约的传统美德与时尚的“低碳生活”结合起来，从转变家庭消费方式入手，采取细水长流、健康合理的节约型消费方式。自觉从我做起，从节约一滴水、一度电、一张纸做起，摒弃不良生活习惯，使勤俭节约成为家底丰殷、生活幸福的有力保障。

第二节 雷锋的“艰苦奋斗、勤俭节约”精神

勤俭节约是中华民族的传统美德，也是雷锋精神的重要组成部分，雷锋精神有许多的闪光点，而作为他所体现的勤俭节约、艰苦奋斗的作风，在今天看来，仍然具有现实意义和示范作用。雷锋在他的日记中写

到“事事要精打细算，不能今朝有酒今朝醉，明日愁来明日忧。”雷锋是多么节俭的人啊！雷锋一生始终保持革命军人本色，艰苦奋斗，克勤克俭，当有人笑话他“吝啬”、“傻”时，他却自豪地说，我甘愿当这样的“傻子”，当革命的“傻子”。雷锋时时关心着祖国的社会主义建设事业，处处表现出勤俭节约的美德。在物质匮乏的今天，我们仍要向雷锋学习，时时不忘节俭，从一点一滴做起，培养自己勤俭节约的优秀品质。

一、雷锋“艰苦奋斗、勤俭节约”的故事

雷锋精神是中华民族传统美德的升华，是民族悠久道德传统中一朵亮丽的奇葩。雷锋精神中处处体现着勤俭节约的思想，这些思想概括地说主要体现在如下几个方面：生活上的节俭、自我约束精神；思想和业务上的勤恳钻研精神。俭朴是一种美德，是一种高尚的情操，但要做到节俭并不容易，胡锦涛主席提出“以艰苦朴素为荣，以骄奢淫逸为耻”，高校大学生要做到勤俭节约，就有必要清楚雷锋勤俭节约的故事。

（一）缝缝补补

部队每年发给两套单军装，两套衬衣裤，两双解放鞋。雷锋从1961年以后，各样只领一套，其余的都交还公家。他说：“一套就够穿，破了还可以补补。”

雷锋有一件夹衣，是从湖南家乡带来的。虽然又旧又破了，但他也不肯买新的，洗了又洗，补了又补，还穿在身上。

每个月的津贴费，除了一些必须开支外，他只留少量的钱，买一些马列、毛主席著作和有关青年修养的书，其他的全部存入银行，分文也不肯乱花。

他用的毛巾、茶缸、牙具，按说早该换新的了，但他还是用着。

一个星期天，雷锋的战友王大力把所有战士们的袜子和衣服都洗了，雷锋正在晾衣服时，发现自己的旧袜子不见了，他就到处寻找。

这时，王大力说：“雷锋，你有那么多存款，还这么舍不得买一双

袜子。你瞧，你这双袜子穿在脚上不嫌得难受?”

雷锋说:“只要不耽误我的工作就可以啦!”

王大力又说:“那你不觉得难看吗?”

“咱们军人不是把袜子穿给别人看的。”

这几句话，就已经体现出了雷锋的节约精神。他每个月只有6元钱津贴，他却把钱存在银行，一年一年过去了，雷锋把省下来的钱全都捐给灾区人民，可是他自己却舍不得买新袜子。雷锋是多么节约啊!

(二) 节约箱

雷锋参军后，动手做了一个“节约箱”。这个节约箱简直就是个百宝箱。雷锋把拣来的破铜烂铁、碎玻璃、螺丝帽、牙膏皮、破衣服、边角料等都收藏在里面。在外出开会的路上，看到一堆漏掉的水泥，他也用手帕包起来，带回来放进节约箱。对于有利用价值的，就抽时间修补。例如一根铁钉、一个螺丝帽，他都洗干净，修车、修工具时能用就用；不能再利用的牙膏皮、破铜烂铁等送到废品站卖掉，所得的钱上交给部队。节约箱简直就是一个变废为宝的“百宝箱”。这些收藏的东西遇到需用的时候，他就从“节约箱”里，找出来适用的东西，不用的废品就拿去卖了，卖回来的钱，都全部交公。

在给某工地运水泥时，车子上常撒落一些水泥。雷锋觉得这都是国家的财产，一点也不该浪费，他就利用业余时间，到每个车子上去打扫。不到两个月，就积攒了一千七八百斤水泥，也都交给了工地。

雷锋时刻注意一点一滴地为国家为集体积累财富。牙膏用完了，废牙膏皮扔掉，这是人们习以为常的小事，雷锋在这上面也找到了节约的窍门。

一次，雷锋把捡来的牙膏皮，卖了二元六角钱。他利用这些钱买了一打笔记本，亲自送给小学的少先队员们，勉励这他们说:“你们要刻苦努力，每个人都要争当三好学生生。”

（三）自学理发

在一个军事训练的时节，干部战士的工作、学习都非常忙，有些人连上街理发的时间也抽不出来。根据这种情况，连队给大家购买了三套理发工具，要大家自己互相理发。可是没有人会使用怎么办？雷锋心里想：“毛主席不是告诉过我们吗，要增长知识，就得参加变革现实的实践。”于是，他在业余时间，跑到附近的一个理发店请教，在教师傅的帮助下，学会了基本的理发操作方法。

雷锋第一次给战友小刘理发时，总是感到手不随心，推剪夹头发，疼得小刘直咧嘴，还没理到一半，小刘就不剪了。雷锋并没有因此灰心，他利用午休时间，继续到附近的那个理发店请教，在老师傅们的耐心指导下，一次、二次、三次，终于学会了理发。一到星期天或节假日，雷锋就忙不开了，战友们都愿意找他理发，以前不要雷锋理发的小刘也主动来找雷锋理发了。雷锋逗他说：“小刘，我可是半个头的理发员哪！”

小刘笑了笑说；“今天请你理一半，明天再请你理一半。”

（四）小小螺丝钉

一次，雷锋跟张书记去下乡，一边走一边聊天。走着走着，雷锋觉得脚下被一个什么东西绊了一下。他低头一看，原来是一颗生了锈的螺丝钉，便一脚踢到了路边。张书记问：“你踢的是什么？”雷锋说：“是一颗破螺丝钉。”张书记听了，一声不响，从草丛里捡起那颗螺丝钉，用手帕把螺丝钉擦干净，装进了上衣口袋。雷峰觉得很奇怪。

过了几天，雷锋跟着张书记到县机械厂开现场会。在机械厂，张书记问厂长：“如果这机床上少了一颗螺丝钉，机床还会转动吗？”厂长说：“那就要出毛病了！”聪明的雷锋这时已经明白县委书记为什么要捡那颗小小的螺丝钉了。只见张书记从口袋里掏出那颗螺丝钉郑重其事地交给了厂长。

在回来的路上，张书记说：“雷锋，你瞧，一个小小的螺丝钉，机器上少了它可不行！革命也是这样，我们这些人就是大大小小的螺丝钉，缺了谁都不行。就像你这个公务员，别看职务不高，我们的工作缺了你也不行。所以，党把我们放在哪里，就要在哪里起作用。同时，我们国家的底子还薄，处处要艰苦奋斗，一颗螺丝钉也不能浪费。

（五）不喝汽水喝开水

有一次，雷锋去参加运动会，大热的天，做完了运动项目，又热又渴，许多人排队买汽水，他也掏出钱排上了队。等了一会，快轮到他买了，突然看到供水站送来了开水，他就把钱收起来，转身走了。

一个战友看他走了，问道："雷锋，怎么又不买了？"

他笑着说："开水送来了，喝开水也一样解渴。"

那战友听他这么说，就问他："你就一个人，没家没业的，干吗这样熬苦自己？"

"谁说我熬苦自己？现在这生活比起我过去受的苦，真是好上天了。谁说我就一个人，没家没业？我们祖国大家庭有几亿人口呢。为了改变祖国一穷二白的面貌，我们应该响应党中央的号召：艰苦奋斗，发愤图强。"

那个战友又问："你存银行那些钱，准备干啥用？"

"准备支援国家建设。"

"国家就缺你那点钱？"

"同志，积少成多，粒米堆成山，每人一天节约一分钱，你算算，全国一天节约多少钱？"

"这账我可没算过。"

"当了国家主人，不算这笔账还行吗！"

那战友无话可说了，雷锋也就朝供水站走去。

（六）领一套军装

雷锋入伍后，连队发放夏装，每人两套单军装，两套衬衣，两双鞋，当司务长把这些东西发给雷锋的时候，我只领一套军装，一套衬

衣，一双鞋就行了。

为什么只要一套？司务长奇怪地问道。

有一套就够穿的了，雷锋说，我现在穿的这套带补丁的衣服，也比我小时候穿的不知要好上多少倍呢！剩下的一套给国家节约了！

沈阳部队工程兵运动会召开的那天，天气炎热，雷锋做完了规定项目，浑身是汗，口渴难忍，他掏出钱想去买瓶汽水。当他看到供水站送来了开水，又把钱收了起来。一个战友问他，雷锋怎么又不买了？喝一点开水不一样解渴吗！雷锋笑笑说。雷锋呀，你就一个人攒那么多钱干啥？怎么能说我就一个人，我们祖国大家庭六亿多人呢！为了改变一穷二白的面貌，毛主席号召我们艰苦奋斗，咱们做的还远远不够呀！

咱们国家那么大，困难再多，还能缺你那几个钱！

积少成多呀，同志！雷锋说，你算算，每人一天节约一角钱，全国一天节约多少钱？咱们当了国家的主人，不算这笔账还行！

二、精打细算的雷锋

雷锋的生活非常简朴，他“在工作上，要向积极性最高的同志看齐；在生活上，要向水平最低的同志看齐。”在雷锋写给中共辽阳市委的一封信里，曾经提到过他在部队的生活开支情况。当时部队每月发给战士 6 元钱津贴，雷锋除了留出 5 角钱理发之外，其他的钱都存进了银行。在到部队后的短短 7 个月时间里，雷锋已经存下了津贴 30 多元，他把这些钱和自己以前的储蓄一起寄给了辽阳市委，支援灾区建设。雷锋的节约由此可见一斑。

雷锋有句名言：“在工作上，要向积极性最高的同志看齐，生活上，要向水平最低的同志看齐”。这是雷锋同志的座右铭，他是这样说的，也是这样做的。他把有限的生命完全投入到了无限的为人民服务之中。为党的事业勤俭节约，他时刻想着人民，心中装着人民，他总是把钱用在刀刃上，帮助生活有困难的人，把钱捐给灾区，做好事从不姓名。现在我们的家庭收入提高了，生活水平好了，一些城里的孩子们每年收到几百元、几千元、甚至数万的压岁钱，这些钱多了，花起来自然也大方，特别是我们中小学生没有经济收入，有些同学比阔气、穿高档名牌衣服，互祝生日要送礼品，宴请吃饭等等，有些同学还甚至超前消费。看看我们的花销，看看我们的浪费，想想雷锋的节俭，雷锋的一双袜子，穿破了补了再穿，破了再补，以至于袜子原来的模样全部被补丁盖住了。雷锋没有钱买双袜子吗？不是的，他把有限的钱存在了银行里。20世纪60年代，雷锋同志曾在抚顺市望花区储蓄所存入100元钱，48年来本息22967元，雷锋所在团把其中的2万元捐给了云南灾区。雷锋虽然离开我们近50年了，但他生前的存款仍造福后人，为灾区人民奉献自己的一切，雷锋永远活在我们心中。假如我们生活中多一些“雷锋”，中华民族会是什么样子呢？积沙成塔、集腋成裘，我们每个人节约一张纸、一粒粮、一滴油，一滴水，累计起来就是一笔巨大的财富。在我们有些人看来，这虽是生活中的极小的一件事，但雷锋勤俭节约的精神，值得我们学习。改掉大手大脚，铺张浪费的不良习惯，不相互攀比，爱惜粮食、节约粮食，节约水、电。古人说的好：谁在平日节衣缩食，在穷困时就容易渡过难关，谁在富足时豪华奢侈，在穷困时就会死于饥寒。雷锋的这些日常行为任何人都可以做到，正如老一辈革命家谢觉哉说过：“雷锋同志是平凡的，任何人都可以学到，雷锋同志是伟大的，任何人都要努力才能做到”。

三、雷锋勤俭节约的高尚情操和艰苦朴素的生活作风

雷锋的艰苦创业精神，来自于他的勤俭节约的高尚情操，通过雷锋的一言一行所体现。1962年1月16日，天下了大雪，刮着刺骨的北风。雷锋为了使车辆经常保持良好的技术状态，随时开得动，主动到车场保养车辆。双手拿着冰冷的工具，调整和修理铁的机器，的确冷得很，有时手拿着铁的机件，就把手和机件粘在一起了。特别是双手伸到汽油里去清洗机件，更把手指冻得好像针扎一样，他想起连长在军人大会上的报告的话，在三九天里保养车是一个艰巨的战斗任务，过硬的功夫是在冰天雪地里锻炼出来的。经过8个多小时野外苦战，终于把汽车保养好了，但是雷锋的手冻裂了口子。他认为，这是锻炼了自己的意

志，提高了技术的极好机会。

雷锋认为，只有坚持艰苦奋斗的优良传统，才能使人民群众更加热爱党，热爱毛主席，热爱解放军，这就是雷锋的幸福观。

1962 年 5 月 8 日，部队发放了夏天的军装，本来每人发两套军服、两双胶鞋等。这是，雷锋想到此时国家正处在困难时期，可是党和人民对军人却还这样无微不至地关怀，使雷锋从内心感激党和人民的关怀。他说，党和人民对我们这样好，我们也得为党和人民着想。应该积极响应党的号召，发奋图强，自力更生，处处做到增产节约，发扬我军艰苦朴素、勤俭节约的优良传统。为了和人民群众同甘共苦，减轻人民的负担，共同克服目前的困难，他只领了一套单军服，一双新胶鞋，其他用品也少领了。以前雷锋用过的东西，他利用业余时间都修补好了，继续使用。穿破了的衣服补好了再穿。但他觉得就是现在穿一套打补丁的旧衣服，也比他过去穿的破烂衣服要好千万倍啊!

雷锋说：“现在，我们国家处于困难时期。我们是国家的主人，应该处处为国家着想，事事要精打细算，不能今朝有酒今朝醉，明日愁来明日忧。我们要奋发图强，自力更生，克服当前存在的暂时困难，坚决反对大吃大喝，力戒浪费。”

雷锋把点点滴滴节省下来的钱支援国家建设，自觉为国家建设多作贡献。在他看来，不能认为到了社会主义社会就应当什么都好了，就可以不费力气享受现成的幸福生活了。雷锋对自己提出了严格的要求：“应当积极响应党的号召，发愤图强，自力更生，处处做到增产节约，发扬我军艰苦朴素，勤俭节约的优良传统。”这是雷锋的座右铭。在短暂的一生中，为了党和人民的事业，他勤俭节约，努力工作，不怕艰难困苦，严格要求自己，为我们树立了光辉榜样。

雷锋在生活作风上也倡导艰苦朴素。艰苦朴素是一种美德，是中华民族的优良传统。小到一个人、一个家庭，大到一个国家，要生存和发展，都离不开勤俭。在古代，我们的先民就自觉地奉行珍惜资源、简约其行、修身养性、高尚其志、敬畏自然等道德准则。可以说勤俭节约的传统美德是我们中华文明得以延续，中华民族长盛不衰的重要法宝。在物质极大丰富的今天，倡俭戒奢的美德，对于形成良好的社会风尚、推进节约型社会的建设具有同等重要的意义。①

雷锋精神的一个重要方面就是艰苦奋斗。艰苦奋斗，从本质上说，是一种不畏困难、顽强奋斗、开拓进取、勇于献身的革命精神。在雷锋看来，我国还存在许多困难，为了克服这些困难，一切都要做长期的打算，注意节约。正是从这种思想认识出发，雷锋对自己提出了严格的要求："要记住：在工作上，要向积极性最高的同志看齐；在生活上，要向水平最低的同志看齐。""应当积极响应党的号召，发愤图强，自力更生，处处做到增产节约，发扬我军艰苦朴素，勤俭节约的优良传统。"这是雷锋的座右铭。雷锋在短暂的一生中，为了党和人民的事业，他勤俭节约，努力工作，不怕艰难困苦，严格要求自己，为我们树立了光辉榜样。

雷锋生活俭朴，非常注意在艰苦的环境中锻炼自己，以苦为乐，以苦为荣。无论当公务员、通信员、工人、解放军战士，雷锋都始终保持着我党我军艰苦奋斗的优良传统，一向以艰苦奋斗为荣。他的一双袜子补了一层又一层，穿了多年舍不得丢掉。部队发给每人两套夏装，他只领一套。他的搪瓷盆和漱口杯已用了多年，上边的瓷已残缺不全，还是照样用。他的一件衬衣是从湖南老家带来的，补了又补，还穿在身上。他当兵几年，连香皂都没用过，洗手洗脸都用肥皂。他有一个"节约箱"，平时拣到一颗钉子、一个牙膏皮都收集起来。每月 6 元钱津贴费，除了留下交团费、党费、买书及必要的生活用品外，其余的全部存到储蓄所。

第三节 "艰苦奋斗、勤俭节约"精神蕴涵在企业发展中的价值

胡锦涛同志阐述"八荣八耻"的社会主义荣辱观，提出了"以艰

① 中华传统美德格言编委会编：《中华传统美德格言》，人民教育出版社 2004 年版。

苦奋斗为荣、以骄奢淫逸为耻"的要求。事实证明，一个骄奢淫逸成风、享乐主义盛行的国家和民族，是没有希望的。同样，作为一个企业，必须大力发扬艰苦奋斗的优良传统，才能在激烈的市场竞争中实现企业持续稳定发展。大力弘扬艰苦奋斗精神，倡导勤俭办事、增加企业积累，具有非常重要的现实意义。

一、对艰苦奋斗、勤俭节约的再认识

随着社会文明的发展，艰苦奋斗、勤俭节约精神的内涵也随之广泛和丰富。思想上的开拓进取.-不骄不躁；工作上的任劳任怨，奋力拼搏；学习上的刻苦钻研，一丝不苟、生活上廉洁 奉公，克勤克俭，都是艰苦奋斗精神在当代的具体体现。我们不能片面地把艰苦奋斗精神理解为节衣缩食，它作为党的一项优良传统越来越放射出灿烂的光辉，显示出难以估量的精神威力。

当前，在全国党员中开展的"创先争优"活动，每一个共产党员需要从认识、实践、实效诸多方面对党的艰苦奋斗、勤俭节约精神进行再认识，以继承党的优良传统、振奋革命精神，开创工作新的局面。

（一）对发扬艰苦奋斗、勤俭节约精神的再认识

提起发扬艰苦奋斗、勤俭节约精神会使我们联想起建国初期前辈开创的业绩。建国初开创局面需要艰苦奋斗精神，在建国后及整个发展过程更需要坚持艰苦奋斗、勤俭节约精神。对企业来说，发展历程存在创业艰难问题，创业使企业发展，企业发展是创业的结果，所以，艰苦奋斗精神一刻也不能丢。

艰苦奋斗、勤俭节约作为一种作风和传统应是企业精神的重要组成部分。尽管每个企业各自的特色不同，提炼、培养、建设、发展企业精神的方法各异，企业文化精神内涵不一，但有一点是相同的，那就是其中必然包括艰苦奋斗、勤俭节约精神，没有勤俭节约就没有企业发展壮大，没有艰苦奋斗精神就没有文明发展的结果。

艰苦奋斗、勤俭节约精神实现了企业的创业，促进了企业的发展，

凝聚了企业的精神。同时企业进步又丰富了艰苦奋斗、勤俭节约精神，使企业不仅成为物质财富的创造者，也成为精神财富的贡献者。衡量一个企业是否先进，我们不仅要看它的物质成果、经济效益，而且要看企业发扬艰苦奋斗、勤俭节约精神的广度和深度。任何时候，艰苦奋斗、勤俭节约精神都应成为企业进步、发展的 重要标志。

（二）对艰苦奋斗、勤俭节约实践的再认识

艰苦奋斗、勤俭节约精神不只是企业渡过难关的应急措施，发扬艰苦奋斗、勤俭节约精神也绝不是企业中的短期行为。我们不仅要把艰苦奋斗、勤俭节约精神贯穿企业发展的整个过程，而且要把艰苦奋斗、勤俭节约精神体现在生产经营的每一个细微环节，使企业员工树立以艰苦奋斗为荣、浪费为耻的思想，并用这个思想指导行动。

发扬艰苦奋斗、勤俭节约精神和扶持任何一个先进事物一样，都有一个从小到大的发展过程，我们应结合保持共产党员先进性教育活动，从点滴做起营造一种艰苦奋斗、勤俭节约的企业氛围。当前要抓好党的廉政建设和对党员的艰苦奋斗教育，要求党员以身作则，起好表率作用，带动和影响周围群众。

（三）对发扬艰苦奋斗、勤俭节约精神实效的再认识

艰苦奋斗、勤俭节约精神可以转化为物质成果，通过实实在在的物质形态表现出来。这种“转化”是一个持续不断的过程，转化为物质形态的这部分成果本身只是发扬艰苦奋斗精神成效的一部分。在精神方面，职工作风的形成，企业精神的凝聚，企业文化的进步，企业形象的确定，个人价值观念的端正，个人世界观的完善和人品道德的升华，都是坚持和 发扬艰苦奋斗精神的成果。这种隐形的确实存在的精神实效不可能立竿见影，让人们看到和触到，正因这个原因而往往被忽视。

在企业党风廉政建设中，艰苦奋斗、勤俭节约精神是一种无形的精神，又是一个廉政标准。凡是不符合时代要求和艰苦奋斗精神的行为和思想都应通过廉政建设来改变。

艰苦奋斗、勤俭节约精神是我党发展壮大的力量源泉，是我党一贯保持的优良传统，也是治国、修身、持家的法宝。它既能使我们永葆青春、穷则思变、富不移志、生命不息、奋斗不止，又能防微杜渐，细水长流，为社会积累和创造财富，同时又是“三个代表”重要思想的具体体现。

二、新形势下发扬“艰苦奋斗、勤俭节约”精神的客观必然性

深刻认识我国国情和所处的历史阶段，认真分析形势发展所带来的新问题和新要求，正确认识领导干部在思想作风方面存在的问题，是领导干部发扬艰苦奋斗精神，增强节俭意识的基本依据和客观要求。

（一）发扬艰苦奋斗、勤俭节约精神是我国基本国情的必然要求

我国经过 30 多年的改革开放，物质财富增长了，各方面条件改善了，日子确实比过去要好过得多。但应当清醒地看到，我国现在正处于并将长期处于社会主义初级阶段，仍然是发展中国家。我国人口多，底子薄，人均资源少，生产力不发达的状况并没有根本改变。现在达到的小康还只是低水平的、不全面的、很不平衡的小康。许多经济不发达地区人民群众的生活条件亟待改善。地区差距、城乡差距、居民收入差距仍在扩大，经济社会发展不协调，教育、卫生、文化等社会事业发展滞后，社会保障压力增加，等等。国情、社情、民情都清楚地向我们表明，能不能增强节俭意识，始终保持并发扬艰苦奋斗的精神，这对我们国家的建设和发展是一个重要的现实问题，对企业员工，特别是国企业员工是一个严峻的考验，也是广大党员干部增强忧患意识、公仆意识的必然要求。

（二）发扬艰苦奋斗、勤俭节约精神是贯彻落实科学发展观、加快构建社会主义和谐社会的具体体现

当前，我国正处在工业化、城镇化、市场化、国际化程度不断提

高的发展阶段，面临很大的能源、资源和环境压力。特别是随着经济快速增长和人口不断增加，能源、水、土地、矿产等资源不足的矛盾越来越尖锐，资源利用、环境保护面临的压力越来越大。粗放的经济增长方式造成资源消耗快、利用率低、再生率不高，能源消费增长速度明显快于经济增长速度，资源环境的瓶颈约束日益加重，经济社会发展与资源环境的矛盾日益突出。今后一个时期，随着工业化不断推进，城市化步伐加快，居民消费结构不断升级，经济规模进一步扩大，资源供需矛盾将更加突出。这就要求我们节约能源资源，建设资源节约型、环境友好型社会的任务十分迫切。

（三）发扬艰苦奋斗、勤俭节约精神是加强党员干部作风建设的现实需要

党员干部中，是勤俭节约之风盛行，还是奢侈浪费之风泛滥，对社会风气会产生重要影响。我们党历来重视党员干部作风建设，这是因为党员干部都有一定的权力，掌握着公共资源，其行为带动力大，破坏力也大。经过多年的努力，党员干部作风建设不断得到改进，取得了显著成效，同时，我们必须清醒地看到，在现实生活中，一些干部放松世界观的改造，理想信念动摇，革命意志衰退，经不住权力、金钱、美色的考验，节俭意识和艰苦奋斗精神淡薄了，讲排场、比阔气、挥霍浪费的现象大量存在，拜金主义、享乐主义、极端个人主义等思想和行为有所滋长，甚至因奢入腐、损公肥私、蜕化变质，最终走上违法犯罪的道路。这些问题虽然发生在少数干部身上，但其消极影响和后果不可低估，它严重损害了社会风气，损害了干群关系，败坏了党和政府的形象。在这种情况下，党员干部增强节俭意识，加强作风建设，比以往任何时候都显得重要和紧迫。应当牢固树立“以艰苦奋斗为荣，以骄奢淫逸为耻”的观念，带头增强节俭意识，并把它体现在生活细节上，落实到工作实践中。要大力发扬艰苦奋斗精神，大兴艰苦朴素、勤俭节约之风，这是时代的要求，也是党和人民的期望。

三、企业必须坚持艰苦奋斗、勤俭节约精神

艰苦奋斗、勤俭节约是社会主义荣辱观的一个重要内容，应成为经济社会生活的一个基本价值观念和行为准则。艰苦奋斗是我们党的优良传统和作风，是我们党团结和带领人民群众实现国家富强、民族振兴的强大精神力量。历史和现实表明，一个没有艰苦奋斗精神做支撑的国家，是难以自主、没有希望的；同样，一个没有艰苦奋斗、勤俭节约精神做支撑的企业，是难以发展、兴旺的。随着企业的快速发展，经济效益逐年有了提高，与此同时，也仍然不同程度地存在成本控制不严、浪费等现象，必须高度重视，切实采取有力措施解决。企业越是加快发展，越要勤俭节约，越是效益提高，越要艰苦奋斗。

（一）树立良好的企业形象，必须发扬艰苦奋斗、勤俭节约的实干创业精神

勤俭节约、力戒奢靡，是中华民族的优良传统和美德，也是企业应具有的美德。企业的发展正处于关键时期，必须强调“居安思危，戒奢以俭”，牢记“历览前贤国与家，成由勤俭败由奢”的古训，大力弘扬艰苦奋斗、勤俭节约精神，与时俱进，务求实效，力戒铺张浪费，提高抵御各种腐朽思想侵蚀的能力，把推进企业发展为己任，以艰苦奋斗、勤俭节约的创业精神来教育员工，激励员工，要把发扬艰苦奋斗、勤俭节约的实干创业精神成为我们的一种习惯、一种品质、一种性格，营造企业艰苦奋斗、勤俭节约的氛围，打造企业艰苦奋斗、勤俭节约的品牌，提高企业的知名度和美誉度，促进企业持续、健康发展。同时，形成节俭风气，各级领导干部要带头。领导干部都有一定的权力，掌握着公共资源，其行为带动力大，破坏力也大。各级领导干部应当牢固树立“以艰苦奋斗为荣，以骄奢淫逸为耻”的观念，带头增强节俭意识，并把它体现在生活细节上，落实到工作实践中。体现在生活细节上，就要从小处入手，从节约一张纸、一度电、一滴水做起，量入为出，精打细算，坚持少花钱、多办事；对自己严格要求，杜绝铺张浪费和大手大

脚，特别是在公务用车、公款接待等方面，必须严格执行标准，以实际行动为广大干部群众作出榜样。落实到工作实践中，就要从大处着眼，把节俭意识体现到对工作全局的把握上，尤其要体现到领导决策上。事实证明，决策失误是最大的浪费。领导干部必须坚持科学决策、民主决策、慎重决策。这就需要牢固树立科学发展观和正确政绩观，坚决不搞“形象工程”、“政绩工程”，坚决不上以牺牲环境、浪费资源、影响可持续发展为代价的建设项目，使创造的政绩真正经得起实践、历史、人民的检验。同时，各级干部还有责任做好教育引导工作，让勤俭节约、艰苦奋斗成为一种社会风尚。

（二）巩固和提高企业的发展能力，必须发扬艰苦奋斗、勤俭节约的实干创业精神

随着企业工作生活条件的改善，环境质量的提高，一些人艰苦奋斗、勤俭节约的意识淡薄了，贪图享乐、个人主义等思想有所抬头，讲排场、攀比等不良风气时有发生，成为企业发展的绊羁。在推进企业发展中，必须牢记“两个务必”，旗帜鲜明地反对铺张浪费，对铺张浪费的责任者要严肃纪律，严格责任追究；要建立健全制度，完善约束监督机制和激励机制，把勤俭节约纳入到对领导班子和管理人员的考核中，奖罚分明，把艰苦奋斗、勤俭节约作为企业发展的重要任务抓紧抓落实。领导干部要带头发扬艰苦奋斗、勤俭节约的实干创业精神，身体力行，以身作则，自觉接受干部职工的监督，发挥好表率作用。当然，节俭的根本价值在于实现资源的有效配置和使用。节俭并不是资源的消极闲置，不是封库守财。用之当用，物尽其用，珍惜民财，耗有所值，才是现代社会的积极节俭意识。资源和财富配置有效、使用得当，才有真正的价值；配置错位、使用失当，就是最大的资源浪费和财富损失。现代经济以高效率生产为基础，以大众消费为目的。挥霍浪费既损害生产效率，也损害大众消费，并破坏社会福利增长机制。引导资源配置于最有利于提高生产效率和人民群众生活质量的领域，是各级领导干部的重要职责。如果我们能够坚持节约，把资源配置得更好，就可以让员工过

好更好的日子。

（三）实现企业又好又快发展，必须发扬艰苦奋斗，勤俭节约的实干创业精神

现代社会产生于工业化，工业化的经济动力来自投资，投资的源泉是储蓄，而没有节俭就没有储蓄，就没有积累和经济增长。节俭有多种类型：一是个人或家庭生活节俭，它是积累财富的前提，因为没有生活节俭，挥霍无度，一切财富都将消耗殆尽；二是生产节俭或节约，它是效率的基础，没有生产节俭或节约，失去成本控制，生产者就没有竞争力，必将为市场竞争所无情淘汰；三是经济剩余的节约，它是形成投资和积累的源泉，没有经济剩余的节约和有效利用，就没有经济增长和财富的持续创造；四是公共财产的节俭，它是整个社会文明进步的基础，没有公共财产的节俭，就没有整个社会的光明前景。作为企业，尤其是资源型企业，要发展，没有艰苦奋斗、勤俭节约的实干创业精神是不行的，丢掉了艰苦奋斗精神，就丢掉了本色，丢掉了发展的根基。要实现企业又好又快发展，就要始终保持艰苦奋斗的精神，保持朝气蓬勃的进取精神，才能产生强大的凝聚力、向心力，形成巨大的企业发展动力。要树立起效益观念、成本观念、勤俭观念，增强责任感和忧患意识，从一点一滴的节约做起，始终保持艰苦奋斗、勤俭节约的实干创业精神，保持那么一股劲，任何困难和风险必定会被我们克服。

四、艰苦奋斗、勤俭节约是创业之基，兴业之本

面对日益竞争的市场，随着改革的深入，不同利益群体的矛盾日益突出，企业广大干部职工价值观念呈现多样化的趋势。同时，企业在发展进程中，也面临着不少新问题新情况，应对变化、解决困难、破解难题都是艰苦奋斗的过程。发扬艰苦奋斗、勤俭节约的作风，是企业发展的需要。在市场经济条件下，激烈的市场竞争把企业利益与员工切身利益捆在一起。如果说市场是大海，企业则是大海中彼此竞赛的龙舟，全体员工就是划龙舟的运动员。“企兴我富，企衰我贫”的利益关系，决

定了全体员工为了在竞争中取胜，必须同舟共济，齐心协力，用“赛龙舟”的精神，艰苦创业，勤俭节约，拼搏向前。

弘扬艰苦奋斗、勤俭节约精神是实践科学发展观的具体体现，是发展社会生产力的内在要求和必然要求。发展先进生产力有赖于人们的思想道德素质和科学文化素质的不断提高，有赖于劳动群众劳动技能的提高，有赖于科学技术的进步，而这些都离不开人们的艰苦奋斗。艰苦奋斗、勤俭办事也是实现个人价值的需要。在市场经济条件下，人们为了获得正当利益，实现个人价值，必须依靠自己的努力奋斗，遵循理性的法则活动来达到。只有诚实劳动，勤勉工作，团结奋斗，为社会多作贡献，才能获得社会的回报，得到社会的尊重和自我利益的满足。

弘扬艰苦奋斗、勤俭节约精神，必须厉行节约，增加企业积累。江泽民同志曾经在一次企业座谈会上指出：国有企业要“努力提高效益，自我补充，自我造血”。要依靠自我积累来实现企业发展，提高经济效益。只有在企业积累满足发展的基础上，职工才能在更大的舞台上施展才华，才能更多地受益，也才能真正体现“业以人兴”的企业发展理念。对于增加企业积累的重要性，有人曾作过一个形象比喻：在一个濒临倒塌的破庙里，念经的和尚肯定忧心忡忡。但是，如果把庙宇修葺一新并改善相应的条件，庙里的和尚肯定不会再有顾虑了。“不积跬步，无以至千里”。企业要发展，开源仍需节流。在增加企业积累的同时，还要合理地开支，杜绝铺张浪费。邓小平同志指出：在艰苦创业中，最大的问题还是杜绝各种浪费，提高劳动生产率，降低各种成本，提高资金利用率。资本聚积是企业发展的必备条件之一，铺张浪费，将使企业积累减少，甚至没有积累。如果没有积累，就只能坐失发展良机。在面对竞争的时候，也只能惋惜自己无能为力。企业资产、财物是全体员工共同努力创造并积累的结果，铺张浪费企业财物，大手大脚花职工辛勤劳动的积累，损害职工利益是不能允许的。要厉行节约办一切事情，少花钱多办事，花小钱办大事，使厉行节约成为自觉意识、自觉行动，成为我们永远坚持的政治本色。

发展是人类永恒的主题。实现更加科学、更加和谐、更加文明的发展，是人类共同追求的目标，也是倡导艰苦奋斗、勤俭节约精神的人文背景。总之，一个民族没有艰苦奋斗、勤俭节约的精神和高尚的品格，不可能自立于世界民族之林，一个企业没有艰苦奋斗、勤俭节约的精神，不可能在激烈的市场竞争中生存。在新世纪新阶段，要全面发展企业，推进企业进步，必须大力弘扬艰苦奋斗、勤俭节约精神，充分认识艰苦奋斗、勤俭节约对企业持续稳定发展的重大意义。

第四节　发扬雷锋“艰苦奋斗、勤俭节约”的创业精神，确保企业增收创效

“俭，德之共也；侈，恶之大也”，勤俭节约是中华民族的传统美德，也是雷锋精神的重要组成部分。勤俭节约的优良作风是雷锋精神中一朵亮丽的奇葩，具有重要的时代价值。勤俭节约是一种远见，是一种态度，更是一种智慧。在深化企业改革、建立现代企业制度的新形势下，企业的发展缺少不了艰苦奋斗精神。因受美国金融危机的影响，国际金融市场动荡加剧，全球经济发展明显减速，国内经济形势也相当严峻，各行各业都面临着空前的危机和压力。全体干部员工特别是党员领导干部要认清形势，切实增强责任感和使命感，艰苦奋斗，厉行节约，带头过紧日子，当好勤俭表率，促进企业稳定健康发展。石油行业发扬“雷锋精神”、“大庆精神”、“铁人精神”的灵魂就是艰苦奋斗、勤俭节约，弘扬艰苦奋斗、勤俭节约精神是一项事关企业发展的重要工作。

一、培养企业员工“艰苦奋斗、勤俭节约“精神，要像雷锋那样注重实践

雷锋精神是中华民族传统美德的升华，是民族悠久道德传统中一朵亮丽的奇葩。雷锋精神中处处体现着“节制”与“勤俭”的思想。这

些思想概括地说主要体现在如下几个方面：生活上的节俭、自我约束精神；思想和业务上的勤恳钻研精神。

雷锋生活上节俭，自我约束。雷锋在生活中为了党和人民，积极响应党的号召发奋图强，自力更生，处处做到增产节约，发扬了我们党号召的艰苦朴素，勤俭节约的优良传统。部队发放服装，本来每人发两套军服，两双胶鞋。但是，雷锋为了减轻人民和国家的负担，就只领一套单军服，一双胶鞋，而且其他的用品也少领。雷锋每个月仅发 6 元津贴，他每个月只留 5 角钱零用，平时舍不得吃，舍不得穿。雷锋说："我们不能好了疮疤忘了疼，国家有难，大家来分忧，就要一点一滴滴地做，这不是小气不小气的问题。"当雷锋存下 200 多元的时候，他把钱全取出来支援望花区人民公社建设。但是，公社只收了 100 元。雷锋又把剩下的钱捐给了洪灾区。他说这本是自己应该做的事。雷锋在爱情观上也自我约束，他认为自己年轻，正是增长知识的好时候，应该好好学习，好好工作，更好地为人民服务。

对企业员工进行美德教育的重要手段就是社会实践和劳动教育，使企业员工在改造客观世界的艰辛劳动中真正体会到"谁知盘中餐，粒粒皆辛苦"的含义，真正理解到人民是生产劳动的主体，是历史的创造者，培养树立起实践的观点、劳动的观点、群众的观点，养成热爱劳动、热爱劳动人民、爱护公共财物、珍惜劳动成果的优秀品质，积极引导员工树立科学合理的消费观念以及确立健康文明的消费生活方式，做到精打细算，量入为出，通盘考虑，合理计划。

二、重视和加强企业员工勤俭节约教育

胡锦涛同志强调，要进一步增强节俭意识，始终发扬艰苦奋斗的精神，对企业员工来说也具有很强的现实针对性，具体来说，我们认为应从以下几点做起。

（一）承扬“静以修身，俭以养德”的修养之道，培养员工高尚的道德情操

有才德的人，注重宁静安定，以完善自己的修养，注重俭朴，以不断提高自己的道德境界。只有生活简单朴素，才能显示出自己的志趣；只有安定宁静，才能使自己有开阔的眼界。俭以养德，俭以砺志。节俭更多地体现为一种积极的人生态度，一种高尚的价值取向，一种胜利越多越要谦虚谨慎；生活越好，越要勤俭节约；成就越大，越要开拓进取的觉悟和境界。真正伟大的志向需要勤奋的不断磨砺，而养成良好的德行必须不忘节俭。节俭不是不懂得享受，它是为了更大限度实现人生的价值。

一个人成功与否关键就是要看这个人是否能最大限度地发挥自身的价值，在这点上节俭就是不可少的。节俭不是小气，更不是穷困的表达，节俭是一个人的素养，也是一种能力。生活俭朴有助于磨练意志，培养吃苦耐劳、坚韧顽强的精神。在竞争日益激烈，诱惑日趋纷繁的社会里，固守节操、淡泊名利并非易事，只有树立远大的理想和人生追求、乐于奉献的人，才能做到淡泊明志，宁静致远。企业员工要意识到他们身上担负着社会主义现代化建设光荣而艰巨的历史使命，更应以节俭朴素的生活来磨炼自己，使自己能够吃苦、不畏艰险、勇于攀登，为企业发展奠定基础。

（二）承扬“粒粒皆辛苦”的训言，培养企业员工尊重劳动的美德

热爱劳动是中华民族的优秀品质。“锄禾日当午，汗滴禾下土。谁知盘中餐，粒粒皆辛苦”、“一粥一饭，当思来之不易；半丝半缕，恒念物力维艰。”这些脍炙人口的诗歌，几乎我们每一个人都背过，并深知其中的寓意。它告诉人们吃的、穿的、用的都是来之不易的，其中包含着劳动人民的种种艰辛；意在教育人们要爱惜粮食，珍惜劳动成果，尊重农民的劳动。因为只有体会到劳动的艰辛，才能懂得成果的珍贵；只

有意识到了劳动成果的珍贵，才能赞赏和热爱劳动。

劳动是一个人的立身之本，也是一个国家的立国之基。只有更深刻地认识劳动光荣，更广泛地挖掘劳动潜力，更有力地激发劳动创造，才能最大限度地发挥劳动在创造物质财富和精神财富中的巨大作用.

党的十六大报告提出，要把“尊重劳动、尊重知识、尊重人才、尊重创造”作为党和国家的一项重大方针在全社会认真贯彻，这“四个尊重”的核心就是“尊重劳动”。2005 年 5 月 4 日，胡锦涛同志在全国劳动模范和先进工作者表彰大会上的重要讲话中，又进一步强调了要全面贯彻尊重劳动、尊重知识、尊重人才、尊重创造的方针，强调要使热爱劳动、勤奋劳动、尊重劳动、保护劳动蔚然成风，强调要努力形成劳动光荣、知识崇高、人才宝贵、创造伟大的时代新风。企业员工不断提高自己的思想道德素质和科学文化素质、增强劳动能力和劳动水平，将来走向社会能够真正成为有理想、有道德、有文化、有纪律的社会主义劳动者。

（三）承扬“俭节则昌，淫逸则亡”的古训，增强忧患意识

人无俭不立，家无俭不旺，党无俭必败，国无俭必亡。任何一个国家，任何一个民族如果不提倡艰苦奋斗，只躺在前人创造的物质文明的成果上坐享其成。不思进取，只图享乐，这样的国家，这样的民族，是注定要走向衰败的。同样的道理，一个人如果痴迷于贪图享乐，热衷于灯红酒绿，纸醉金迷，是早晚要腐而败之的。历览前贤国与家，成由勤俭败由奢、“俭节则昌，淫逸则亡”，企业员工要牢记古人留下的这些经验教训，认清自己肩上所担负的使命，增强忧患意识，时刻谨记节俭做人、节俭行事，增强使命感和责任感。

（四）积极弘扬党的艰苦奋斗的光荣传统，培养吃苦耐劳的品质

艰苦奋斗、勤俭节约是中华民族的传统美德，也是我们党发展壮大的传家宝和政治本色。经过千百年的发展，勤俭节约、艰苦奋斗已经成为一种精神、一种品格、一种作风，一种象征。它是一种不怕艰难和困

苦的顽强精神，是一种为人民利益忘我工作的奉献精神。艰苦奋斗作为一种寓于人们的理想、信念、道德、品格、毅力、斗志、情操之中的精神要素，在任何时期都是需要的。随着时代和实践的发展，它还在不断地被赋予新的内涵。在改革开放和发展社会主义市场经济的条件下，节俭意识和艰苦奋斗精神的具体内涵与过去相比有所不同，但尊重劳动、物尽其用、自强不息、顽强拼搏仍然是其要义，是我们必须始终坚持和弘扬的。对于企业员工而言，树立节俭意识和坚持艰苦奋斗精神，主要是养成吃苦耐劳、勤俭节约的生活作风，树立奋发向上、自强不息的人生态度，弘扬埋头苦干、知难而进的进取精神等等。这不仅是培养良好个人品质的需要，而且是加强精神文明建设、弘扬社会主义荣辱观的要求。

三、发扬雷锋精神、大庆精神、铁人精神创业

历史不会忘记，1967 年 3 月，大庆 673 厂千余名职工挥师挺进下辽河，揭开了辽河会战的序幕。从此，隆隆的炮声打破了这个荒原的沉寂；从此，大庆精神、铁人精神深深地溶入了辽河人的血脉。40 年来，在大庆精神、铁人精神的激励下，几代辽河石油人头顶蓝天，脚踏荒原，以“我为祖国献石油”的豪迈气概，在血与火的洗礼中，在生与死的抉择中，用自己的智慧和汗水缔造了共和国第三大油田，在中国石油发展史上写下了浓墨重彩的一笔。面对新形势新任务，我们进行新的创业，实现新的发展，重温大庆会战的光荣历史，进行大庆精神、铁人精神再教育，对于全面加强企业文化和基层建设，推进公司“硬稳定、快发展”具有十分重要的意义。就让我们穿越时空的隧道，循着铁人的足迹，回到那场气势恢宏的大会战中去，去体味以铁人为代表的老一辈石油人战天斗地、石油报国的壮志豪情吧。

那是 1960 年春，正当我国遭受严重自然灾害的时候，一声春雷，传来了我国发现大庆油田的喜讯。遵照中央的决策，我国石油战线集中优势兵力，在大庆展开一场规模空前的石油大会战。就在这个时候，铁人王进喜，从玉门率领一二〇五钻井队，千里迢迢赶来大庆。

从玉门开往大庆的列车，穿过一座座新兴的工业城市，在祖国原野上奔驰。王进喜禁不住心潮起伏。1959 年在北京出席全国群英会期间见到的一切，重新浮现在他的脑海里。

那是他第一次到北京，看到大街上的公共汽车，车顶上背个大气包，他曾奇怪地问别人："背那家伙干啥?"人们告诉他："因为没有汽油，烧的煤气。"听了这话，他没有再问下去。心想："我们这么大的国家没有汽油怎么行呢? 我是一个石油工人，眼看让国家作这么大的难，还有脸问?"他越想心里越沉重，到人民大会堂开会，心情也一直不平静。休息时间，他一个人悄悄地躲在一边，闷着头抽烟……

每当想起这些，他感到那煤气包像千斤重担压在自己的身上。他曾多次向战友们说："一个人没有血液，心脏就停止跳动。工业没有石油，天上飞的，地上跑的，海上行的，都要瘫痪。没有石油，国家有压力，我们要自觉地替国家承担这个压力，这是我们石油工人的责任啊!"

王进喜和他的战友们，就是带着这种要为国家承担压力的高度责任感，来到了大庆。当他看到天南海北前来参加会战的几万名战友，看到铁路沿线摆了几十里长的堆积如山的设备器材，看到就要开发的一望无边的大油田的时候，浑身充满了力量。他满怀激情地站在大荒原上，随手扒开积雪，从地上抓起一把土来，嘿! 这是什么样的土啊? 黑乎乎的! 这时，他仿佛已经看到了覆盖在这黑土下大片大片的油层。他撩开身上的老羊皮袄，大声地对战友说："看，这儿就是大油田，这回咱们可掉进大油海里了! 同志们，摆开战场，甩开钻机干吧! 把石油落后帽子扔到太平洋里去!"

当时，那股高兴劲，使这个性格刚强的老工人，再也抑制不住自己激动的心情。在旧社会，他 6 岁拿起讨饭棍，拉着被地主逼瞎了双眼的父亲四处讨饭的时候，他没有流过眼泪；八九岁给地主放牛羊，成年披着件破羊皮，光着下身，赤着脚在大山里跑，动不动挨地主棍棒的时候，也没有流过眼泪；刚 15 岁，他被拉进玉门油矿当苦力，满身被把头、矿警和美国"技师"用鞭子、青铜棍抽打得一道道血印子的时候，他压抑住满腔怒火，从来没有流过眼泪。眼看全国石油战线千军万马会师大庆，一场开创中国石油工业广阔前景的大会战，就要在这里打响了，这个老工人，高兴得热泪直流。他恨不得一拳头砸开地层，让乌黑发亮的原油哗哗地喷射出来……

三月的大庆，朔风呼号，滴水成冰。一下子几万人从全国四面八方汇集到大荒原上，面临着许多难以想象的困难：没有公路，车辆不足，吃和住都成了大问题。

王进喜带领一二〇五队，一连好几个晚上，围着篝火讨论怎样对待困难。工人们异口同声地说：拿下大油田，哪能没有困难？但是，国家缺油才是最大的困难。我们决不能在困难面前低头，有天大的困难，也要高速度、高水平地拿下大油田。

群众那股天不怕、地不怕的劲头，给了王进喜极大的鼓舞。他向战友们说：“我们工人阶级就要有这样的雄心。现在我们流点汗，吃点苦，为的是快快把我们国家建设得更强大，只要国家有了油，咱们再苦再累也高兴。”

王进喜和英雄的大庆工人们，就是这样在困难的时候，困难的地方，困难的条件下，开始了史无前例的夺油大战。

那时候，钻机还没有运到，他们天天派人到车站去等。王进喜更是坐不住，睡不稳，到处调查访问，了解地层的情况。不几天，钻机到了，但是吊车、拖拉机不够用，60多吨重的钻机躺在火车上卸不下来。大家都很着急。王进喜说：“没有吊车，咱们有人在。毛主席不是说人是最可宝贵的吗？只要有人在，咱们就能想办法把钻机卸下来。”

全队的小伙子们被队长那浑身的劲头和激动的神色所鼓舞，“上呀！”一声呐喊，便行动起来。大家一鼓作气，从清晨干到太阳偏西，硬是用绳子拉，撬杠撬，木块垫，把钻机从火车上卸了下来，运到井场，又花了三天三夜时间，把40米高的井架矗立在大荒原上。

眼看就要打井了，可是，水管线没有安好，开钻没有水怎么行？大伙说，“咱们用盆盆端！”有人不同意，说：“你们见过那个国家端水打井的？”王进喜理直气壮地说：“就是我们的国家！”

他带领工人们同井场附近的农民一起，终于奇迹般地用人力端来几十吨水，提前开了钻。

1960 年 4 月 14 日，一轮红日从东方升起，巍然的井架披着金色的霞光，井场上一片繁忙，王进喜大步跨上钻台，握住冰冷的刹把，纵情地大喊一声："开钻了！"这声音威武雄壮，气吞山河！正像王进喜在一首诗中所写的那样："石油工人一声吼，地球也要抖三抖！"

经过 5 个紧张的日日夜夜，这大庆会战的第一口井终于喷出了乌黑发亮的原油。这封闭千年的大油田啊，终于乖乖地打开了大门。这是用世界上从来没有见过的方法打出来的油井。这口井向全世界宣告：中国工人阶级，什么人间奇迹都可以创造出来！

但战斗的进程并不是一帆风顺的。就在第一口打好以后，一件意外的事发生了：

5 月 1 日，天刚蒙蒙亮，王进喜在井场上指挥工人放井架"搬家"，忽然一根几百斤重的钻杆滚下来砸伤了他的腿。王进喜痛得昏了过去。等他醒过来一看，井架还没有放下，几个工人在围着抢救他。王进喜急了，对大家说："我又不是泥捏的，哪能碰一下就散了？"说完，猛地站起来，举起双手，继续指挥，鲜血从他的裤腿和鞋袜里浸了出来……

打第二口井的时候，王进喜的腿伤还没有好，成天拄着双拐在井场上来回指挥。一天，轰隆一声，钻机上几十斤重的方瓦忽然飞了出来：井喷的迹象出现了。

在这十分危急的时刻，王进喜忘记自己的腿痛，立刻奔上前去。压井喷需要用重晶石粉调泥浆，井场上没有，他当机立断决定用水泥代替。一袋袋水泥倒进泥浆池，没有搅拌机，水泥都沉在池底。这时，王进喜奋不顾身，把双拐一甩，说了声："跳！"就纵身跳进了泥浆池，用自己的身体来搅拌泥浆。看到这情景，几个年轻小伙子也跟着跳了进去。他们整整奋战了 3 个小时，险恶的井喷终于被压下去了，油井和钻机保住了，王进喜的手上身上却被碱性很强的泥浆烧起了泡，同志们把他扶出来时，腿疼得使他扑倒在钻杆上，豆大的汗珠不停地从脸上滚下来。

王进喜哪里是在打井？他简直是在用自己的鲜血和生命换取石油！

在那战斗最紧张的日子里，他成日成夜地奋战在井场上，饿了，啃几口冻窝窝头，困了，倒在排好的钻杆上，盖件老羊皮袄，头枕钻头休息一会儿；天下雨了，头顶雨衣不离开井场。为着一个宏伟的目标，他把自己的一切置之度外。他曾经写过这样一首诗来抒发自己的革命豪情：“北风当电扇，大雪是炒面，天南海北来会战，誓夺头号大油田。干！干！干！”……

这就是“大庆精神、铁人精神”！

石油行业“雷锋精神、大庆精神、铁人精神”，就不能不与石油行业的企业文化联系起来。石油行业的文化，起源于人民军队的军旅文化，按时间划分，应该是20世纪50年代初，从延长油矿被解放军接收到大庆油田会战，以独臂将军号称的余秋里为代表的一代学士，以革命加拼命的豪情壮志，拉开了石油会战的序幕。大家都知道，当年的石油会战条件异常艰苦，国内外环境异常恶劣，中国石油工业的老前辈们，就是石油人——中国人民解放军19军57师全体指战员，他们脱下戎装，用打跑小日本、埋葬蒋家王朝的革命精神和军人气概，在这场无硝烟的战争中，会战东北、西北、华北，把贫油的帽子甩向太平洋，让石油工业的旗帜高高飘扬在世界的东方，并形成了以“爱国、创业、求实、奉献”为核心内容的大庆精神和以王进喜同志为工人杰出代表的铁人精神。应该说，大庆精神、铁人精神以及石油工业光荣传统与雷锋精神是那个年代交相辉映的文化现象，是共和国核心价值体系的集中体现。

辽河油田的前身是大庆“六七三”厂，后改为三二二油田和辽河油田，组织设置一直沿用部队的团、营、连等名称。经过40年的文化积淀，形成了“企业以人为本，人以企业为家”的理念，吸收了军旅文化的精髓，继承石油工人优秀文化的基因，孕育出“辽河‘家’文化”这一具有辽河特色的企业文化。在企业文化的构建过程中，把大庆精神和雷锋精神作为构建企业文化的灵魂，并不断得到升华。尤其是让新一代石油工人切深体会到前辈们高尚的道德情操和主人翁意识，增强责任感和使命感。

以雷锋精神、大庆精神、铁人精神为核心，形成了石油行业的企业文化，其中“三老四严”、“四个一样”，即“对待事业，要当老实人、说老实话、办老实事；对待工作，要有严格的要求、严密的组织、严肃的态度、严明的纪律”、“对待革命工作要做到：黑天和白天一个样，坏天气和好天气一个样，领导不在场和在场一个样，没有人检查和有人检查一个样”，实际上就是雷锋精神在油田企业的具体体现。这种文化现象一直如影相随地根植于石油行业中的每一个岗位，进而升华为“爱国、创业、求实、奉献”的企业核心价值观，并成为企业的软实力，而软实力的竞争主要表现在核心价值的认同。

（一）雷锋精神、大庆精神、铁人精神就是生产力

“有条件要上，没有条件创造条件也要上”，这是铁人王进喜的一句名言。一个人的发展和成长都是在某种精神力量的指引下进行的，正如大庆精神、铁人精神，就是在波澜壮阔的石油会战中，不断影响和教育会战职工的精神力量。正是由于每名石油工人都从思想上真正认同大庆精神、铁人精神，他们才焕发出自己无限的热情和创造力，从而自觉自愿地为油田做贡献。可见，传承大庆精神，发扬铁人精神，使其转化为职工的敬业之志向，创业之干劲，务实之风气，奉献之境界，才能更好地为企业服务。同样，在激烈的市场竞争中，大庆精神、铁人精神也激发出了石油企业员工奋不顾身的勇气、舍我其谁的锐气、勇克难关的士气，从而产生了巨大的生产力。

（二）雷锋精神、大庆精神、铁人精神就是文化力

文化力是一个企业发展的灵魂和动力源，同时也是让企业在市场竞争中保持优势，促进和推动企业蓬勃发展的内在动力。以铁人王进喜为代表的百万会战职工，经过艰苦卓绝的夺油大战，一举改变了我国石油工业落后的面貌，实现石油产品基本自给，结束了中国人使用“洋油”的时代，促进了我国石油工业的全面发展。成就之所以如此瞩目，根源就在于大庆精神、铁人精神迸发出的巨大文化力。

（三）雷锋精神、大庆精神、铁人精神就是意志力

“一个人做一件好事并不难，难的是一辈子做好事。”世界上最容易的事是坚持，最难的事也是坚持。坚持是一种与意志的较量，有了坚定的意志，才能把简单的事情千百次地重复做好；有了坚定的意志，才能把决策真正地实践好；有了坚定的意志，才能群策群力，最终达到设定的目标和标准。会战员工们整天在井上滚，饿了就吃口带来的干粮，困了就裹上老羊皮，躺在钻杆上枕个钻头睡一会儿，泥浆槽子也不住了，挖好的地窖子也总是忘了进去。显而易见，石油工人如果没有坚强的意志，是无法在困难重重的条件使石油工业蓬勃发展起来的。

四、发扬雷锋精神、大庆精神、铁人精神创效

在过去的几十年里，雷锋精神、大庆精神、铁人精神一直激励着几代石油人，高速度、高水平开发油气田，创造世界油田开发史上的奇迹。今天，大庆精神、铁人精神仍在激励新一代石油工人，迈出国门，走向世界，用爱国的激情、创业的热情，践行着全心全意为人民服务的宗旨，和爱国、创业、求实、奉献的承诺。

（一）用雷锋精神、大庆精神、铁人精神激励企业员工爱国

爱国，即爱岗敬业，产业报国，持续发展，为增强综合国力作贡献。“我们是国家的主人，应该处处为国家着想”、“为国分忧、为民族争气”。作为国有大型企业，石油企业正在积极承担着历史使命，努力发展壮大公司实力，致力于产业报国，并引导广大职工大力弘扬大庆精神、铁人精神，积极引导广大职工把强烈的爱国热情融入振兴企业、加快发展的实践之中；教育员工爱岗敬业，奋发有为，勤勉自励，为提高企业业绩多作贡献，这是爱国主义最直接、最充分的体现。

（二）用雷锋精神、大庆精神、铁人精神激励企业员工创业

创业，即艰苦奋斗，锐意进取，创业永恒，始终不渝地追求一流。

“对待工作要像夏天一样火热”、“宁可少活 20 年，拼命也要拿下大油田”。艰苦创业是中国石油工业从小到大，由弱到强发展历程的真实写照。在国内外市场竞争日趋复杂激烈的今天，更要用雷锋精神、铁人精神激励职工弘扬艰苦奋斗精神，以创业的热情对待每一项工作，把每一个成绩当作新的起点，不断进行新的实践。

（三）用雷锋精神、大庆精神、铁人精神激励企业员工求实

求实，即讲求科学，实事求是，“三老四严”，不断提高管理水平和科技水平。“要提倡‘钉子’精神，善于挤和钻”、“为革命练一身硬功夫、真本事”。激励职工要以辩证唯物主义的世界观和方法论为指导，尊重科学，提升自己，勇于实践，开拓创新，依靠科技进步促进企业发展。

（四）用雷锋精神、大庆精神、铁人精神激励企业员工奉献

奉献，即职工奉献企业，企业回报社会。“要把有限的生命投入到无限的为人民服务之中去”、“要为党和人民当一辈子老黄牛”。积极引导广大职工以雷锋、王进喜等先进模范为榜样，奉献企业；不断激励员工发扬雷锋精神、铁人精神，互相帮助、团结协作。

现在，我们可以自豪地说，广大石油员工就是在大庆精神、铁人精神的激励下，自力更生，奋发图强，艰苦奋斗，无私奉献，取得了一项又一项成绩，创造了一个又一个辉煌，为国民经济和社会发展、国防建设以及人民生活改善做出了突出贡献。

广袤辽阔的辽河盆地人杰地灵，生机盎然的百里矿区英雄辈出。在辽河油田 40 多年的开发建设史上，共培养各级劳动模范近 2000 人次，他们继承发扬大庆精神、铁人精神，牢固树立艰苦奋斗思想，在为油田各项事业尽责奉献的同时，也创造了宝贵的物质财富和精神财富。

传承不走样，创新不丢根。老一代辽河英模，头顶蓝天，脚踏荒原，喝的是“鸭子汤”，住的是土坯房，战洪灾，斗冰雪，用信念和意志拿下了一个千万吨级的油田。新一代辽河英模的工作和生活环境虽然

有了很大变化，但艰苦创业的精神却始终没有丢，他们踏着老一辈英模的足迹一路走来，爱岗敬业、奋发进取，为油田的持续稳定发展作出了突出贡献，束滨霞、文建明……就是这支杰出队伍的代表。

在管理领域，他们大胆引进现代企业管理理念，努力寻求企业可持续发展的最佳途径，特别是面对重组整合、国际金融危机等重大考验时，带头提高质量、效率和效益意识，凭借出色的领导决策和指挥协调能力，带领广大干部职工冲锋陷阵，披荆斩棘，渡过了一个又一个难关。

在科研战线，他们勇闯油气勘探开发禁区，攻克超稠油开发的世界性难题，形成拥有自主知识产权、具有辽河特色的技术工艺；探究原油稳产和增产秘诀，多年如一日，用青春和热血换取一个老油田持续稳产26年的传奇，让“百年辽河”不再是一个传说。

在生产一线，他们苦练操作技能，潜心摸索原油生产规律，形成科学系统的操作与管理办法，每口油井都变成听话的“好孩子”；不断创新挖潜增效妙招，将设备维护保养做到极致，超期服役多年的水泵依然运转得铿锵有力；悉心做好传、帮、带，通过各种培训与交流平台，与一线工人共同分享自己的技术与经验，让一批又一批年轻人逐渐成长为本职岗位的行家里手。

诚如辽河油田公司总经理谢文彦和党委书记周灏所说，辽河英模作为大庆精神、铁人精神新时期的优秀传承者，不断用新理念探求新发展，用新知识解决新问题，用新技术创造新业绩，以强烈的事业心和责任感，在平凡的岗位上展现不平凡的作为，是名副其实的辽河脊梁。

榜样的力量是无穷的。长期以来，辽河油田公司党委高度重视先进英模的选树和宣传工作，每年都有新鲜血液补充到这支光荣的队伍中来。通过举行劳模座谈会、先进事迹报告会等形式，教育引导广大职工继续传承好大庆精神、铁人精神，自觉把个人前途与企业发展紧密联系在一起，为企业的持续稳定发展贡献自己的聪明才智。积极倡导“劳动光荣、知识崇高、人才宝贵、创造伟大”的时代新风，不断探索和完善培养劳模、选树劳模、关心劳模的工作机制，落实好各种政策待遇，努力为劳模创造良好的工作、学习和生活条件，形成了人人尊重模范、人人争当先进的氛围，让学习英模、赶超先进、争创一流真正成为企业的风尚和潮流。

先进英模群体是辽河油田10万名优秀职工队伍的缩影，先进英模身上体现出的精神，是几代辽河石油人特有风范的集中展现，是铁人精神与时俱进代代传的最好证明。当前，在全力打造“千万吨产量规模、千亿元经济规模”国有骨干企业的进程中，辽河油田广大干部员工将在先进英模的示范和带头下，以艰苦创业的志气、大胆创新的勇气、创先争优的锐气，坚定信心、忠诚事业、无私奉献，不断谱写油田科学发展、和谐发展的新篇章，为打造“百年辽河”这一宏伟蓝图奉献所有的智慧与汗水！

五、创效是企业员工的价值导向

创效是创业的价值体现，也是创业的根本出发点和落脚点。40年来，辽河石油人坚持创业、创新、创优、创效，在创业的历程中，充分体现了创业者们的坚强意志和品格；在创新的实践中，充分展示了开拓者们的改革精神和聪明才智；在创优的道路上，深深地烙上了辽河石油人串串永无止境的脚印，因而在创效的成果中，矗立起一座座耀眼的效益丰碑。

勘探开发实践是创效的具体实践。辽河坳陷地质条件极其复杂，构造破碎，发育多套生、储、盖组合，油气藏类型丰富，素有“地质大观园”之称。面对复杂的石油地质背景，广大科技工作者依靠自强不息的精神，把勘探开发目标由小做到大，把勘探开发思路由窄做到宽，原油产量不断攀升，1995年达到了1550万吨，辽河油田跃居全国第三大油田，建成了全国最大的稠油、高凝油生产基地，为中国石油工业的发展作出了突出贡献。在40余年的勘探开发实践中，广大勘探开发工作者面对复杂的勘探开发对象，勇于打破传统思维，开拓进取，大胆实践，探索和实践出了一整套适合辽河油田油藏特点的勘探开发思路和配套的勘探开发技术。特别是近十多年来，勘探上围绕火成岩、潜山、复杂断块油气藏形成与分布理论开展研究，形成了一系列有特色的地质理论和技术，一大批具有千万吨级含量规模的油气藏相继涌现。油田开发上，普通稠油以及特超稠油蒸汽吞吐热力开采技术不断完善，形成了具有国内领先的中深层稠油中后期开发技术与室内试验研究技术；复杂断块精细油藏描述技术、特殊岩性油藏开发技术日臻完善；水平井技术取得突破性进展，不同类型水平井规模应用技术走到了中国石油的前列。这些瞩目的成绩，为中国石油“东部硬稳定”的发展格局奠定了坚实的基础，也是辽河创效之路的路基。

创效是个综合的实践过程，中国石油集团公司结合辽河的实际情况，为辽河确立了“十二五”期间发展和改革的主要目标，从最终和综合的意义上来讲，这是新的创效目标。为了完成这一创效目标，首先要解决摆在辽河面前的资源品位较差和生产成本投入较高、低采收率和高递减率等一道道难解的“方程式”，同时，还要面对变化莫测、风云突变的石油市场，这势必又会给油田经营、销售等各方面工作带来新的更大的挑战。因而辽河进一步牢固树立了以经济效益为中心的思想，积极推进两个根本转变，深化配套改革，强化经营管理，这是在新形势下具有战略意义的创效大思路。依靠科技进步是创效的主体，因此，要确保集采平衡，“输血”不断，就必须立足解决勘探开发上的技术难题，大打科技攻关仗。科学技术是第一生产力。既要有长远的战略眼光，从规划、引进、吸收、人才、素质等全方位抓，又要从每个阶段现实性的重点目标来抓。在当前和今后一个时期，要按照“经济、高效、实用、配套、规模化、效益”的原则，围绕制约发展的关键技术，以寻求优质储量、提高原油产量、提高油田采收率和资源利用率、降低递减率、节能降耗、防止污染为目标，重点抓好规模实施、示范推广、重大技术攻关三个层次的工作，为增储上产创效提供可靠的技术支持。

深化配套改革是创效的内在动力。进行“优化结构，减员增效，抓大放小”的深层次配套改革，是企业发展的必然选择，增效的基本途径，也是建立现代企业制度的迫切要求，它直接涉及员工切身利益的重新调整，是改革的攻坚阶段。辽河树立积极主动改革的思想，强化经营管理，提高经济效益，少投入、多产出；健全完善投资管理体系和责任制，采取有效措施把投资总规模控制在计划之内，以强化成本管理为重点，全面加强资金管理增收节支，把油气成本控制在计划指标之内。正确认识和处理管理与改革的关系，管理不断为改革提出新课题，改革为管理不断完善新体系；正确认识和处理管理与科技进步的关系，使科研管理体制促进科技进步，在科技进步中完善科研管理体制。严格管理、科学管理、精细管理、民主管理等多种管理方式的紧密结合，综合作用，达到了增效的目的。

历史是最好的见证。历经了半个世纪的变迁，大庆精神、铁人精神的旗帜依然高高飘扬。大庆精神、铁人精神永远不会过时，继承和弘扬大庆精神、铁人精神，是时代的呼唤、发展的需要、人民的夙愿、未来的企盼。我们相信：大庆精神、铁人精神必将会永久地被继承和弘扬！

[企业“艰苦奋斗、勤俭节约”经典事例]

艰苦奋斗的企业带头人
——原江门纸箱厂离休干部、广东省劳模曾雄

曾雄，1920 年 1 月 8 日出生，海丰人，中共党员，1948 年 5 月参加革命。1974 年 3 月，曾雄被原广东省革命委员会授予 1973 年度全省先进（工作）者称号。从战火硝烟中走来，1953 年年底，曾雄转业江门以后，成功实现角色转换，从一名革命军人成为一名企业领导者，艰苦创业，为地方经济发展做出了突出贡献。1982 年离休。

曾雄 16 岁给地主当长工，1948 年 5 月，受尽了地主老财剥削压迫的曾雄，毅然加入革命队伍，成为东江纵队一名战士，一年后，编入四野粤赣湘边纵队，从番禺、顺德，一直打到江门以及上川岛。曾雄说：“这是我第一次踏上侨乡的土地，满目疮痍，与现在的繁华景象根本没法比。现在自己出去，好多地方变化大得都认不出来。”

古兜山剿匪排长

1951 年，曾雄再次来到了江门，随所在的独立 18 团，到古兜山执行剿匪任务。此时曾雄已是排长，虽说当时他主要负责后勤保障，但还是看到，曾经猖獗一时的古兜山土匪，面对人民解放军强大攻势，早已失去战斗力，不堪一击。

第二年，曾雄调到江门市公安局粤中公安大队，再次结缘侨乡。1953 年，他脱下戎装，转业到江门百货公司，成为一名侨乡建设者。

创办江门首家纸箱企业

1959 年，面对经济发展的需要，江门决定筹办一家纸箱企业，实现零的突破。当时的江门市委第一书记戴雄为企业起名：江门纸容器厂。这个重担落在了曾雄肩上，他受命担任厂长兼书记。

纸容器厂前身是个文具小作坊，生产一些火柴盒等。当时企业只有 20 多人，厂房面积仅 100 平方米左右。很快，在曾雄的努力下，这家江门最早的纸箱企业生产走向了正规，产量不断提高。第二年，企业第一次搬迁，此时企业有职工 70 多人；1962 年，随着生产规模扩大，企业再次搬迁，这时职工增至 100 多人，一年产值也有几十万元，是当时江门较大的工厂之一。

老人回忆说，第二次工厂搬迁，以及新厂建设，完全靠职工自己双手。白天在老厂上班，下班以后或星期天再到新厂区，参加新厂房建设，曾雄自豪地回忆说：“支部号召说今天义务劳动，没有一个人不来！”当时厂里职工当中，女职工占了 80%，义务劳动时，许多妇女背着小孩也来帮手，场面十分感人。

谁知，就在新厂建好刚投产仅一个月时，附近企业发生了一场大火，将新厂一起烧毁了。面对重建新厂带来的资金困难，当时上级要求企业关门，职工慢慢安排，但是曾雄不同意，理由很直白：“工人要吃饭，他们的孩子要上学，关门怎么办?”当时，更让这位厂党支部书记头痛的是，企业刚刚从银行贷款 9 万元，买了一些设备，用于扩产，如果关门大吉，这笔贷款怎么还呢?

“18 好汉”白手兴家

工人们也对自己的工厂饱含感情，大家决心凭双手自力更生，把纸箱厂重建起来。为此，由曾雄带头，18 名男职工组成了突击队。“18 好汉”白天坚持上班生产，晚上到 5 公里外的废农药厂，用板车拉建筑材料回来，挑灯夜战，重建厂房。因陋就简，他们就自己生产沥青纸，搭起简易工棚，经常要干到次日凌晨才回家。几小时后，他们的身影又出现在简易有序的生产线上。当时，职工们最多拿 10 多元工资，最少的仅有 5 元，但无人言放弃。

在曾雄的争取下，银行也给予企业大力支持，决定 3 年内企业免税，贷款不计利息。曾雄还争取到一笔食品出口公司的纸箱业务，坚持 8 个月后，曙光再现，纸箱厂终于又起死回生。

就这样，这家江门最早的纸箱企业一路走来，不断壮大。到 1965 年，企业一年盈利四五十万元，产值占了二轻系统总产值的十分之一，成为 20 世纪六七十代年江门比较大的一家企业。如今江门纸箱厂有限公司一年产值至少千万元以上。

艰苦奋斗的企业带头人，也数次获得上级表彰：1973 年度的广东省先进（工作）者；1977 年 1 月，被授予广东省“工业学大庆先进工作者”称号；1978 年 3 月，在江门市工业学大庆先代会上，曾雄作为“艰苦奋斗的带头人”，名列“十个学铁人标兵”。

参考文献

[1] 宋焕斌主编：《雷锋精神探索与实践》，辽宁人民出版社 2012 年版。

[2] 宋焕斌主编：《雷锋精神概论》，中国石化出版社 2012 年版。

[3] 石军玲编著：《雷锋精神学习读本》，新华出版社 2012 年版。

[4] 石军玲编：《学习雷锋好榜样：雷锋精神学习读本之二》，新华出版社 2012 年版。

[5] 黄亚洲著：《雷锋（纪念雷锋同志光荣殉职 50 周年：雷锋的名字永放光彩，时代呼唤雷锋精神）》，四川文艺出版社 2012 年版。

[6] 聂欣主编：《做雷锋式的好党员》，研究出版社 2012 年版。

[7] 任仲主编：《人人都要学雷锋》，人民日报出版社 2012 年版。

[8] 田怀玉编：《“当代雷锋”郭明义》，新华出版社 2012 年版。

[9] 刘忠和著：《新形势下雷锋精神学习读本》，人民日报出版社 2012 年版。

[10] 佟希文、董祖修、李健羽编著：《让雷锋的生命在我们身上延续——新时期学雷锋讲座》，白山出版社 2012 年版。

[11] 李新仓主编：《雷锋精神与高校思想政治教育常态化》，辽宁大学出版社 2012 年版。

[12] 关锋著：《雷锋是怎样形成共产主义世界观的》，中国青年出版社 2011 年版。

[13] 魏所康：《创新教育论》，江苏人民出版社 2002 年版。

[14] 罗崇敏：《论企业创新》，经济日报出版社 2008 年版。

[15] 李时椿、常建坤：《创业与创新管理》，南京大学出版社 2008 年版。

[16] [美] 彼得·德鲁克著：彭志华译：《创新与企业家精神》，海南出版社 2000 年版。

[17]《现代汉语词典》（2002 年增补本），商务印书馆 2002 年版。

[18] [美] 约瑟夫·熊彼特著，李默译：《经济发展理论》，陕西西范大学出版社 2007 年版。
[19] 傅家骥：《技术创新：中国企业发展之路》，企业管理出版社 1992 年版。
[20] [美] 约瑟夫·熊彼特著，何畏等译：《经济发展理论》，商务印书馆 1990 年版。
[21] 杨洁：《企业创新论》，经济管理出版社 1999 年版。
[22] 马克思：《1848 年经济学——哲学手稿》，人民出版社 2000 年版。
[23]《毛泽东文集》第 8 卷，人民出版社 1999 年版。
[24]《邓小平文选》第 3 卷，人民出版社 1994 年版。
[25]《邓小平年谱》，北京：中央文献出版社 1989 年版。
[26]《江泽民文选》第 3 卷，人民出版社 2006 年版。
[27] 江泽民：《论党的建设》，中央文献出版社 2001 年版。
[28] 企业家精神研究组：《犹太人企业家精神》，中国经济出版社 2001 年版。
[29]《哲学大辞典》（分类修订本），上海辞书出版社 2007 年版。
[30] 宋显忠：《千里马的足迹》，黑龙江人民出版社 2006 年版。
[31] 夏昌祥，鲁克成：《点燃创新之火》，科学出版社 2005 年版。
[32] 殷石龙：《创新学引论》，湖南人民出版社 2002 年版。
[33] [美] 斯蒂文·阿布里奇：《服务、服务、服务：企业成长的秘密武器》，吉林人民出版社 1998 年版。
[34] 江泽民：《在庆祝中国共产党成立八十周年大会上的讲话》，人民出版社 2001 年版。
[35] 徐惟成、罗国杰等：《公民道德建设实施纲要》，人民出版社 2001 年版。
[36] 张耀灿、陈万柏：《思想政治教育学原理》，高等教育出版社 2001 年版。
[37] 李啸尘：《新人力资源管理》（第四卷），石油工业出版社 2000 年版。

［38］切斯特、巴奈德：《经理人员的职能》，中国社会科学出版社 2005 年版。

［39］马克思、恩格斯：《马克思恩格斯选集》第 4 卷，人民出版社 1995 年版。

［40］马克思、恩格斯：《马克思恩格斯全集》第 20 卷，人民出版社 1971 年版。

［41］雷德志：《中华民族传统美德概论》，陕西人民出版社 1996 年版。

［42］许亚非：《中国传统道德规范及其现代价值》，四川大学出版社 2002 年版。

［43］夏伟东：《勤劳·节俭·廉洁》，中国青年出版社 1997 年版。

［44］迈克尔·波特著，陈小悦译：《竞争优势》，华夏出版社 2003 年版。

［45］王方华：《服务营销》，山西经济出版社 1998 年版。

［46］马振清主编：《雷锋精神概论》，辽宁大学出版社 2007 年版。

［47］邱兰香：《服务企业培育顾客忠诚的营销路径》，《新疆财经》2008 年第 1 期。

［48］白长虹、范秀成：《基于顾客感知价值的服务企业品牌管理》，《外国经济与管理》2002 年第 2 期。

［49］白长虹、廖伟：《基于顾客感知价值的顾客满意研究》，《南开学报》2001 年第 6 期。

［50］范秀成：《顾客体验驱动的服务品牌建设》，《南开管理评论》2001 年第 6 期。

［51］霍映宝、韩之俊：《顾客忠诚研究述评》，《商业研究》2004 年第 4 期。

［52］王传芬、毕竹岗：《论服务品牌形象的树立》，《质量指南》2002 年第 19 期。

［53］黄玮玮：《基于游客满意与忠诚的旅行社服务品牌建设研究》，浙江大学硕士论文，2006 年。

［54］王赫：《服务品牌研究及电信运营商服务品牌评介与建议》，北京

邮电大学硕士论文，2008 年。
[55] 刘建国：《服务品牌形象研究》，山东大学硕士论文，2008 年。
[56] 袁宏福：《基于个性的顾客感知价值研究》，中国人民大学硕士论文，2008 年。
[57] 李尘：《服务质量对培训服务企业品牌忠诚的影响》，暨南大学硕士论文，2007 年。
[58] 刘建国：《服务品牌形象研究》，山东大学硕士论文，2008 年。
[59] 毛靖：《卷烟物流服务品质评估体系实证研究——以浙江省为例》，浙江大学硕士论文，2007 年。
[60] 于雪艳：《青岛市机关服务品牌建设研究》，中国海洋大学硕士论文，2008 年。
[61] 赵汝芹：《服务质量测量方法及其应用研究》，大连海事大学硕士论文，2007 年。
[62] 任阿娟、袁国：《马克思主义哲学创新精神的当代解读》，《昆明理工大学学报（社会科学版）》2009 年第 9 期。
[63]《传承不息的精神之火——齐齐哈尔第二机床集团有限公司弘扬马恒昌小组精神创新发展纪实》，中国经济网，2008 - 4 - 28。
[64] 金同勇：《浅议企业学习机制建设》，《胜利油田党校学报》2003 年第 4 期。
[65] 赵仁康：《论服务的特点与服务企业核心竞争力的培育》，《江苏商论》2004 年第 4 期。
[66] 范晓屏：《关于企业竞争力内涵与构成的探讨》，《浙江大学学报（社科版）》1999 年第 6 期。
[67] 夏正荣：《论中国服务企业核心竞争力》，《经济改革与经济发展》2002 年第 9 期。
[68] 白长虹、刘炽：《服务企业的顾客忠诚及其决定因素研究》，《南开管理评论》2002 年第 6 期。
[69] 范秀成：《顾客满意导向的服务企业顾客抱怨管理体系分析》，《中国流通经济》2002 年第 2 期。

［70］何磊、张德鹏：《以顾客忠诚确立竞争优势》，《技术经济与管理研究》2001 年第 4 期。

［71］栾志敏、邓欣欣：《论建立企业感恩文化的作用》，《石油大学学报（社会科学版）》2000 年第 6 期。

［72］韩梅：《顾客价值导向的服务品牌构建路径研究》，《中央财经大学学报》2007 年第 7 期。

［73］程鸣、吴作民：《西方服务品牌研究评介》，《外国经济与管理》2006 年第 5 期。

［74］张文利：《论企业如何打造服务品牌》，《商场现代化》2008 年第 31 期。

［75］朱荣、桑大鹏：《对企业服务品牌塑造的探讨》，《管理科学文摘》2003 年第 8 期。

［76］魏胜：《试论企业如何打造服务品牌》，《时代经贸》2008 年第 11 期。

［77］谢测薪、李荣：《服务品牌战略管理与忠诚度的提升》，《企业研究》2006 年第 3 期。

［78］关辉、董大海：《品牌形象对消费者行为倾向影响的实证研究》，《中国流通经济》2007 年第 7 期。

［79］李惠文、王颂：《中国电信企业“人品牌”营销设想》，《通信企业管理》2007 年第 1 期。

［80］林巧、戴维奇：《论饭店品牌形象的塑造：基于品牌要素的分析》，《北京第二外国语学院学报》2007 年第 7 期。

［81］朱丹：《论儒家“诚信”伦理及其现代意义》，《浙江学刊》2002 年第 3 期。

［82］焦国成：《关于诚信的伦理学思考》，《中国人民大学学报》2002 年第 5 期。

［83］杨成林：《诚信教育与教育的诚信》，《思想·理论·教育》2003 年第 2 期。

［84］李志扬、黄明云：《日本企业中的团队精神》，《日本问题研究》

2005 年第 4 期。

［85］韩朝华：《日本式企业管理模式的文化渊源——读日本式经营：神话与现实》，《管理现代化》1994 年第 2 期。

［86］吕耀怀：《“俭”的道德价值——中国传统德性分析之》，《孔予研究》2003 年第 3 期。

［87］潘先银：《“俭以养德”应成为大学生道德教育的重要内容》，《云南高教研究》1999 年第 2 期。

［88］张世友：《勤俭美德及其对公民个体道德完善的当代价值》，《西南民族大学学报（人文社科版）》2004 年第 12 期。

［89］吕锡琛：《论道家崇俭抑奢思想的社会意义》，《学术月刊》1994 年第 5 期。

［90］李怀玲、吕耀怀：《尽孝于父母——简论当代大学生基本德性之五》，《现代大学教育》2005 年第 5 期。

［91］杨振华：《论“孝”在提升个人道德修养上的价值》，《山东科技大学学报》2005 年第 3 期。

［92］刘金玲、杨振龙：《高校德育应加强社会公德教育》，《承德职业学院学报》2006 年第 4 期。

［93］刘任丰、李霞：《对传统孝德的思考》，《教学与管理》2007 年第 1 期。

［94］高崇：《加强对大学生孝德教育的思考》，《邢台学院学报》2006 年第 2 期。

［95］吴俊蓉：《谈学校德育中的孝德教育》，《现代教育科学》2006 年第 5 期。

［96］刘敏：《高校德育应重视“孝”德教育》，《鞍山师范学院学报》2007 年第 5 期。

［97］高亚杰：《孝之德育——未成年人学校教育界域的研究》，天津师范大学硕士论文，2007 年。

［98］苏森森：《由德入道——《老子》本体论思想的另一种诠释路向》，华中师范大学硕士论文，2007 年。

[99] 卢明霞：《中国当代孝德研究》，东北师范大学硕士论文，2005年。

[100] 相恒振：《孔子孝德思想探析》，山东大学硕士论文，2007年。

[101] 乔金珍：《以孝道为切入口加强未成年人思想道德教育》，《教育科研论坛》2006年第3期。

[102] 魏红卫：《孝道教育——高校德育的切入点》，《青岛科技大学学报》2006年第1期。

[103] 董兴开：《论孝道文化与当代学校德育之整合》，《现代教育科学》2006年第6期。

[104] 郭强：《“共和国第一组”马恒昌小组60华诞》，《工人日报》2009年4月25日。

[105] 石国兴：《创新精神、创造性人格及其培养》，《河北师范大学学报（哲学社会科学版）》2002年第5期。

[106] 苏明：《激活企业创新精神的选择》，《经济谋略》2002年第6期。

[107] 刘仲林：《“创新”的中国文化渊源》，《天津师范大学学报（社会科学版）》2001年第4期。

[108] 王远、刘静：《创新精神的内核及其哲学底蕴》，《长春工程学院学报（社会科学版）》2005年第1期。

[109] 王磊：《实施创新教育培养创新人才——访中央教科秘秘长阎立铁教授》，《教育研究》1999年第7期。

[110] 吴昊：《关于复兴中华民族创新精神的思考》，《华南师范大学学报（社会科学版）》2000年第6期。

[111] 王习胜：《培养创新精神：素质教育的核心之核心》，《安徽教育学院学报》1999年第1期。

[112] 颜晓峰：《论创新精神》，《山西师范大学学报（哲学社会科学版）》2001年第4期。

后　记

本书系中国财政经济出版社出版的《中国榜样：永远的雷锋》大型“研究雷锋”系列丛书的第六本。

《责任——与企业员工谈雷锋精神》一书的出版，我们相信，雷锋精神作为丰富企业文化内涵的母本和食粮，与企业文化具有相通性，欲使雷锋精神在企业生根、发芽、开花、结果，且有长久的生命力，应将雷锋精神寓于企业文化建设中，用雷锋精神培养企业员工干一行爱一行，专一行精一行的爱岗敬业精神，用雷锋精神培养企业员工服务人民、助人为乐的无私奉献精神，用雷锋精神培养企业员工锐意进取、自强不息的创新精神，用雷锋精神培养企业员工艰苦奋斗、勤俭节约的创业精神，用雷锋精神培养企业员工感恩反哺精神，提高企业员工综合素质，引导干部职工继承和发扬雷锋精神，在雷锋精神的感召和鼓舞下，走雷锋式的路、做雷锋式的员工成为许许多多企业人的自觉追求，各行各业相继涌现出一大批雷锋式的先进集体和模范人物，推动企业乃至全国学雷锋活动常态化，促使企业形成有持续发展、和谐发展、科学发展的大好局面。

在本书的编写过程中，得到了中共辽宁省委宣传部、辽宁省社科联、中共抚顺市委和辽宁石油化工大学等各级领导的亲切关怀和大力支持。辽宁省雷锋研究会承担了本书的编写任务。参加本书编写的人员还有：辽宁省雷锋研究会副会长、辽河油田金马公司党委书记刘岩，辽河油田金马公司团委书记高华，辽宁省雷锋研究会理事、辽宁省城际客运有限公司企划部部长马国臣，中国石油天然气集团抚顺石化公司石油三厂宣传部鲁彦，辽宁省雷锋研究会理事、辽宁石油化工大学李新仓博士参与了全书各章节的写作工作，并进行了统稿。

在本书的编写过程中，参考和借鉴了有关著作和相关研究文献，汲取了有关作者的理论研究成果，本书注明及未注明出处的参考资料，我们在此谨致诚挚的谢意。另外，限于时间和编者的水平有限，不妥之处，敬请有关专家、学者和广大读者批评指正。

编著者

2013年1月